# Einstellungstest JVA / Justizvollzug

Kurt Guth
Marcus Mery

# Einstellungstest JVA / Justizvollzug

## Fit für den Eignungstest im Auswahlverfahren

AUSBILDUNGSPark

Kurt Guth • Marcus Mery
Einstellungstest JVA / Justizvollzug
Fit für den Eignungstest im Auswahlverfahren | Allgemeinwissen, Deutsch, Mathe, Logisches Denken, Konzentration und mehr | Über 800 Aufgaben mit allen Lösungswegen

Ausgabe 2026

2. Auflage

Gestaltung: bitpublishing / s.b. design
Lektorat: Andreas Mohr

Bildnachweis:
Archiv des Verlages
Umschlagfoto: © Valua Vitaly – Shutterstock.com, © Stockfour – Shutterstock.com
S. 12 (Weißes Haus): Public Domain
S. 16 (Bertolt Brecht): https://commons.wikimedia.org/ wiki/File:Bertolt-Brecht.jpg; Bundesarchiv, Bild 183-W0409-300 / Kolbe, Jörg; CC-BY-SA 3.0; (https://creativecommons.org/licenses/by-sa/3.0/de/legalcode); Original beschnitten
S. 20 (Mahatma Gandhi): Public Domain
S. 20 (Martin Luther King Jr.): Public Domain
S. 23 (Lotuseffekt): https://commons.wikimedia.org/ wiki/File:Lotoseffekt.jpg; VoDeTan2; CC BY-SA 3.0; (https://creativecommons.org/licenses/by-sa/3.0/legalcode); Original entfärbt, beschnitten
S. 48 (Justitia): https://commons.wikimedia.org/wiki/ File:1660_blk_19329_zoom.png; Deval Kulshrestha; CC BY-SA 3.0 (https://creativecommons.org/licenses/by-sa/ 3.0/legalcode); Original entfärbt, beschnitten
S. 254 (Christian Marc Klingelhöfer): © Fotostudio Pfeiffer, Offenbach
S. 255 (Celina Arnold): © Fotostudio Pfeiffer, Offenbach

*Bibliografische Information der Deutschen Nationalbibliothek –*
Die Deutsche Nationalbibliothek verzeichnet diese Publikation in der Deutschen Nationalbibliografie; detaillierte bibliografische Daten sind im Internet über http://dnb.dnb.de abrufbar.

Gedruckt auf chlorfrei gebleichtem Papier


Bettinastraße 69, 63067 Offenbach am Main
Printed in Germany

Satz: bitpublishing, Schwalbach
Druck: mediaprint solutions, Paderborn

ISBN 978-3-95624-101-7

1611 – AP EJV – 5j14

# Inhaltsverzeichnis

# Vorwort

An ihrem Arbeitsplatz halten sich sonst nur wenige freiwillig auf: Die Rede ist von den Justizvollzugsbeamten. Ihre Aufgabe ist es nicht nur, in Justizvollzugsanstalten für Sicherheit und Ordnung zu sorgen: Sie tragen auch dazu bei, dass die Gefangenen am Ende ihrer Haftzeit fähig sind, in die Gesellschaft zurückzukehren und künftig ein unbescholtenes Leben zu führen.

Die Laufbahn des mittleren Justizvollzugsdienstes teilt sich in die Schwerpunkte allgemeiner Vollzugsdienst, Sanitätsdienst, Werkdienst und Verwaltungsdienst. Im gehobenen Dienst übernimmt man typischerweise Managementaufgaben in den verschiedenen JVA-Bereichen.

## Was bringt Ihnen dieses Buch?

Mit diesem Buch haben Sie alles zur Hand, was Sie brauchen, um sich auf computergesteuerte und schriftliche Tests im Auswahlverfahren für Justizvollzugsbeamte vorzubereiten. Sie lernen klassische und ungewöhnliche Aufgabentypen kennen, erfahren die besten Lösungsstrategien und machen sich mit der Prüfungssituation vertraut.

Auf den folgenden Seiten finden Sie eine Fülle typischer Aufgaben aus allen wichtigen Testbereichen: Allgemeinwissen, fachbezogenes Wissen, Sprachbeherrschung, Mathematik, Logik, visuelles Denkvermögen, Konzentration und Merkfähigkeit. Der Lösungsteil am Schluss jedes Kapitels liefert nicht nur die richtigen Antworten, sondern erklärt auch die Lösungswege kompakt und verständlich. Dazu erhalten Sie Tipps und Tricks, um knifflige Aufgaben geschickt zu „knacken".

Eine grobe Richtschnur zur Einordnung Ihrer Ergebnisse: 50–60 % richtig gelöste Aufgaben können als ausreichend gelten, 60–70 % als befriedigend, 70–85 % als gut und höhere Werte als hervorragend – erfahrungsgemäß schafft das allerdings kaum jemand.

Wir wünschen Ihnen viel Erfolg!

***Ihr Ausbildungspark-Team***

## Kontakt

Ausbildungspark Verlag GmbH
Kundenbetreuung
Bettinastraße 69
63067 Offenbach am Main

Telefon +49 (69) 40 56 49 73
Telefax +49 (69) 43 05 86 02
kontakt@ausbildungspark.com
www.ausbildungspark.com

## 10 Tipps für den Testerfolg

▶ **1. Gut vorbereiten.**
Beginnen Sie rechtzeitig mit der Vorbereitung, portionieren Sie den Lernstoff in kleine Einheiten, planen Sie Pausenzeiten ein. Wer sich in den letzten Tagen vor dem Test zu viel zumutet, läuft Gefahr, das Gelernte weder zu verstehen noch zu behalten.

▶ **2. Informieren.**
Fragen Sie frühzeitig nach: Welche Hilfsmittel (z. B. Taschenrechner) dürfen Sie benutzen? Welche Materialien (z. B. Stift, Papier, Lineal) müssen Sie mitbringen, welche werden Ihnen gestellt?

▶ **3. Entspannungshilfen finden.**
Eignen Sie sich Entspannungstechniken an, zum Beispiel Atemübungen oder autogenes Training. Am Prüfungstag lassen sich Denkblockaden damit leichter überwinden.

▶ **4. Aufgeräumt ankommen.**
Erscheinen Sie ausgeschlafen und pünktlich, achten Sie auf Ihren äußeren Eindruck – die Prüfer tun es auch. Und vergessen Sie das Frühstück nicht: Wer mit nüchternem Magen in die Prüfung startet, baut schneller ab und ist weniger leistungsfähig.

▶ **5. Lieber einmal mehr fragen.**
Nutzen Sie die Möglichkeit, den Testleitern Fragen zu stellen, um Unklarheiten auszuräumen.

▶ **6. Aufgabenstellungen aufmerksam lesen.**
Studieren Sie die Fragen und Bearbeitungshinweise sorgfältig. Manchmal sind kleine Finten eingebaut, die den unkonzentrierten Teilnehmer entlarven.

▶ **7. Zügig arbeiten.**
Behalten Sie die Uhr im Auge und teilen Sie sich Ihre Zeit gut ein. Oft steigt das Schwierigkeitsniveau innerhalb einer Aufgabenkategorie zum Ende hin an. Eventuell hilft es, zuerst in jeder Kategorie die einfachen

Aufgaben zu lösen. Planen Sie etwas Zeit ein, um Ihre Antworten auf Flüchtigkeitsfehler und andere kleine Patzer zu kontrollieren.

- **8. Nicht verrückt machen lassen.**
  Der Test ist in der vorgegebenen Zeit beim besten Willen nicht zu schaffen? Dieser Eindruck kann völlig richtig sein. Viele Prüfungen sind so konzipiert, dass kaum jemand im vorgegebenen Zeitrahmen alle Aufgaben korrekt lösen kann. So wird zugleich das Arbeitsverhalten unter Druck getestet.

- **9. Nicht festbeißen.**
  Anstatt minutenlang an einer Aufgabe zu verzweifeln, gehen Sie lieber zur nächsten über. Mit den übersprungenen Fragen können Sie sich – angefangen bei der leichtesten – später noch beschäftigen. So manch kniffliger Fall entpuppt sich als leichte Übung, wenn die erste Anspannung überwunden ist.

- **10. Zur Not einfach raten.**
  Die schlechteste Antwort ist meistens keine Antwort: Falsche Lösungen werden nur selten mit Punktabzügen bestraft. Bei Multiple-Choice-Aufgaben mit mehreren Antwortvorschlägen lässt sich das richtige Ergebnis einkreisen, indem man die falschen Lösungen eine nach der anderen aussortiert.

# Allgemeinwissen

## Staat und Politik

*Bearbeitungszeit 5 Minuten*

Beantworten Sie bitte die folgenden Aufgaben, indem Sie jeweils den richtigen Lösungsbuchstaben markieren.

**1)** Von wem wird der Bundestag gewählt?

**A.** Bundesrat
**B.** Volk
**C.** Bundesversammlung
**D.** Bundesminister
**E.** Keine Antwort ist richtig.

**2)** Welches politische System hat die Bundesrepublik Deutschland?

**A.** Parlamentarische Demokratie
**B.** Parlamentarische Monarchie
**C.** Militärdiktatur
**D.** Sozialismus
**E.** Keine Antwort ist richtig.

**3)** Was bedeutet „Fraktion" in der Politik?

**A.** Zusammenschluss von Abgeordneten
**B.** Dasselbe wie „Regierung"
**C.** Dasselbe wie „Opposition"
**D.** Die Mehrheit im Bundestag
**E.** Keine Antwort ist richtig.

**4)** Welche Wirtschaftsordnung hat die Bundesrepublik Deutschland?

**A.** Zentralverwaltungswirtschaft
**B.** Zentralplanwirtschaft
**C.** Freie Marktwirtschaft
**D.** Soziale Marktwirtschaft
**E.** Keine Antwort ist richtig.

**5)** Was versteht man unter „Gewaltenteilung"?

**A.** Die Unabhängigkeit von Legislative, Exekutive und Judikative
**B.** Die Bundeshoheit des Militärs
**C.** Die Trennung von Politik und Kirche
**D.** Die Trennung von Demokraten und Republikanern
**E.** Keine Antwort ist richtig.

**6)** Wie lange dauert die Amtszeit des Bundespräsidenten?

**A.** 3 Jahre
**B.** 4 Jahre
**C.** 5 Jahre
**D.** 6 Jahre
**E.** Keine Antwort ist richtig.

**7)** Beim EU-Grenzverkehr sind allgemeine Grenzkontrollen …?

**A.** an allen EU-Binnengrenzen obligatorisch.
**B.** an den meisten EU-Binnengrenzen abgeschafft.
**C.** vollständig abgeschafft.
**D.** nur in 10 EU-Mitgliedsstaaten abgeschafft.
**E.** nur in 7 EU-Mitgliedsstaaten abgeschafft.

**8)** Das Bundesverfassungsgericht …?

**A.** prüft alle Bundesgesetze vor ihrer Verabschiedung.
**B.** prüft, ob Gesetze mit dem Grundgesetz in Einklang stehen.
**C.** formuliert die Bundesgesetze zusammen mit der Bundesregierung.
**D.** hat seinen Amtssitz in München.
**E.** Keine Antwort ist richtig.

**9)** Wer bestimmt in Deutschland die Minister und die Richtlinien der Politik?

**A.** Der Bundeskanzler
**B.** Der Bundespräsident
**C.** Der Bundestag
**D.** Der Bundesrat
**E.** Keine Antwort ist richtig.

**10)** Wie heißt dieses Gebäude und in welcher Stadt steht es?

**A.** Weißes Haus, Washington, D.C.
**B.** Buckingham Palace, London
**C.** Élysée-Palast, Paris
**D.** Schloss Bellevue, Berlin
**E.** Keine Antwort ist richtig.

## Wirtschaft und Gesellschaft *Bearbeitungszeit 5 Minuten*

Beantworten Sie bitte die folgenden Aufgaben, indem Sie jeweils den richtigen Lösungsbuchstaben markieren.

**11)** Die Verfügbarkeit über genügend Zahlungsmittel in einem Unternehmen nennt man ...?

**A.** Vermögen.
**B.** Kapital.
**C.** Geld.
**D.** Liquidität.
**E.** Keine Antwort ist richtig.

**12)** Welche Aussage zur Umsatzsteuer („Mehrwertsteuer") trifft nicht zu?

**A.** Die Umsatzsteuer beträgt für alle entgeltlich erbrachten Leistungen 19 Prozent.
**B.** Die Umsatzsteuer ist in der Regel eine indirekte Steuer.
**C.** Die Umsatzsteuer ist für einige Warengruppen (z. B. Lebensmittel, Bücher) ermäßigt.
**D.** Die Umsatzsteuer ist für Unternehmen vorsteuerabzugsfähig, der Endverbraucher muss die volle Steuerlast tragen.
**E.** Keine Antwort ist richtig.

**13)** Wie nennt man den Gewinnanteil, der an die Aktionäre ausgeschüttet wird?

**A.** Prämie
**B.** Zinsen
**C.** Bonus
**D.** Dividende
**E.** Keine Antwort ist richtig.

**14)** Welches ist die Währung der Schweiz?

**A.** Euro
**B.** Schilling
**C.** Franken
**D.** Krone
**E.** Keine Antwort ist richtig.

**15)** Die „schwarze Null" meint umgangssprachlich ...?

**A.** staatliche Schuldenfreiheit.
**B.** einen ausgeglichenen Staatshaushalt.
**C.** durch Steuerhinterziehung ausgefallene Steuereinnahmen.
**D.** einen Leitzins von 0 %.
**E.** Keine Antwort ist richtig.

**16)** Was versteht man unter dem Begriff „Boom" im wirtschaftlichen Zusammenhang?

**A.** Konjunkturabschwächung
**B.** Konjunkturrückgang
**C.** Hochkonjunktur
**D.** Konjunkturabschwung
**E.** Keine Antwort ist richtig.

**17)** Was versteht man unter „Fiskalpolitik"?

**A.** Die politische Diskussion über Diäten
**B.** Die politische Diskussion über Forschung und Entwicklung
**C.** Ein wirtschaftspolitisches Instrument zur Kriminalitätsbekämpfung
**D.** Ein wirtschaftspolitisches Instrument des Staates
**E.** Keine Antwort ist richtig.

**18)** Wie lautet die Bezeichnung für den bargeldlosen Zahlungsverkehr?

**A.** EC-Karte
**B.** Kreditkarte
**C.** Sparbuch
**D.** Giroverkehr
**E.** Keine Antwort ist richtig.

**19)** Welche Aussage trifft nicht auf eine Phase der Hochkonjunktur zu?

**A.** Das Lohnniveau steigt.
**B.** Die Nachfrage steigt.
**C.** Die Preise steigen.
**D.** Die Zinsen fallen.
**E.** Keine Antwort ist richtig.

**20)** Was ist das Bruttoinlandsprodukt?

**A.** Die Summe aller Güter und Dienstleistungen, die eine Volkswirtschaft in einem Jahr zur letzten Verwendung erbringt
**B.** Die Differenz aller Güter und Dienstleistungen, die eine Volkswirtschaft im Vergleich zum Vorjahr erbringt
**C.** Die Differenz aller Güter und Dienstleistungen, die die Weltwirtschaft im Vergleich zum Vorjahr erbringt
**D.** Die Summe aller Güter und Dienstleistungen, die die Weltwirtschaft in einem Jahr zur letzten Verwendung erbringt
**E.** Keine Antwort ist richtig.

## Geschichte und Kulturgeschichte *Bearbeitungszeit 5 Minuten*

Beantworten Sie bitte die folgenden Aufgaben, indem Sie jeweils den richtigen Lösungsbuchstaben markieren.

**21)** Welcher der folgenden Künstler ist kein Komponist?

**A.** Johannes Brahms
**B.** Frédéric Chopin
**C.** Giuseppe Verdi
**D.** Vincent van Gogh
**E.** Keine Antwort ist richtig.

**22)** Was geschah am 11. September 2001?

**A.** Vertrag über die Europäische Union
**B.** Vertrag von Lissabon
**C.** Einführung des Euro
**D.** Terroranschlag
**E.** Keine Antwort ist richtig.

**23)** Welches Ereignis steht am Ende der Weimarer Republik?

**A.** Die Machterlangung der Nationalsozialisten
**B.** Die deutsche Niederlage im Ersten Weltkrieg
**C.** Die Ausrufung der Republik
**D.** Der Friedensvertrag von Versailles
**E.** Keine Antwort ist richtig.

**24)** Wann fand der Erste Weltkrieg statt?

**A.** 1913–1919
**B.** 1914–1918
**C.** 1939–1945
**D.** 1940–1945
**E.** Keine Antwort ist richtig.

**25)** Wer war der „Sonnenkönig"?

**A.** Philipp I.
**B.** Karl IV.
**C.** Ludwig XIV.
**D.** Heinrich III.
**E.** Keine Antwort ist richtig.

**26)** Welches Ereignis begründete in der Antike die römische Seeherrschaft?

**A.** Die Niederwerfung Britanniens
**B.** Die Erfindung des Katapults
**C.** Die Bezwingung Karthagos
**D.** Die Erfindung der Schiffsschraube
**E.** Keine Antwort ist richtig.

**27)** In welchem Jahr verkündete die französische Nationalversammlung die Erklärung der Menschen- und Bürgerrechte?

**A.** 1789
**B.** 1776
**C.** 1814
**D.** 1848
**E.** Keine Antwort ist richtig.

**28)** Die Herrscher des 1871 gegründeten Deutschen Kaiserreichs entstammten dem Fürstengeschlecht der ...?

**A.** Hohenzollern.
**B.** Welfen.
**C.** Karolinger.
**D.** Habsburger.
**E.** Keine Antwort ist richtig.

**29)** Was geschah am 3. Oktober 1990?

**A.** Deutsche Wiedervereinigung
**B.** Französische Revolution
**C.** Tag des Mauerfalls
**D.** Einführung des Euro
**E.** Keine Antwort ist richtig.

**30)** Wie heißt dieser Dramatiker?

**A.** Oscar Wilde
**B.** Bertolt Brecht
**C.** Patrick Süskind
**D.** Georg Büchner
**E.** Keine Antwort ist richtig.

## Geografie und Landeskunde *Bearbeitungszeit 5 Minuten*

Beantworten Sie bitte die folgenden Aufgaben, indem Sie jeweils den richtigen Lösungsbuchstaben markieren.

**31)** Wie viele Einwohner hat die Bundesrepublik Deutschland ungefähr?

**A.** Ca. 30 Mio.
**B.** Ca. 50 Mio.
**C.** Ca. 80 Mio.
**D.** Ca. 100 Mio.
**E.** Keine Antwort ist richtig.

**32)** Wie heißt die Landeshauptstadt von Hessen?

**A.** Frankfurt
**B.** Darmstadt
**C.** Mainz
**D.** Wiesbaden
**E.** Keine Antwort ist richtig.

**33)** In welcher Klimazone liegt Deutschland?

**A.** Subtropen
**B.** Kalte Zone
**C.** Subpolare Zone
**D.** Gemäßigte Breiten
**E.** Keine Antwort ist richtig.

**34)** Welcher Fluss fließt nicht durch Deutschland?

**A.** Fulda
**B.** Isar
**C.** Po
**D.** Inn
**E.** Keine Antwort ist richtig.

**35)** An welchen europäischen Staat grenzt Frankfurt an der Oder?

**A.** Frankreich
**B.** Polen
**C.** Tschechien
**D.** Österreich
**E.** Keine Antwort ist richtig.

**36)** In welchem Mittelgebirge liegt die „Sächsische Schweiz"?

**A.** Teutoburger Wald
**B.** Kaiserstuhl
**C.** Spessart
**D.** Elbsandsteingebirge
**E.** Keine Antwort ist richtig.

**37)** Welches ist der höchste deutsche Berg?

**A.** Biberkopf
**B.** Brocken
**C.** Zugspitze
**D.** Feldberg
**E.** Keine Antwort ist richtig.

**38)** Wie lautet die Landeskennzahl von Deutschland?

**A.** 39
**B.** 0033
**C.** 49
**D.** 0041
**E.** Keine Antwort ist richtig.

**39)** Aus wie vielen Bundesländern besteht die Bundesrepublik Deutschland?

**A.** 12
**B.** 14
**C.** 15
**D.** 16
**E.** Keine Antwort ist richtig.

**40)** Welche Stadt liegt nicht in Bayern?

**A.** Augsburg
**B.** Regensburg
**C.** Oldenburg
**D.** Würzburg
**E.** Keine Antwort ist richtig.

# Persönlichkeiten, Erfindungen, Entdeckungen

*Bearbeitungszeit 5 Minuten*

Beantworten Sie bitte die folgenden Aufgaben, indem Sie jeweils den richtigen Lösungsbuchstaben markieren.

**41)** Wer gilt als Erfinder des Buchdrucks in Deutschland?

**A.** Martin Keppler
**B.** Albrecht Dürer
**C.** Martin Luther
**D.** Johannes Gutenberg
**E.** Keine Antwort ist richtig.

**42)** Die Schweizergarde beschützt …?

**A.** den Präsidenten der Schweiz in Bern.
**B.** das Karl-May-Museum in der Sächsischen Schweiz.
**C.** den Papst im Vatikan.
**D.** die Staatsgrenze der Schweiz zu Liechtenstein.
**E.** Keine Antwort ist richtig.

**43)** In den Automobilwerken von Henry Ford wurde 1913 …?

**A.** der erste Airbag getestet.
**B.** zum ersten Mal ein Auto mit Rückwärtsgang gebaut.
**C.** der erste Ottomotor hergestellt.
**D.** die weltweit erste Fließbandfertigung eingeführt.
**E.** Keine Antwort ist richtig.

**44)** Wer war der erste Mensch im Weltall?

**A.** Juri Gagarin
**B.** Neil Armstrong
**C.** Buzz Aldrin
**D.** Oleg Antonow
**E.** Keine Antwort ist richtig.

**45)** „Veni, vidi, vici" – von wem stammt dieser Satz?

**A.** Gaius Julius Caesar
**B.** Napoleon Bonaparte
**C.** Alexander der Große
**D.** Marcus Tullius Cicero
**E.** Keine Antwort ist richtig.

**46)** Wer war Leonardo da Vinci?

**A.** Der Gründer der Republik Italien
**B.** Einer der Architekten des Petersdoms in Rom
**C.** Der Entdecker von Australien und Neuseeland
**D.** Ein Künstler, Forscher und Erfinder zur Zeit der Renaissance
**E.** Keine Antwort ist richtig.

**47)** Wie heißt diese Person?

**A.** Fidel Castro
**B.** Mahatma Gandhi
**C.** Muhammad Ali
**D.** Salman Rushdie
**E.** Keine Antwort ist richtig.

**48)** Galileo Galilei blickte 1610 durch sein Fernrohr und entdeckte …?

**A.** dass die Neigung des Schiefen Turms von Pisa zunimmt.
**B.** den Ausbruch eines verheerenden Feuers am anderen Ende der Stadt.
**C.** die vier größten Jupitermonde.
**D.** einen bislang unbekannten Vulkan in den Apenninen.
**E.** Keine Antwort ist richtig.

**49)** Wer erfand das Telefon?

**A.** James Clerk Maxwell
**B.** Hermann von Helmholtz
**C.** Alexander Graham Bell und Philipp Reis
**D.** Thomas Edison
**E.** Keine Antwort ist richtig.

**50)** Wie heißt diese Person?

**A.** Mike Tyson
**B.** Nelson Mandela
**C.** Muhammad Ali
**D.** Martin Luther King jr.
**E.** Keine Antwort ist richtig.

## PC und Internet

*Bearbeitungszeit 5 Minuten*

Beantworten Sie bitte die folgenden Aufgaben, indem Sie jeweils den richtigen Lösungsbuchstaben markieren.

**51)** Was versteht man im IT-Bereich unter dem Begriff „Virus"?

**A.** Kleine Computerprogramme, die sich an andere Programme hängen
**B.** Hilfsprogramme
**C.** Nützliche Systemsoftware
**D.** Schädlingsbekämpfer
**E.** Keine Antwort ist richtig.

**52)** Das „Mainboard" in einem Computer ...?

**A.** wird auch „Prozessor" genannt.
**B.** ist die Grafikkarte mit integrierter Soundkarte.
**C.** wird auch „Hauptspeicher" genannt.
**D.** ist die Hauptplatine eines Computers und enthält diverse Steckplätze.
**E.** Keine Antwort ist richtig.

**53)** Welche ist eine funktionstüchtige E-Mail-Adresse?

**A.** kontakt#etrainer
**B.** kontakt.etrainer.de
**C.** @kontakt.etrainer
**D.** kontakt@etrainer.de
**E.** Keine Antwort ist richtig.

**54)** Welche Funktion hat das Betriebssystem bei einem Computer?

**A.** Das Betriebssystem ist ein Treiber, der benötigt wird, um Druckaufträge zu starten.
**B.** Das Betriebssystem wird nur beim Erststart des Computers benötigt.
**C.** Das Betriebssystem ist ein Programm, welches für das Internet benötigt wird.
**D.** Unter einem Betriebssystem wird die Software zum Betreiben eines Computers verstanden.
**E.** Keine Antwort ist richtig.

**55)** Ein Bit ist die kleinste Informationseinheit in der Computertechnik und kann ...?

**A.** entweder den Wert 0 oder 1 annehmen.
**B.** entweder den Wert 0 oder 9 annehmen.
**C.** aus einer Zahl zwischen 0 und 8 bestehen.
**D.** aus 8 Bytes bestehen.
**E.** Keine Antwort ist richtig.

**56)** Auf welchem Speichermedium werden in der Regel Programme installiert?

**A.** Flashspeicher
**B.** CD-ROM
**C.** Festplatte
**D.** USB-Stick
**E.** Keine Antwort ist richtig.

**57)** Was gilt für die Top-Level-Domain?

**A.** Jedes Land verfügt über genau eine Top-Level-Domain.
**B.** Eine Top-Level-Domain besteht immer aus einem Punkt und zwei weiteren Buchstaben.
**C.** Die Top-Level-Domain bezeichnet den letzten Teil eines Domainnamens.
**D.** Die Top-Level-Domain „com" wird nur an amerikanische Staatsbürger vergeben.
**E.** Keine Antwort ist richtig.

**58)** Was ist ein LAN?

**A.** Ein Rechnernetz
**B.** Ein Internetprotokoll
**C.** Ein Glasfaserkabel
**D.** Ein Kupferkabel mit Texasstecker
**E.** Keine Antwort ist richtig.

**59)** Welche Aussage zur IP-Adresse ist falsch?

**A.** Eine IP-Adresse dient der Identifikation in einem Netzwerk.
**B.** Eine IP-Adresse besteht aus Zahlen und Punkten bzw. Zahlen, Buchstaben und Doppelpunkten.
**C.** Eine IP-Adresse könnte lauten: 162.22.106.80
**D.** Die IP-Adresse ist ein 30 Bit langes Datenwort.
**E.** Keine Antwort ist richtig.

**60)** Wofür steht im IT-Bereich die Bezeichnung „ROM"?

**A.** „ROM" ist die englische Abkürzung für „Arbeitsspeicher".
**B.** „ROM" ist die englische Abkürzung für „Hauptspeicher".
**C.** Unter „ROM" wird ein Speicher verstanden, der sowohl beschreibbar als auch lesbar ist.
**D.** Unter „ROM" wird ein Speicher verstanden, der nur lesbar ist.
**E.** Keine Antwort ist richtig.

## Naturwissenschaften

*Bearbeitungszeit 5 Minuten*

Beantworten Sie bitte die folgenden Aufgaben, indem Sie jeweils den richtigen Lösungsbuchstaben markieren.

**61)** Photovoltaische Anlagen erzeugen ...?

**A.** aus Strom Licht.
**B.** aus Licht Strom.
**C.** aus Wärme Energie.
**D.** aus Energie Wärme.
**E.** Keine Antwort ist richtig.

**62)** Charles Darwin erkannte zwei wesentliche Triebkräfte der Evolution in den Mechanismen der Variation und ...?

**A.** pathologischen Kollektion.
**B.** organischen Modulation.
**C.** natürlichen Selektion.
**D.** künstlichen Rezession.
**E.** Keine Antwort ist richtig.

**63)** Wie viele Elemente kennt die Chemie?

**A.** Etwa 80
**B.** Etwa 90
**C.** Über 100
**D.** Unzählige
**E.** Keine Antwort ist richtig.

**64)** Wasser, das vom Blatt abperlt – diese Selbstreinigungsfähigkeit mancher Pflanzen ist allgemein bekannt als ...?

**A.** Perlwirkung.
**B.** Lotuseffekt.
**C.** Teflonformel.
**D.** Gummiprinzip.
**E.** Keine Antwort ist richtig.

**65)** Wofür sind die weißen Blutkörperchen zuständig?

**A.** Sauerstofftransport im Blut
**B.** Abwehr von Krankheitserregern
**C.** Schnelle Blutgerinnung
**D.** Transport von Nährstoffen
**E.** Keine Antwort ist richtig.

**66)** Welches Element steht im Zentrum der organischen Chemie?

**A.** Sauerstoff
**B.** Magnesium
**C.** Calcium
**D.** Kohlenstoff
**E.** Keine Antwort ist richtig.

**67)** Bei welchem Stoff handelt es sich um eine chemische Verbindung?

**A.** Wasserstoff
**B.** Kohlendioxid
**C.** Kohlenstoff
**D.** atomarer Sauerstoff
**E.** Keine Antwort ist richtig.

**68)** Ein Schwarzes Loch ist …?

**A.** masselos.
**B.** unsichtbar.
**C.** strahlend hell.
**D.** transparent.
**E.** Keine Antwort ist richtig.

**69)** Was ist ein Elektron?

**A.** Ein chemisches Element
**B.** Ein elektrisch geladenes Proton
**C.** Ein elektrisch geladenes Neutron
**D.** Ein negativ geladenes Elementarteilchen
**E.** Keine Antwort ist richtig.

**70)** Welche Aussage zum Schall ist falsch?

**A.** Schall wird in Dezibel gemessen.
**B.** Schall kann als physikalischer Vorgang von Schwingungen gedeutet werden.
**C.** Schall pflanzt sich langsamer fort als Licht.
**D.** Schall ist bei kaltem Wetter schneller als bei warmem.
**E.** Keine Antwort ist richtig.

## Sätze ergänzen

*Bearbeitungszeit 5 Minuten*

**Welcher Begriff ergänzt die Lücke sachlich korrekt?**

Beantworten Sie bitte die folgenden Aufgaben, indem Sie jeweils den richtigen Lösungsbuchstaben markieren.

**71)** Eine _____ kann man nur durch 1 und sich selbst teilen.

**A.** Primzahl
**B.** Kubikzahl
**C.** Quadratwurzel
**D.** Potenz
**E.** Keine Antwort ist richtig.

**72)** Vitamin D kann der menschliche Körper mithilfe von _____ selbst bilden.

**A.** Sonnenlicht
**B.** Mineralwasser
**C.** sportlicher Betätigung
**D.** Getreideprodukten
**E.** Keine Antwort ist richtig.

**73)** Die menschlichen _____ sind in Chromosomen gebündelt.

**A.** Blutkörperchen
**B.** Erbinformationen
**C.** Zellen
**D.** Nervenbahnen
**E.** Keine Antwort ist richtig.

**74)** Eine _____ verbrieft einen Anteil an einer Gesellschaft.

**A.** Rendite
**B.** Aktie
**C.** Subvention
**D.** Dividende
**E.** Keine Antwort ist richtig.

**75)** Alle Tiere haben _____.

**A.** Nasen
**B.** Ohren
**C.** Lungen
**D.** einen Stoffwechsel
**E.** Keine Antwort ist richtig.

**76)** Ohne _____ kann Eisen nicht rosten.

**A.** Kohlenstoff
**B.** Stickstoff
**C.** Sauerstoff
**D.** Wasserstoff
**E.** Keine Antwort ist richtig.

**77)** Im Rahmen des demografischen Wandels steigt hierzulande der Anteil ____ in der Bevölkerung.

**A.** unverheirateter Menschen
**B.** konfessionsloser Menschen
**C.** jüngerer Menschen
**D.** älterer Menschen
**E.** Keine Antwort ist richtig.

**78)** ____ sind Lösungen mit einem niedrigen pH-Wert.

**A.** Emulsionen
**B.** Basen
**C.** Säuren
**D.** Laugen
**E.** Keine Antwort ist richtig.

**79)** Eine passive Impfung enthält ____.

**A.** Gegengift.
**B.** tote Krankheitserreger.
**C.** lebende Krankheitserreger.
**D.** Antikörper.
**E.** Keine Antwort ist richtig.

**80)** ____ ist der Wirkstoff eines Schmerzmittels.

**A.** Essigsäure
**B.** Diazepam
**C.** Acetylsalicylsäure
**D.** Barbiturat
**E.** Keine Antwort ist richtig.

# Lösungen: Allgemeinwissen

1) B
2) A
3) A
4) D
5) A
6) C
7) B
8) B
9) A
10) A
11) D
12) A
13) D
14) C
15) B
16) C
17) D
18) D
19) D
20) A
21) D
22) D
23) A
24) B
25) C
26) C
27) A
28) A
29) A
30) B
31) C
32) D
33) D
34) C
35) B
36) D
37) C
38) C
39) D
40) C
41) D
42) C
43) D
44) A
45) A
46) D
47) B
48) C
49) C
50) D
51) A
52) D
53) D
54) D
55) A
56) C
57) C
58) A
59) D
60) D
61) B
62) C
63) C
64) B
65) B
66) D
67) B
68) B
69) D
70) D
71) A
72) A
73) B
74) B
75) D
76) C
77) D
78) C
79) D
80) C

***Staat und Politik (Aufgaben 1–10)***

**Zu 1) B.** Volk

Der Deutsche Bundestag, das Parlament der Bundesrepublik Deutschland mit Sitz in Berlin, wird als einziges Verfassungsorgan des Bundes direkt durch das Volk gewählt und legitimiert. Die Hälfte der Parlamentssitze besetzen die erfolgreichen Kandidaten aus der Direktwahl in den 299 Wahlkreisen („Direktmandate"). Die andere Hälfte wird so verteilt, wie es dem Anteil einer Partei an der Gesamtzahl der Sitze entspricht, unter Anrechnung der Direktmandate aus den Landeslisten.

**Zu 2) A.** Parlamentarische Demokratie

In einer parlamentarischen Demokratie werden die wichtigsten politischen Entscheidungen von einem Parlament getroffen, das aus einer freien Volkswahl hervorgegangen ist und daraus seine Legitimation ableitet. Die parlamentarische Demokratie ist eine repräsentative Demokratie: Die gewählten Abgeordneten sollen das Volk vertreten, von dem als Souverän die Staatsgewalt ausgeht.

**Zu 3) A.** Zusammenschluss von Abgeordneten

„Fraktion" nennt man einen freiwilligen Zusammenschluss von Abgeordneten zur Durchsetzung ihrer politischen Interessen und Ziele in einem Parlament. In der Regel bildet jede Partei eine Fraktion.

**Zu 4) D.** Soziale Marktwirtschaft

In der Sozialen Marktwirtschaft fällt dem Staat die Rolle zu, auf sozialen Ausgleich hinzuwirken. Die Soziale Marktwirtschaft gilt heute als Grundlage der deutschen Wirtschafts- und Sozialordnung. Das Modell wurde von Ludwig Erhard entworfen und baut auf Elementen der freien Marktwirtschaft auf, wird jedoch durch wettbewerbspolitische und regulierende Maßnahmen des Staats ergänzt.

**Zu 5) A.** Die Unabhängigkeit von Legislative, Exekutive und Judikative

„Gewaltenteilung" bezeichnet das Prinzip, die Staatsgewalt auf mehrere Staatsorgane zu verteilen, um ihre Macht zu begrenzen und dadurch Freiheit und Gerechtigkeit zu sichern. Man unterscheidet drei Gewalten: die Gesetzgebung (Legislative), die ausführende Gewalt (Exekutive) und die Rechtsprechung (Judikative).

**Zu 6) C.** 5 Jahre

Der Bundespräsident wird von der Bundesversammlung auf fünf Jahre gewählt.

**Zu 7) B.** an den meisten EU-Binnengrenzen abgeschafft.

Im Grenzverkehr zwischen den Staaten, die das Schengener Abkommen vollständig umsetzen, finden planmäßig keine allgemeinen Personenkontrollen mehr statt. In Ausnahmesituationen – wie z. B. während der Flüchtlingskrise 2015/16 – können die Kontrollen jedoch vorübergehend wieder aufgenommen werden. Der Schengen-Raum umfasst derzeit (Stand 2025) 29 europäische Länder: 25 davon Mitgliedsländer der EU, zusätzlich Island, Liechtenstein, Norwegen und die Schweiz. Die EU-Staaten Bulgarien, Rumänien und Zypern wollen das Abkommen noch unterzeichnen, Irland ist nicht beigetreten.

**Zu 8) B.** prüft, ob Gesetze mit dem Grundgesetz in Einklang stehen.

Als „Hüter der Verfassung" wacht das Bundesverfassungsgericht über die Einhaltung des Grundgesetzes. Zu seinen Kernaufgaben zählen sogenannte Normenkontrollverfahren: Das Gericht prüft auf Antrag, ob ein Gesetz verfassungsgemäß ist oder nicht. Außerdem ist es unter anderem für Parteiverbotsverfahren zuständig. Der Amtssitz ist Karlsruhe.

**Zu 9) A.** Der Bundeskanzler

Der Bundespräsident ist zwar das Staatsoberhaupt der Bundesrepublik Deutschland, doch der Bundeskanzler ist faktisch der mächtigste deutsche Politiker: Er bestimmt die Richtlinien der Politik und die Minister, die allerdings vom Bundespräsidenten ernannt werden.

**Zu 10) A.** Weißes Haus, Washington, D.C.

Abgebildet ist das Weiße Haus, der Amtssitz des US-Präsidenten in Washington, D.C. Der Grundstein des Bauwerks wurde am 13. Oktober 1792 gelegt, im Jahr 1800 war es bezugsfertig. 1814 brannten britische Truppen das Haus nieder, bis 1818 wurde es im klassizistischen Stil wieder aufgebaut.

***Wirtschaft und Gesellschaft (Aufgaben 11–20)***

**Zu 11) D.** Liquidität.

Verfügt ein Unternehmen über ausreichende Zahlungsmittel, um seine Verbindlichkeiten zu begleichen, bezeichnet man es als „liquide". Unterschieden wird zwischen der Barliquidität (Vermögen, das unmittelbar zur Zahlung eingesetzt werden kann), der einzugsbedingten Liquidität (Vermögen, das nicht unmittelbar zur Zahlung eingesetzt werden kann, aber eine kurzfristige Umwandlung ermöglicht wie diskontierbare Wechsel) sowie der umsatzbedingten Liquidität (Vermögen, das erst in Barmittel umgesetzt werden muss, z. B. Produkte und Wirtschaftsgüter).

**Zu 12) A.** Die Umsatzsteuer beträgt für alle entgeltlich erbrachten Leistungen 19 Prozent.

Die Umsatzsteuer ist eine Abgabe, die auf Umsätze erhoben wird, die aus entgeltlich erbrachten Leistungen entstehen. Der Umsatzsteuersatz liegt nach der letzten Erhöhung zum 1. Januar 2007 bei 19 Prozent. Für bestimmte Warengruppen (Lebensmittel, Bücher, Zeitschriften, bestimmte Kunstgegenstände) gilt ein ermäßigter Umsatzsteuersatz von aktuell 7 Prozent. Die Umsatzsteuer ist nach der Lohnsteuer die wichtigste Einnahmequelle des Staates.

**Zu 13) D.** Dividende

Dividenden sind Gewinnbeteiligungen, die eine Aktiengesellschaft an ihre Aktionäre ausschüttet. Die Verwendung des Bilanzgewinns einer AG – und damit die Dividendenhöhe – wird vom Vorstand vorgeschlagen, vom Aufsichtsrat geprüft und von der Hauptversammlung beschlossen. Die Dividende ist von der allgemeinen Geschäftslage abhängig und kann daher von Jahr zu Jahr schwanken oder sogar ganz ausfallen.

**Zu 14) C.** Franken

Der Schweizer Franken ist die Währung der Schweiz und des Fürstentums Liechtenstein. Seine ISO-Abkürzung ist „CHF", sein Währungszeichen „SFr".

**Zu 15) B.** einen ausgeglichenen Staatshaushalt.

Die umgangssprachliche „schwarze Null" steht für einen ausgeglichenen öffentlichen Haushalt: Der Staat kann sämtliche Ausgaben durch seine Einnahmen decken, ohne sich weiter zu verschulden. Über das haushaltspolitische Ziel der „schwarzen Null" gibt es häufig engagierte Debatten – denn um es zu erreichen, sind meist Sparmaßnahmen nötig.

**Zu 16) C.** Hochkonjunktur

„Boom" bezeichnet eine Phase der Hochkonjunktur. In der Hochkonjunktur herrscht Vollbeschäftigung und die wirtschaftlichen Kapazitäten sind aufgrund von starker Nachfrage voll ausgelastet. Das Lohnniveau, die

Preise und die Zinsen steigen. Die Produktion wird so lange erhöht, bis es zu einer Marktüberhitzung kommt, wodurch die Konjunktur einen Abschwung erfährt.

**Zu 17) D.** Ein wirtschaftspolitisches Instrument des Staates

Als Teilbereich der Finanzpolitik ist die Fiskalpolitik ein wirtschaftspolitisches Instrument des Staates. Fiskalpolitische Maßnahmen beabsichtigen, das Steueraufkommen und die Staatsausgaben zu beeinflussen, um konjunkturelle Schwankungen auszugleichen. Ziele sind ein stabiles Wirtschaftswachstum, ein hoher Beschäftigungsstand und eine gleichmäßig geringe Inflation.

**Zu 18) D.** Giroverkehr

Giroverkehr ist der bargeldlose Zahlungs- und Abrechnungsverkehr bei einem Kreditinstitut durch Gutschrift oder Lastschrift auf ein Girokonto. Dem Giroverkehr liegt das von der Deutschen Reichsbank im 19. Jahrhundert gegründete Gironetz zugrunde, das den bargeldlosen Zahlungsverkehr zwischen den einzelnen Banken ermöglicht.

**Zu 19) D.** Die Zinsen fallen.

In einer Phase der Hochkonjunktur steigen in der Regel das Lohnniveau, die Nachfrage, die Preise und die Zinsen. Die Produktion wird so lange erhöht, bis es zu einer Marktüberhitzung kommt, wodurch die Konjunktur einen Abschwung erfährt.

**Zu 20) A.** Die Summe aller Güter und Dienstleistungen, die eine Volkswirtschaft in einem Jahr zur letzten Verwendung erbringt

Das Bruttoinlandsprodukt (BIP) beziffert den Wert aller Güter und Dienstleistungen, die eine Volkswirtschaft in einem Jahr innerhalb ihrer Landesgrenzen als Endprodukte (also zur letzten Verwendung) hervorbringt.

***Geschichte und Kulturgeschichte (Aufgaben 21–30)***

**Zu 21) D.** Vincent van Gogh

Johannes Brahms (1833–1897), Frédéric Chopin (1810–1849) und Giuseppe Verdi (1813–1901) waren allesamt Komponisten: Brahms gilt als einer der wichtigsten deutschen Sinfoniker, dessen Klaviertrios und -quartette zu den bedeutendsten Kompositionen der Kammermusik zählen. Chopin erwarb sich früh einen Ruf als musikalisches Wunderkind und entwickelte einen bis dahin nicht gekannten Klavierstil. Verdi schließlich komponierte zahlreiche bekannte Opern, darunter „Don Carlos" (1863), „Aida" (1871) und „Otello" (1887). Vincent van Gogh (1853–1890) hingegen war ein niederländischer Maler, dessen Hauptwerk dem Postimpressionismus zugerechnet wird.

**Zu 22) D.** Terroranschlag

Am 11. September 2001 verübten 19 Angehörige der islamistischen Terrororganisation al-Qaida Selbstmordanschläge auf symbolträchtige Gebäude der Vereinigten Staaten von Amerika. Die Terroristen entführten vier Verkehrsflugzeuge: zwei lenkten sie in die Zwillingstürme des World Trade Centers in New York und eines in das Pentagon, den Sitz des US-Verteidigungsministeriums bei Washington D.C. Das vierte Flugzeug stürzte nach Kämpfen zwischen Entführern, Besatzung und Fluggästen ab.

**Zu 23) A.** Die Machterlangung der Nationalsozialisten

Wirtschaftliche und politische Krisen hatten die Weimarer Republik schon zu Beginn der 1930er-Jahre geschwächt. Das faktische Ende der parlamentarischen Demokratie war im Januar 1933 besiegelt, als Adolf Hitler zum Reichskanzler ernannt wurde und die Nationalsozialisten die Macht erlangten.

**Zu 24) B.** 1914–1918

Der Erste Weltkrieg wurde von 1914 bis 1918 in Europa, dem Nahen Osten, Afrika und Ostasien geführt. Kriegsparteien waren auf der einen Seite die Mittelmächte Deutsches Reich, Österreich-Ungarn, später noch das Osmanische Reich und Bulgarien. Auf der anderen Seite standen zunächst die Entente-Mächte Frankreich, Großbritannien und Russland sowie Serbien. 1917 griffen die USA auf Seiten der Entente entscheidend in den Krieg ein. Im Ersten Weltkrieg starben insgesamt rund 9–10 Millionen Soldaten.

**Zu 25) C.** Ludwig XIV.

Ludwig XIV. (1638–1715), als Fünfjähriger zum König von Frankreich gekrönt, zählt zu den prägnantesten Vertretern des höfischen Absolutismus. Für ihn stand der Monarch im Zentrum des Staates wie die Sonne im Sonnensystem, die Ludwig XIV. zum Symbol seiner Herrschaft und Strahlkraft machte. Von seinem ausschweifenden Lebensstil, von seinem Hang zu Prunk und Pracht zeugt unter anderem die gigantische Schlossanlage von Versailles, die er sich als Regierungssitz bauen ließ.

**Zu 26) C.** Die Bezwingung Karthagos

Karthago war eine nordafrikanische Großstadt nahe der heutigen tunesischen Hauptstadt Tunis. Die etablierte See- und Handelsmacht kontrollierte das westliche Mittelmeer und war dem aufstrebenden Römischen Reich ein Dorn im Auge. Die Rivalen kämpften in den drei Punischen Kriegen gegeneinander; am Ende stand die völlige Zerstörung Karthagos im Jahr 146 v. Chr. Das siegreiche Rom wurde zur unangefochten stärksten Macht im Mittelmeerraum.

**Zu 27) A.** 1789

Am 26. August 1789 verkündete die französische Nationalversammlung die Erklärung der Menschen- und Bürgerrechte. Die erste Menschenrechtserklärung in Europa formuliert „natürliche und unveräußerliche" Rechte wie Freiheit, Eigentum, Sicherheit oder Widerstand gegen Unterdrückung. Inbegriffen ist auch die staatliche Gewaltenteilung.

**Zu 28) A.** Hohenzollern.

Das Haus Hohenzollern, erstmals 1061 in einer Chronik erwähnt, stellte die preußischen Könige und nach 1871 die Kaiser des Deutschen Reiches. Der Stammsitz des Adelsgeschlechts ist die Burg Hohenzollern in Baden-Württemberg.

**Zu 29) A.** Deutsche Wiedervereinigung

Am 3. Oktober 1990 trat die DDR dem Geltungsbereich des Grundgesetzes der Bundesrepublik Deutschland bei. Gemäß dem Einigungsvertrag gilt der 3. Oktober seitdem als offizieller Nationalfeiertag („Tag der Deutschen Einheit"). Die Berliner Mauer fiel am 9. November 1989.

**Zu 30) B.** Bertolt Brecht

Bertolt Brecht (1898–1956) war ein einflussreicher deutscher Dramatiker und Lyriker. Er begründete das „epische Theater", das nicht mehr tragische Einzelschicksale und Fiktionen ins Zentrum stellt, sondern reale gesellschaftliche Konflikte. Zu Brechts bekanntesten Werken zählen „Die Dreigroschenoper", „Das Leben des Galilei" und „Mutter Courage und ihre Kinder".

***Geografie und Landeskunde (Aufgaben 31–40)***

**Zu 31) C.** Ca. 80 Mio.

Die Bundesrepublik Deutschland hat rund 80 Millionen Einwohner.

**Zu 32) D.** Wiesbaden

Die hessische Landeshauptstadt heißt Wiesbaden. Die mit rund

300.000 Einwohnern zweitgrößte Stadt Hessens liegt am Rhein, direkt gegenüber dem rheinland-pfälzischen Regierungssitz Mainz. Wiesbaden verfügt über zahlreiche Thermal- und Mineralquellen und ist eines der ältesten Kurbäder Europas.

**Zu 33) D.** Gemäßigte Breiten

Deutschland liegt in den gemäßigten Breiten. Diese Klimazone befindet sich zwischen der kalten Zone und den Subtropen und hat nach den Tropen die höchste Niederschlagsmenge. Charakteristisch sind außerdem die deutlichen Temperaturunterschiede zwischen den Jahreszeiten und die unterschiedlich langen Tage.

**Zu 34) C.** Po

Der Po ist mit einer Länge von 652 km der längste Fluss Italiens. Er entspringt in den Alpen nahe der italienisch-französischen Grenze und mündet in die Adria.

**Zu 35) B.** Polen

Frankfurt an der Oder liegt im äußersten Osten Brandenburgs gegenüber der polnischen Kleinstadt Słubice. Beide Städte sind nur durch den deutsch-polnischen Grenzfluss Oder getrennt und über die 251 Meter lange Stadtbrücke miteinander verbunden.

**Zu 36) D.** Elbsandsteingebirge

Das Elbsandsteingebirge liegt in Sachsen und im tschechischen Nordböhmen: Den tschechischen Teil nennt man auch „Böhmische Schweiz", den deutschen Teil „Sächsische Schweiz". Geprägt wurde der Name im 18. Jahrhundert von zwei Schweizer Künstlern, die sich an das Jura-Gebirge ihrer Heimat erinnert fühlten. Populär wurde der Begriff durch die Ortsbeschreibungen des Autors und Theologen Wilhelm Lebrecht Götzinger (1758–1818).

**Zu 37) C.** Zugspitze

Die Zugspitze ist mit 2.962 Metern über Normalhöhennull der höchste Berg Deutschlands. Der Grenzberg zwischen Deutschland und Österreich gehört zum Wettersteingebirge in den nördlichen Kalkalpen. Ihren Namen erhielt die Zugspitze aufgrund der vielen Lawinenzüge an den Steilhängen ihres Nordfußes.

**Zu 38) C.** 49

Die Landeskennzahl ist ein länderspezifischer Telefoncode. Im internationalen Telefonverkehr erreicht man deutsche Anschlüsse meist unter der Vorwahl 0049: Die Verkehrsausscheidungsziffer „00" – in Nordamerika „011" – leitet eine internationale Verbindung ein, die Landeskennzahl

„49" führt dann ins deutsche Netz. Vergeben werden die Landeskennzahlen von der Internationalen Fernmeldeunion, einer Sonderbehörde der Vereinten Nationen.

**Zu 39) D.** 16

Die Bundesrepublik Deutschland besteht aus 16 Bundesländern. In alphabetischer Folge: Baden-Württemberg, Bayern, Berlin, Brandenburg, Bremen, Hamburg, Hessen, Mecklenburg-Vorpommern, Niedersachsen, Nordrhein-Westfalen, Rheinland-Pfalz, Saarland, Sachsen, Sachsen-Anhalt, Schleswig-Holstein, Thüringen.

**Zu 40) C.** Oldenburg

Die Orte A, B und D sind allesamt bayerische Großstädte: Augsburg ist die Hauptstadt des Regierungsbezirks Schwaben, Regensburg die Hauptstadt des Regierungsbezirks Oberpfalz und Würzburg die Hauptstadt des Regierungsbezirks Unterfranken. Oldenburg ist eine kreisfreie Stadt in Niedersachsen.

***Persönlichkeiten, Erfindungen, Entdeckungen (Aufgaben 41–50)***

**Zu 41) D.** Johannes Gutenberg

Johannes Gutenberg lebte etwa von 1400 bis 1468 in Mainz und gilt als Erfinder des mechanischen Buchdrucks mit beweglichen Metall-Lettern: ein Verfahren, das wesentlich effektiver war als die herkömmlichen Praktiken der Buchproduktion. Gutenbergs Methode verbreitete sich schnell in Europa und löste eine Medienrevolution aus.

**Zu 42) C.** den Papst im Vatikan.

Die Schweizergarde ist für den Schutz des Papstes verantwortlich. Sie sichert den apostolischen Palast, die Zugänge zur Vatikanstadt sowie den Eingang des Castel Gandolfo (Sommerresidenz des Papstes). Ausgehoben wurde die Garde 1506 unter eidgenössischen Söldnern; noch heute dürfen in ihr ausschließlich Schweizer Staatsbürger Dienst tun.

**Zu 43) D.** die weltweit erste Fließbandfertigung eingeführt.

Zur Herstellung des Modells T wurde in Henry Fords Automobilwerken weltweit zum ersten Mal die Fließbandproduktion eingesetzt: Dabei zerlegt man den Produktionsprozess in einzelne Arbeitsschritte, und die Maschinen und Arbeitsplätze werden entsprechend ihrer Einsatzreihenfolge angeordnet. Ziel ist eine effiziente, schnelle Fertigung ohne Unterbrechungen und Zwischentransporte.

**Zu 44) A.** Juri Gagarin

Juri Gagarin war ein sowjetischer Kosmonaut und der erste Mensch im Weltall. Am 12. April 1961 umrundete er mit dem Raumschiff „Wostok 1" in 108 Minuten ein Mal komplett die Erde.

**Zu 45) A.** Gaius Julius Caesar

Gaius Julius Caesar (100–44 v. Chr.) war Feldherr, Staatsmann und der erste Alleinherrscher im antiken Rom. Mit dem Satz „Veni, vidi, vici" – „Ich kam, ich sah, ich siegte" – kommentierte Caesar seine rasche militärische Eroberung des Königreichs Pontos am Schwarzen Meer (47 v. Chr.). Der Ausspruch hat sich zum geflügelten Wort entwickelt.

**Zu 46) D.** Ein Künstler, Forscher und Erfinder zur Zeit der Renaissance

Leonardo da Vinci (1452–1519) war Maler, Bildhauer, Architekt, Musiker, Anatom, Mechaniker, Ingenieur, Naturphilosoph und Erfinder in Personalunion. Er gilt als der Universalmensch der Renaissance. Sein Werk umfasst Gemälde (z. B. die „Mona Lisa"), Skulpturen und andere Kunstgegenstände, daneben entwarf er visionäre Gebäude und Maschinen. Viele Projekte konnte er nie realisieren.

**Zu 47) B.** Mahatma Gandhi

Mohandas Karamchand (genannt „Mahatma") Gandhi (1869–1948) engagierte sich seit Beginn des 20. Jahrhunderts für die Unabhängigkeit Indiens von Großbritannien. 1930 initiierte er die Aufsehen erregende „Salzmarsch"-Kampagne gegen das britische Salzmonopol, die dem Prinzip des gewaltfreien Widerstands folgte. Gandhi fand für seine Ideen großen Rückhalt in der Bevölkerung und gilt als Wegbereiter der indischen Unabhängigkeit, die der britische Premierminister Clement Attlee 1947 verkündete.

**Zu 48) C.** die vier größten Jupitermonde.

Bei der Beobachtung des Planeten Jupiter 1610 entdeckte Galileo Galilei die vier größten Monde des Riesenplaneten. Die Trabanten mit den Namen „Ganymed", „Kallisto", „Io" und „Europa" bezeichnet man noch heute als „Galileische Monde".

**Zu 49) C.** Alexander Graham Bell und Philipp Reis

Strenggenommen begann die Geschichte des Telefons bereits 1837: Damals konstruierte der US-Amerikaner Samuel Morse den Morsetelegrafen und schuf so die Grundlagen der Signalübermittlung durch elektrische Leitungen. 1854 veröffentlichte Charles Bourseul einen Artikel über mögliche Techniken der elektrischen Sprachübertragung; praxistaugliche Entwicklungen von Tivadar Puskás, Antonio Meucci, Philipp Reis, Elisha Gray und Alexander Graham Bell folgten. Doch nur Bell war imstande, das Telefon über Versuchsstadien hinaus als Gesamtsystem zur Marktreife zu entwickeln. 1876 brachte er seinen Apparat in Boston erstmals zur praktischen Anwendung.

**Zu 50) D.** Martin Luther King jr.

Das Foto zeigt den US-amerikanischen Bürgerrechtler Martin Luther King jr. (1929–1968). Als führender Vertreter der Bürgerrechtsbewegung „Civil Rights Movement" kämpfte King in den 1950er- und 1960er-Jahren gegen die Diskriminierung der schwarzen Bevölkerung in den US-Südstaaten. Seine 1963 in Washington gehaltene Rede „I Have a Dream" ging in die Geschichte ein. 1964 erhielt King den Friedensnobelpreis, 1968 fiel er einem Attentat zum Opfer.

***PC und Internet (Aufgaben 51–60)***

**Zu 51) A.** Kleine Computerprogramme, die sich an andere Programme hängen

Ein Virus ist im IT-Bereich ein sich selbst verbreitendes, meist schädliches Computerprogramm, das sich ungewollt in Computer einschleust und reproduziert. Das Computervirus nutzt wie sein biologisches Vorbild die Ressourcen seines Wirtes und schadet ihm dabei häufig. Der Schaden für das Wirtssystem oder dessen Programme kann von harmlosen Störungen bis hin zum Datenverlust reichen. Es kann zu nicht kontrollierbaren Veränderungen am Status der Hardware, am Betriebssystem oder an der Software kommen. Umgangssprachlich wird die Bezeichnung „Computervirus" auch für Computerwürmer und Trojanische Pferde genutzt, zwischen denen der Übergang heute fließend und für Anwender oft nicht zu erkennen ist.

**Zu 52) D.** ist die Hauptplatine eines Computers und enthält diverse Steckplätze.

„Mainboard", „Systemplatine" oder „Motherboard" nennt man die Hauptplatine eines Computers, auf der sich in der Regel folgende Systemkomponenten befinden: die CPU, der PCI-Bus mit den Slots für die Erweiterungskarten, die Steckplätze für den Arbeitsspeicher, verschiedene Schnittstellen, der Cache, die Echtzeituhr, BIOS-ROM und CMOS-RAM, die verschiedenen Controller und der Tastatur-Prozessor. Die Konzeption des Mainboards beeinflusst systemrelevante Parameter wie die Systemleistung, die Zukunftssicherheit und die Kompatibilität zu Systemkomponenten (Anschlüsse, Erweiterbarkeit).

**Zu 53) D.** kontakt@etrainer.de

Eine E-Mail-Adresse zum Datenversand per SMTP besteht aus zwei Teilen: einem lokalen Teil vor dem @-Zeichen und einem globalen Teil (der Domain) dahinter. Bei „kontakt@etrainer.de" ist „etrainer.de" die Domain und „kontakt" der lokale Teil. Der lokale Teil darf aus Buchstaben, Zahlen und einigen weiteren Zeichen bestehen. Der globale Teil enthält die Top-Level-Domain (in Deutschland „.de") und davor weitere Zeichen, für die je nach Top-Level-Domain verschiedene Regeln gelten – in Deutschland müssen es 1 bis 63 Zeichen sein. Jede E-Mail-Adresse darf weltweit nur ein einziges Mal vergeben werden.

**Zu 54) D.** Unter einem Betriebssystem wird die Software zum Betreiben eines Computers verstanden.

Das Betriebssystem ist die Software zum Betrieb eines Computers. Es verwaltet die Komponenten wie Speicher, Ein- und Ausgabegeräte und steuert die Ausführung von Programmen. Bekannte Betriebssysteme sind Windows, Android, iOS, macOS und Linux.

**Zu 55) A.** entweder den Wert 0 oder 1 annehmen.

Ein Bit ist die kleinste und grundlegende Informationseinheit in der Computertechnik. Es kann – wie ein Lichtschalter – genau einen von zwei Zuständen annehmen, die durch die Werte 0 und 1 repräsentiert werden. Die nächst größere Informationseinheit ist ein Byte, das aus acht Bits besteht.

**Zu 56) C.** Festplatte

Die Installation von Programmen ist der Vorgang, bei dem eine neue Software auf einen Computer kopiert und dabei eventuell konfiguriert wird. Die Installation von Programmen („Setup") findet in Regel auf der Festplatte statt, um jederzeit direkt darauf zugreifen zu können. Auf die Festplatte werden sie durch andere Speichermedien wie Flashspeicher,

CD-ROMs oder USB-Sticks übertragen.

**Zu 57) C.** Die Top-Level-Domain bezeichnet den letzten Teil eines Domainnamens.

Die Top-Level-Domain bezeichnet den letzten Teil eines Domainnamens und stellt die höchste Ebene der Namensauflösung dar. Ist der vollständige Domainname einer Website beispielsweise „ausbildungspark.com", so entspricht das rechte Glied („com") der Top-Level-Domain dieses Namens.

Top-Level-Domains werden in zwei Hauptgruppen – allgemeine und länderspezifische Top-Level-Domains – unterteilt. Zu den allgemeinen Top-Level-Domains zählen z. B. „com", „net", „org" und „info". Länderspezifische Top-Level-Domains gibt es über 200, dabei ist jedem Land genau ein Zwei-Buchstaben-Code zugeordnet. So steht „de" für Deutschland, „fr" für Frankreich und „at" für Österreich. Zudem gibt es Top-Level-Domains, die Regionen oder Gebieten zugeordnet sind, wie z. B. „eu" für die Europäische Union.

**Zu 58) A.** Ein Rechnernetz

Das „Local Area Network" (LAN) ist ein lokales Rechnernetz, das größer ist als ein „Personal Area Network" (PAN) und kleiner als ein „Metropolitan Area Network" (MAN). LANs erstrecken sich in der Regel über mehrere Räume, aber selten über ein Grundstück hinaus. Zum Aufbau lokaler Netzwerke gibt es verschiedene Technologien. Am verbreitetsten ist der Ethernet-Standard, der bestimmte Kabeltypen, Stecker, Signalisierungen und Protokolle festlegt.

**Zu 59) D.** Die IP-Adresse ist ein 30 Bit langes Datenwort.

In Computernetzen, die auf dem Internetprotokoll (IP) basieren, nutzt man IP-Adressen, um Daten von einem Absender zum vorgesehenen Empfänger zu transportieren. Jedes Gerät – Drucker, Desktop-PC, Laptop – lässt sich anhand seiner zugewiesenen IP-Adresse eindeutig identifizieren. Der lange Jahre vorherrschende IPv4-Standard definiert eine IP-Adresse als 32 Bit langes Datenwort. Es besteht in der bekanntesten Notation aus vier Zahlen zwischen 0 und 255, die durch einen Punkt getrennt sind. Rechnerisch lassen sich so knapp 4,3 Milliarden Adressen darstellen. Da dieser Vorrat nicht mehr ausreicht, hat man mittlerweile das IPv6-Verfahren eingeführt: Es erlaubt 128 Bit lange Adressen in Hexadezimal-Schreibweise (mit Ziffern, Buchstaben und Doppelpunkten).

**Zu 60) D.** Unter „ROM" wird ein Speicher verstanden, der nur lesbar ist.

Ein ROM-Speicher („Read-Only-Memory") ist ein Festwertspeicher, der nur lesbar ist und nicht beschrieben werden kann. Er ist nicht flüchtig, so dass er seine Daten auch in stromlosem Zustand behält. Ein Anwendungsbeispiel ist das BIOS von PCs: ein Programm auf einem ROM-Speicher, das unmittelbar nach dessen Einschalten ausgeführt wird. Das Beschreiben eines ROM-Speichers wird als Programmierung des Bausteins bezeichnet und ist nicht mit den wiederholbaren Schreibzugriffen in einem RAM-Speicher vergleichbar.

***Naturwissenschaften (Aufgaben 61–70)***

**Zu 61) B.** aus Licht Strom.

Photovoltaik ist das Prinzip, Lichtenergie mittels Solarzellen in elektrische Energie umzuwandeln. Den zugrundeliegenden photoelektrischen Effekt entdeckte 1839 der französische Physiker Alexandre Becquerel. Zusammen mit der Windkraft zählt die Photovoltaik heute zu den Stützen der Energiewende weg von fossilen Brennstoffen hin zu erneuerbaren Ressourcen.

**Zu 62) C.** natürlichen Selektion.

Variation und natürliche Selektion waren für Charles Darwin (1809–1882) wichtige Faktoren der Evolution. Im Groben bezeichnet die Variation Prozesse, bei denen sich Lebewesen genetisch verändern und neue Arten entstehen; die natürliche Selektion umfasst Vorgänge, die den Fortpflanzungserfolg eines Lebewesens beeinflussen.

**Zu 63) C.** Über 100

Nachgewiesen wurden bisher 118 chemische Elemente, die im Periodensystem nach steigender Kernladungszahl angeordnet sind. Sämtliche 80 stabilen Elemente kommen auf der Erde vor, nur 17 davon sind keine Metalle. Die Atome mancher Elemente verbinden sich miteinander zu Molekülen, so zum Beispiel alle unter Normalbedingungen gasförmigen Elemente, die keine Edelgase sind: Wasserstoff ($H_2$), Stickstoff ($N_2$), Sauerstoff ($O_2$), Fluor ($F_2$) und Chlor ($Cl_2$). Edelgase reagieren nicht mit sich selbst; sie bestehen aus einzelnen Atomen.

**Zu 64) B.** Lotuseffekt.

In den 70er-Jahren entdeckten Wissenschaftler die Selbstreinigungsfähigkeit der Lotospflanze: Ihre Blätter sind immer sauber. Grund dafür sind winzige noppenartige Nanostrukturen auf der Blattoberfläche, die auftreffendes Wasser abperlen lassen, wodurch Schmutzpartikel entfernt werden. Die Industrie übertrug dieses Prinzip selbstreinigender Oberflächen auf Produkte wie Fassadenfarben oder Gläser und vermarktet sie mit dem Begriff Lotuseffekt.

**Zu 65) B.** Abwehr von Krankheitserregern

Weiße Blutkörperchen (Leukozyten) sind Teil der Immunabwehr und finden sich im Blut, im Rücken- und Knochenmark und in anderen Gewebeteilen. Ihre Hauptaufgabe liegt in der Abwehr von Krankheitserregern.

**Zu 66) D.** Kohlenstoff

Die organische Chemie beschäftigt sich mit der Struktur, der Herstellung und der Umwandlung von Kohlenstoff und Kohlenstoffverbindungen. Diese sind die Grundlage des bislang bekannten Lebens.

**Zu 67) B.** Kohlendioxid

Wasserstoff (Abkürzung: H), Kohlenstoff (C) und atomarer Sauerstoff (O) sind Elemente. Chemische Verbindungen sind Stoffe aus mindestens zwei Elementen und mit einer eindeutigen chemischen Struktur. Kohlendioxid ($CO_2$) ist ein solcher Stoff: Seine Moleküle bestehen aus einem Kohlenstoffatom und zwei Sauerstoffatomen.

**Zu 68) B.** unsichtbar.

Schwarze Löcher sind astronomische Objekte mit extrem starker Massenanziehung (Gravitation). Da sie Licht und Materie vollständig absorbieren, kann man sie nicht sehen. Nach der Allgemeinen Relativitätstheorie entstehen Schwarze Löcher durch extreme Verformungen der Raumzeit.

**Zu 69) D.** Ein negativ geladenes Elementarteilchen

Das Elektron ist ein negativ geladenes Elementarteilchen mit dem Symbol $e^-$. In den bisher möglichen Experimenten zeigen Elektronen keine innere Struktur und können insofern als punktförmig angenommen werden. Die experimentelle Obergrenze für die Größe des Elektrons liegt derzeit bei etwa $10^{-19}$ m. In Atomen und Ionen bilden Elektronen die Elektronenhülle.

**Zu 70) D.** Schall ist bei kaltem Wetter schneller als bei warmem.

Dass Schall in Dezibel gemessen wird und physikalisch als Schwingungsfolge verstanden werden kann, stimmt. Auch ist der Schall um einiges langsamer als das Licht, das sich mit etwa 300.000 Kilometern pro Sekunde ausbreitet. Mit abnehmender Temperatur wird der Schall jedoch nicht etwa schneller – es ist genau umgekehrt: Er pflanzt sich in wärmerer Luft rascher fort. Bei −25 °C beispielsweise erreicht er eine Geschwindigkeit von rund 316 Metern pro Sekunde, bei +35 °C sind es über 350 Meter pro Sekunde.

***Sätze ergänzen (Aufgaben 71–80)***

**Zu 71) A.** Primzahl

Primzahlen sind nur durch 1 und sich selbst ohne Rest teilbar. Die Primzahlen bis 100 lauten: 2, 3, 5, 7, 11, 13, 17, 19, 23, 29, 31, 37, 41, 43, 47, 53, 59, 61, 67, 71, 73, 79, 83, 89, 97.

**Zu 72) A.** Sonnenlicht

Die Substanz Cholecalciferol – auch als Vitamin D bekannt – kann der menschliche Körper in der Haut selbst herstellen. Eine Voraussetzung dafür ist die Einwirkung von UVB-Strahlung, wie sie im Sonnenlicht vorkommt. Vitamin D übernimmt wichtige Aufgaben im Organismus, beispielsweise beim Knochenaufbau.

**Zu 73) B.** Erbinformationen

Die menschlichen Erbinformationen sind in den Genen codiert. Mehrere Gene reihen sich jeweils zu einem langen, dünnen Faden aneinander, der wiederum zu einer kompakten Struktur, einem Chromosom aufgewickelt ist. Der Mensch besitzt 23 verschiedene Chromosomenpaare, also insgesamt 46 Chromosomen. Darunter findet sich nur bei Frauen ein xx-Chromosomenpaar und ausschließlich bei Männern ein xy-Paar.

**Zu 74) B.** Aktie

Die Rede ist von der Aktie. Dividenden sind Gewinnbeteiligungen, die Aktiengesellschaften an ihre Aktionäre ausschütten. Subventionen sind finanzielle Vorteile, die ein Staat Privathaushalten, Unternehmen oder anderen Staaten gewährt. Die Rendite beziffert den mit einer Geldanlage erzielten Gewinn im Verhältnis zum eingesetzten Kapital.

**Zu 75) D.** einen Stoffwechsel

Einem Tier, das weder Nase, noch Ohren oder Lunge besitzt, begegnet man recht häufig – dem Regenwurm. Wie alle anderen Lebewesen hat er jedoch einen Stoffwechsel, das heißt: Sein Organismus wandelt chemische Stoffe in andere Stoffe um, die er braucht, um seine Körpersubstanz zu erhalten, Energie zu gewinnen und seine Körperfunktionen aufrechtzuerhalten. Ein weiterer Stoffwechsel-Prozess ist die Umwandlung schädlicher Stoffe in ausscheidbare Stoffe.

**Zu 76) C.** Sauerstoff

Rost entsteht, wenn Eisen oder Stahl in Gegenwart von Wasser mit Sauerstoff oxidiert. Dabei verliert das Metall Elektronen an eine Wasser-Sauerstoff-Verbindung, wodurch sich seine Eigenschaften und seine Funktionalität verändern. Man nennt diesen Prozess auch Korrosion.

**Zu 77) D.** älterer Menschen

Als demografischen Wandel bezeichnet man die hiesigen Tendenzen in der Bevölkerungsentwicklung. Maßgebliche demografische Faktoren sind die Geburten- und Sterbezahlen sowie Zu- und Fortzüge. In Deutschland liegt seit Beginn der 70er-Jahre die Sterberate über der Geburtenrate, sodass die Bevölkerung insgesamt abnimmt. Gleichzeitig steigt der Bevölkerungsanteil der älteren Menschen.

**Zu 78) C.** Säuren

Der pH-Wert gibt an, wie sauer bzw. basisch eine wässrige Lösung ist. Niedrige Werte haben beispielsweise Zitronensaft (pH-Wert 2,4), Magensäure (1–1,5) und Batteriesäure (<1). Am anderen Ende der Skala finden sich Basen wie Seife (9–10), Bleichmittel (12,5) oder Natronlauge (13,5–14). Emulsionen sind Gemische zweier normalerweise nicht mischbarer Flüssigkeiten (ohne sichtbare Entmischung), „Lauge" ist ein umgangssprachlicher Ausdruck für eine bestimmte Art von Basen.

**Zu 79) D.** Antikörper.

Bei aktiven Impfungen verabreicht man lebende oder tote Krankheitserreger, die das Immunsystem zur Bildung eigener Antikörper anregen. Bei passiven Immunisierungen enthält der Impfstoff selbst die benötigten Antikörper, das Immunsystem bleibt „passiv". Streng medizinisch ist dieses Verfahren keine Impfung im eigentlichen Sinne.

**Zu 80) C.** Acetylsalicylsäure

Acetylsalicylsäure wirkt schmerzstillend, entzündungshemmend, fiebersenkend, beugt Blutgerinnseln vor und ist Bestandteil des wohl bekanntesten Schmerzmittels: Aspirin. Diazepam ist der Wirkstoff vieler häufig verordneter Schlafmittel, Barbiturate sind Arzneistoffe mit beruhigenden, schlaffördernden und krampflösenden Eigenschaften.

# Fachbezogenes Wissen

## Justizvollzug

*Bearbeitungszeit 7½ Minuten*

Beantworten Sie bitte die folgenden Aufgaben, indem Sie jeweils den richtigen Lösungsbuchstaben markieren.

**1)** Welches Hauptziel verfolgt der Strafvollzug neben dem Schutz der Allgemeinheit vor weiteren Straftaten?

**A.** Demonstration staatlicher Macht
**B.** Rächen begangen Unrechts
**C.** Verfolgung unangepassten Verhaltens
**D.** Wiederherstellen der Opferwürde
**E.** Resozialisierung der Gefangenen

**2)** Aufgrund welcher Delikte werden die meisten Strafgefangenen verurteilt?

**A.** Straftaten nach dem Betäubungsmittelgesetz
**B.** Diebstahls- und Unterschlagungsdelikte
**C.** Straftaten gegen die sexuelle Selbstbestimmung
**D.** Raub und Erpressung
**E.** Betrug und Untreue

**3)** Wer ist für den Betrieb einer Justizvollzugsanstalt (JVA) verantwortlich?

**A.** Die Bundesrepublik Deutschland
**B.** Das jeweilige Bundesland
**C.** Die jeweilige Kommune
**D.** Die Bundesrepublik Deutschland, das jeweilige Bundesland und die jeweilige Kommune zusammen
**E.** Je nachdem – mal die Bundesrepublik Deutschland, mal das Bundesland, mal die Kommune

**4)** Ein Tatverdächtiger wird vorübergehend inhaftiert, damit er sich dem Strafverfahren nicht entziehen oder es beeinflussen kann. Um welche Maßnahme handelt es sich?

**A.** Kontrollverwahrung
**B.** Untersuchungshaft
**C.** Prüfgewahrsam
**D.** Bewährungsstrafe
**E.** Warnschussarrest

5) Wer auf Bewährung verurteilt wird, ...?

A. wird in Abwesenheit verurteilt, da er nicht ausfindig gemacht werden konnte.

B. kann die Strafe gegen Zahlung einer Kaution abwenden.

C. kann die Strafe abwenden, wenn er eine Zeit lang unbescholten bleibt.

D. hat noch etwas Zeit, seine Unschuld zu beweisen und die Strafe dadurch abzuwenden.

E. wird nach Verbüßung seiner Strafe unter polizeiliche Aufsicht gestellt.

6) Die Sicherungsverwahrung ist eine freiheitsentziehende Maßnahme für ...?

A. noch nicht vorbestrafte Personen, die möglicherweise ein Verbrechen planen.

B. von Verbrechern bedrohte Menschen, die dringend geschützt werden müssen.

C. nicht in den normalen Haftbetrieb integrierbare Gefangene.

D. Kleinkriminelle, die vor schwereren Vergehen abgeschreckt werden sollen.

E. weiterhin gefährliche Straftäter im Anschluss an ihre Haftstrafe.

7) Wie viele Menschen sitzen bundesweit in Justizvollzugsanstalten ein?

A. Zwischen 10.000 und 30.000

B. Zwischen 40.000 und 60.000

C. Zwischen 70.000 und 100.000

D. Zwischen 300.000 und 500.000

E. Zwischen 750.000 und 900.000

8) Abhängig von ihrem Vorstrafenregister landen Strafgefangene im ...?

A. Erstvollzug oder Regelvollzug.

B. Warnvollzug oder Ernstvollzug.

C. Schnellvollzug oder Langsamvollzug.

D. Primärvollzug oder Sekundärvollzug.

E. Obervollzug oder Untervollzug.

9) Was ist ein Freigänger?

A. Ein Gefangener, der jederzeit Besucher empfangen darf

B. Ein entflohener Gefangener

C. Ein Gefangener, der als gewählter Häftlingsvertreter besondere Rechte genießt

D. Ein Gefangener, der die Vollzugsanstalt regelmäßig verlassen darf

E. Ein Gefangener, der sich freiwillig in Haft begeben hat

**10)** Laufbahnausbildungen im Justizvollzug sind in der Regel dual aufgebaut. Was bedeutet das?

**A.** Man wird in zwei verschiedenen Fachbereichen ausgebildet.

**B.** Man erwirbt zwei unterschiedliche Berufsabschlüsse.

**C.** Die Ausbildungen umfassen theoretische und praktische Abschnitte.

**D.** Die Ausbildungen dauern normalerweise zwei Jahre.

**E.** Die Ausbildungen finden halbtags statt.

**11)** Welche Rolle übernehmen Beamte des gehobenen Justizvollzugsdienstes typischerweise?

**A.** Sie führen einfache Zuarbeiten in einer JVA aus.

**B.** Sie leiten Dienststellen und Fachbereiche einer JVA.

**C.** Sie bilden die oberste Führungsebene einer JVA.

**D.** Sie sind Bindeglieder zwischen einer JVA und dem Justizministerium.

**E.** Sie arbeiten im Justizministerium Gesetze für den Strafvollzug aus.

**12)** Der mittlere Justizvollzugsdienst teilt sich in mehrere Fachrichtungen. Welche gehört nicht dazu?

**A.** Außendienst

**B.** Allgemeiner Vollzugsdienst

**C.** Werkdienst

**D.** Verwaltungsdienst

**E.** Sanitätsdienst

**13)** Welche Aussage zum Tätigkeitsprofil von Justizbeamten des allgemeinen Vollzugsdienstes stimmt nicht?

**A.** Die Beamten versorgen, betreuen und beaufsichtigen die Gefangenen.

**B.** Die Beamten arbeiten eng mit Psychologen, Pädagogen, Ärzten und Seelsorgern zusammen.

**C.** Die Beamten sichern das Anstaltsgelände und kontrollieren die Einhaltung von Verhaltensvorschriften.

**D.** Die Beamten können sich im Dienst relativ frei entfalten und haben feste Arbeitszeiten.

**E.** Die Beamten wirken an der Freizeitgestaltung der Gefangenen mit und unterstützen sie in persönlichen Angelegenheiten.

**14)** Welche Aussage zum typischen Haftalltag in einer JVA stimmt?

**A.** Der Tagesablauf der Gefangenen ist straff organisiert.

**B.** Jeder Gefangene kann seinen Tagesablauf individuell gestalten und dazu frei aus verschiedenen Angeboten wählen.

**C.** Es ist den Gefangenen weitgehend verboten, irgendwelchen Aktivitäten nachzugehen.

**D.** Die Gefangenen dürfen ihre Zellen nur zum Essen und Waschen verlassen.

**E.** Es gibt feste Essens- und Ruhezeiten, ansonsten sind die Gefangenen normalerweise sich selbst überlassen.

**15)** Wie nennt man es, wenn sich ein Gefangener bei verschlossener Tür in seinem Haftraum aufhält?

**A.** Einschluss

**B.** Abschluss

**C.** Ausschluss

**D.** Umschluss

**E.** Aufschluss

## Recht und Gesetz

*Bearbeitungszeit 7½ Minuten*

Beantworten Sie bitte die folgenden Aufgaben, indem Sie jeweils den richtigen Lösungsbuchstaben markieren.

**16)** Wie alt muss man mindestens sein, um über das aktive Wahlrecht bei Bundestagswahlen zu verfügen?

**A.** 14 Jahre
**B.** 17 Jahre
**C.** 18 Jahre
**D.** 21 Jahre
**E.** Keine Antwort ist richtig.

**17)** In Artikel 1 des Grundgesetzes heißt es: „Die Würde des Menschen ist …"?

**A.** sicher.
**B.** unantastbar.
**C.** abhängig von seiner Rechtstreue.
**D.** frei.
**E.** Keine Antwort ist richtig.

**18)** Nicht zu den im Grundgesetz verbürgten Grundrechten zählt …?

**A.** die Meinungsfreiheit.
**B.** die Versammlungsfreiheit.
**C.** die Menschenwürde.
**D.** der Waffenbesitz.
**E.** Keine Antwort ist richtig.

**19)** Wie heißt diese Personifikation der Gerechtigkeit?

**A.** Justitia
**B.** Germania
**C.** Europa
**D.** Leviathan
**E.** Keine Antwort ist richtig.

**20)** Wobei handelt es sich nicht um ein biometrisches Erkennungsverfahren?

**A.** DNA-Analyse
**B.** Gegenüberstellung
**C.** Daktyloskopie
**D.** Zahnabdruck-Vergleich
**E.** Keine Antwort ist richtig.

**21)** Bei akuten Rechtsverletzungen haben Bürger unter bestimmten Umständen weitreichende Eingriffsrechte. Welches zählt nicht dazu?

**A.** Das Recht auf Anhalten und Festnehmen des Täters
**B.** Das Recht auf Selbstjustiz
**C.** Das Recht auf Nothilfe
**D.** Das Recht auf Notwehr
**E.** Keine Antwort ist richtig.

**22)** Jugendliche sind nach deutschem Recht in der Regel Personen …?

**A.** von 12 bis einschließlich 21 Jahren.
**B.** unter 18 Jahren.
**C.** zwischen 14 und 16 Jahren.
**D.** von 14 bis einschließlich 17 Jahren.
**E.** Keine Antwort ist richtig.

**23)** Die Prohibition bezeichnet das Verbot von …?

**A.** Prostitution.
**B.** Glücksspiel.
**C.** Drogen.
**D.** Gotteslästerung.
**E.** Keine Antwort ist richtig.

**24)** Was ist ein vorrangiger Zweck des Grundgesetzes?

**A.** Die Rechtsbeziehungen zwischen Privatpersonen zu regeln
**B.** Die Wirtschaftsordnung der Bundesrepublik Deutschland zu definieren
**C.** Die Bürger vor dem Staat zu schützen
**D.** Die Rechtsstellung zu anderen Staaten zu bestimmen
**E.** Keine Antwort ist richtig.

**25)** Wer ist an einem Zivilprozess nicht beteiligt?

**A.** Kläger
**B.** Beklagter
**C.** Zeugen
**D.** Staatsanwaltschaft
**E.** Keine Antwort ist richtig.

**26)** Wann beginnt die Rechtsfähigkeit eines Menschen?

**A.** Mit der Volljährigkeit
**B.** Mit Vollendung des 7. Lebensjahres
**C.** Mit Vollendung des 16. Lebensjahres
**D.** Mit der Vollendung der Geburt
**E.** Keine Antwort ist richtig.

**27)** Welche rechtliche Beziehung regelt das Privatrecht?

**A.** Beziehung des Einzelnen zum Staat

**B.** Beziehung der Körperschaften des öffentlichen Rechts untereinander

**C.** Beziehung der einzelnen Bürger untereinander

**D.** Beziehung juristischer Personen des öffentlichen Rechts

**E.** Keine Antwort ist richtig.

**28)** Eine V-Person …?

**A.** liefert Informationen aus kriminellen Milieus.

**B.** vertritt die Interessen der Kriminalbeamten im Landesparlament.

**C.** führt interne Ermittlungen gegen Polizeibeamte durch.

**D.** wird rund um die Uhr observiert.

**E.** Keine Antwort ist richtig.

**29)** Was wird im rechtlichen Sinne unter „Eigentum" verstanden?

**A.** Der Besitz eines Gegenstandes

**B.** Die tatsächliche Herrschaft über einen Gegenstand

**C.** Die rechtliche Verfügungsgewalt über eine Sache

**D.** Die tatsächliche Verfügungsgewalt über eine Sache

**E.** Keine Antwort ist richtig.

**30)** Polizisten sind Teil der Exekutive, d. h. der ausführenden Gewalt. Laut Artikel 20 des Grundgesetzes sind sie somit …?

**A.** befugt, die Grundrechte in bestimmten Situationen vorübergehend außer Kraft zu setzen.

**B.** immer an Recht und Gesetz gebunden.

**C.** berechtigt, in bestimmten Situationen selbst Gesetze zu erlassen.

**D.** nur dann zum Eingreifen berechtigt, wenn ein Gericht dem Einsatz zustimmt.

**E.** kein Teil der öffentlichen Verwaltung.

## Öffentlicher Dienst

*Bearbeitungszeit 7½ Minuten*

Beantworten Sie bitte die folgenden Aufgaben, indem Sie jeweils den richtigen Lösungsbuchstaben markieren.

**31)** Im Verwaltungsbereich bezeichnet „Gemeinde" ...?

**A.** die kleinste geografisch-administrative Einheit im Verwaltungsaufbau.

**B.** eine politisch-religiöse Interessengemeinschaft.

**C.** einen Wirtschaftsverband öffentlicher und privater Organisationen.

**D.** eine Kommune, die noch kein Stadtrecht hat.

**E.** einen Wahlkreis.

**32)** Ein föderalistischer Staat ...?

**A.** versucht den Übergang von Planwirtschaft zu Marktwirtschaft.

**B.** ist stark abhängig von Rohstoffimporten.

**C.** subventioniert seine Unternehmen mit Steuergeldern.

**D.** verfolgt das Ziel, seine Exporte zu maximieren.

**E.** besteht aus einzelnen Teilstaaten, die relativ eigenständig sind.

**33)** Welche Angehörigen des öffentlichen Dienstes können hoheitliche Befugnisse übernehmen?

**A.** Ausschließlich Beamte

**B.** Ausschließlich Beamte auf Lebenszeit

**C.** Ausschließlich Angestellte

**D.** Beamte und Angestellte

**E.** Nur Polizisten, Bundespolizisten und Zollbeamte

**34)** Der Amtseid ist ...?

**A.** eine gerichtsfeste Aussage über im Dienst beobachtete Vorkommnisse.

**B.** eine schriftliche Erklärung zur Verschwiegenheit über Dienstgeheimnisse.

**C.** eine (regelmäßig wiederholte) Einwilligung, die Vorgaben des Dienstherrn zu erfüllen.

**D.** ein mündliches Bekenntnis zur Verfassung und zur gewissenhaften Erfüllung der Dienstpflichten.

**E.** die vertragliche Bindung an den Dienstherrn für einen gewissen Zeitraum.

**35)** Wozu sind Beamte grundsätzlich nicht verpflichtet?

**A.** Loyalität gegenüber dem Dienstherrn

**B.** Schutz der freiheitlich-demokratischen Grundordnung

**C.** Unterlassen von Streiks

**D.** Verzicht auf Mitgliedschaft in einer Partei

**E.** Einsatz ihrer ganzen Arbeitskraft

**36)** Im öffentlichen Dienst richten sich Einstellungen und Beförderungen ...?

**A.** allein nach der Neigung des Dienstherrn.

**B.** nach der Norm der Geschlechterparität: Männer und Frauen sollen gleich oft berücksichtigt werden.

**C.** nach der Herkunft des Bewerbers: Die Beamtenschaft sollte die Bevölkerungsverteilung ungefähr widerspiegeln.

**D.** nach dem sozialen Status des Bewerbers: Sozial Schwächere werden bevorzugt eingestellt.

**E.** nach dem Prinzip der Bestenauslese: Leistung, Befähigung und Eignung zählen.

**37)** Der Länderfinanzausgleich ...?

**A.** ist eine Hilfeleistung der Weltbank für ärmere Länder.

**B.** strebt die Harmonisierung der kommunalen Finanzpolitik an.

**C.** verteilt Gelder zwischen den Bundesländern um.

**D.** bezeichnet eine regelmäßige Zusammenkunft der Länder-Finanzminister.

**E.** verpflichtet alle EU-Mitgliedsländer zu ausgeglichenen Haushalten.

**38)** Im öffentlichen Sektor ist vermehrt von „Public Private Partnership"-Projekten die Rede – es geht dabei um ...?

**A.** die Videoüberwachung von Innenstädten.

**B.** die Wahrung der Bürgerrechte im Internet.

**C.** den Austausch von Personal zwischen Politik und Wirtschaft.

**D.** die Kooperation von öffentlicher Hand und privaten Unternehmen.

**E.** die Förderung ehrenamtlichen Engagements in öffentlichen Einrichtungen.

**39)** Ein Beamter auf Probe ...?

**A.** ist noch nicht verbeamtet.

**B.** macht ein Praktikum in einer Behörde.

**C.** muss sich nach einem Disziplinarvergehen bewähren.

**D.** hat in der Regel ein Studium oder eine Ausbildung absolviert.

**E.** beginnt bald mit seinem Vorbereitungsdienst.

**40)** Was soll durch die materielle Absicherung von Beamten verhindert werden?

**A.** Dass Beamte schlechter gestellt sind als Angestellte in der freien Wirtschaft

**B.** Dass Beamte Macht und Einfluss verlieren

**C.** Dass Beamte eine Oppositionspartei wählen

**D.** Dass Beamte zu einer ausländischen Verwaltung wechseln

**E.** Dass Beamte Bestechungsversuchen und politischem Druck nachgeben

**41)** Welche Einrichtung gehört streng genommen nicht zum öffentlichen Dienst?

**A.** Bundeswehr

**B.** Deutsche Bundesbank

**C.** Deutsche Rentenversicherung

**D.** Deutsche Bahn

**E.** Bundeszollverwaltung

**42)** Der größte Teil des öffentlichen Dienstes gehört zur ...?

**A.** Judikative.

**B.** Investigative.

**C.** Exekutive.

**D.** Regulative.

**E.** Legislative.

**43)** Der Begriff „Dezernat" bezeichnet ...?

**A.** eine Organisationseinheit öffentlicher Verwaltungen.

**B.** eine kommunale Steuer.

**C.** den verbindlichen Erlass eines Bürgermeisters.

**D.** die Wartezeit bis zur nächsten regulären Beförderung.

**E.** den Akt, mit dem ein Beamter in den Ruhestand versetzt wird.

**44)** Wer gilt im Beamtenrecht als Anwärter?

**A.** Ein Beamter, der auf den Aufstieg in eine höhere Laufbahngruppe hofft

**B.** Ein Beamter, der aufgrund guter Leistungen eine Gehaltszulage erhält

**C.** Ein Beamter, der in zwei Jahren das vorgesehene Pensionierungsalter erreicht

**D.** Eine Person, die eine Laufbahnausbildung in der öffentlichen Verwaltung absolviert

**E.** Ein Vollzugsbeamter im einfachen Justizdienst

**45)** Wie viele Menschen beschäftigt die öffentliche Hand aktuell ungefähr?

**A.** 2,1 Millionen

**B.** 8,9 Millionen

**C.** 11,2 Millionen

**D.** 5,3 Millionen

**E.** 6,2 Millionen

# Verwaltungswissen: Weitere Fragen

**Fakten, die man kennen sollte.**

Um im Einstellungsverfahren gut abzuschneiden, sollte Ihr Grundwissen rund um die öffentliche Verwaltung auf dem neuesten Stand sein. Halten Sie sich daher – per Zeitung, Fernsehen, Internet – über aktuelle Entwicklungen auf dem Laufenden, damit Sie die folgenden Fragen stets sicher beantworten können.

¬ Wie heißt der Bundeskanzler, wie heißen die Minister seines Kabinetts?

¬ Wie heißt der Ministerpräsident Ihres Bundeslands, wie heißen seine Minister?

¬ Wie ist das Justizwesen in dem Bundesland, in dem Sie sich bewerben, aufgebaut? Welche Gerichte und Behörden gibt es?

¬ Wann haben auf Bundesebene und in Ihrem Bundesland die letzten Wahlen stattgefunden und wie sind sie ausgegangen? Wann ist der nächste Wahltermin?

¬ Welche länderübergreifend wichtigen Wahlen fanden bzw. finden bundesweit in diesem und im nächsten Jahr statt (Bundestagswahlen, Europawahlen, Landtagswahlen)?

¬ Wie viele Einwohner hat die Bundesrepublik Deutschland und das Bundesland, in dem Sie sich bewerben?

¬ Welche landschaftlichen, baulichen, kulturellen, politischen Eigenheiten weist Ihr Bewerbungsort auf (Finanzmetropole, Region mit starkem Industriesektor, touristisch geprägtes Bundesland, Regierung investiert in erneuerbare Energien ...)?

¬ Welche Auswirkungen haben diese Eigenheiten auf die öffentliche Verwaltung vor Ort?

¬ Was genau sind die Aufgaben Ihrer Einstellungsbehörde?

¬ Wie ist Ihre Einstellungsbehörde in die betreffende Landesverwaltung eingebunden?

- Wie ist Ihre Einstellungsbehörde aufgebaut? Welche Dezernate, Abteilungen, Dienststellen gibt es?
- Wie heißt der höchste Vertreter Ihrer Einstellungsbehörde?
- Wie viele Mitarbeiter hat Ihre Behörde?
- Bei welchen aktuellen Ereignissen ist oder war Ihre Behörde involviert?
- Mit welchen anderen Behörden bzw. Einrichtungen arbeitet Ihre Behörde zusammen?

# Lösungen: Fachbezogenes Wissen

| | | |
|---|---|---|
| 1) E | 16) C | 31) A |
| 2) B | 17) B | 32) E |
| 3) B | 18) D | 33) D |
| 4) B | 19) A | 34) D |
| 5) C | 20) B | 35) D |
| 6) E | 21) B | 36) E |
| 7) B | 22) D | 37) C |
| 8) A | 23) C | 38) D |
| 9) D | 24) C | 39) D |
| 10) C | 25) D | 40) E |
| 11) B | 26) D | 41) D |
| 12) A | 27) C | 42) C |
| 13) D | 28) A | 43) A |
| 14) A | 29) C | 44) D |
| 15) A | 30) B | 45) D |

*Justizvollzug (Aufgaben 1–15)*

**Zu 1) E.** Resozialisierung der Gefangenen

Ein Hauptziel des Strafvollzugs ist es, die Gefangenen zu resozialisieren, sie also wieder in die Gesellschaft einzugliedern. In Paragraph 2 des Strafvollzugsgesetzes heißt es: „Im Vollzug der Freiheitsstrafe soll der Gefangene fähig werden, künftig in sozialer Verantwortung ein Leben ohne Straftaten zu führen (Vollzugsziel). Der Vollzug der Freiheitsstrafe dient auch dem Schutz der Allgemeinheit vor weiteren Straftaten."

**Zu 2) B.** Diebstahls- und Unterschlagungsdelikte

Der größte Teil der Strafgefangenen sitzt wegen Diebstahls- und Unterschlagungsdelikten ein. Weitere stark vertretene Deliktgruppen sind Raub und Erpressung, Straftaten nach dem Betäubungsmittelgesetz, Straftaten gegen die körperliche Unversehrtheit, Betrug und Untreue, Straftaten gegen das Leben und Straftaten gegen die sexuelle Selbstbestimmung.

**Zu 3) B.** Das jeweilige Bundesland

Nicht nur das Polizeiwesen, auch der Strafvollzug ist in Deutschland Sache der Bundesländer. Justizvollzugsanstalten (JVA) sind folglich Einrichtungen der Landesverwaltungen; sie unterstehen dem jeweiligen Justizministerium. Im Rahmen sogenannter „Public Private Partnership"-Modelle werden manche JVAs heute auch gemeinsam von den Ländern und privaten Unternehmen betrieben.

**Zu 4) B.** Untersuchungshaft

Wird ein Beschuldigter zur Absicherung des Strafverfahrens vorübergehend inhaftiert, befindet er sich in Untersuchungshaft (U-Haft). Die U-Haft muss von einem Richter angeordnet werden und darf in Bezug zum Tatvorwurf nicht unverhältnismäßig sein. Zwingende Voraussetzungen sind ein dringender Tatverdacht und ein Haftgrund gemäß der Strafprozessordnung: also Flucht, Fluchtgefahr, Wiederholungsgefahr oder Gefahr der Verdunkelung (Beeinflussung von Zeugen, Vernichtung von Beweismitteln). Da die Schuld des Verdächtigen nicht gerichtlich erwiesen ist, gilt er bis auf Weiteres als unschuldig.

**Zu 5) C.** kann die Strafe abwenden, wenn er eine Zeit lang unbescholten bleibt.

Wird jemand auf Bewährung verurteilt, kann er die angedrohte Strafe – in der Regel eine Freiheitsstrafe – durch entsprechendes Verhalten abwenden. Während der zwei- bis fünfjährigen Bewährungszeit muss der Verurteilte häufig bestimmte Auflagen oder Weisungen erfüllen und zum Beispiel an Suchttherapien teilnehmen oder gemeinnützige Arbeit leisten. Zur Aufsicht und Unterstützung kann ihm ein Bewährungshelfer zur Seite gestellt werden. Im Erfolgsfall wird die Strafe erlassen. Bei Verstößen oder weiteren Straftaten kann die Bewährungszeit verlängert werden oder die Strafe in Kraft treten.

**Zu 6) E.** weiterhin gefährliche Straftäter im Anschluss an ihre Haftstrafe.

Wer wiederholt schwere Straftaten begangen hat und weiterhin eine Gefahr für die Allgemeinheit darstellt, kann nach seiner Strafhaft in Sicherungsverwahrung genommen werden. Die Maßnahme wird wie reguläre Freiheitsstrafen in Justizvollzugsanstalten vollzogen, ist jedoch nach dem Abstandsgebot grundlegend anders zu gestalten: Der Betreffende hat seine Haftstrafe schließlich bereits vollständig verbüßt. 2011 erklärte das Bundesverfassungsgericht bisherige Verwahrungsmodelle für verfassungswidrig, da sie dem Abstandsgebot zuwiderliefen. Zum Jahr 2013 wurde die Sicherungsverwahrung gesetzlich neu geregelt.

**Zu 7)** **B.** Zwischen 40.000 und 60.000

Ein Blick in die amtliche Statistik: Im März 2024 befanden sich in Deutschlands Justizvollzugsanstalten rund 43.700 Strafgefangene und Sicherungsverwahrte, davon waren knapp 6 Prozent Frauen.

**Zu 8)** **A.** Erstvollzug oder Regelvollzug.

Je nach ihrer Strafbiografie werden Gefangene im Erstvollzug oder Regelvollzug untergebracht. Hintergrund ist Paragraph 141 des Strafvollzugsgesetzes: Demnach ist die Behandlung der Häftlinge auf ihre unterschiedlichen Bedürfnisse abzustimmen. Damit Mehrfachtäter keinen negativen Einfluss auf Ersttäter ausüben können, gibt es für beide Gruppen getrennte Abteilungen oder sogar eigene Justizvollzugsanstalten. Im Regelvollzug landet, wer vor seiner aktuellen Haft bereits mindestens eine dreimonatige Freiheitsstrafe verbüßt hat.

**Zu 9)** **D.** Ein Gefangener, der die Vollzugsanstalt regelmäßig verlassen darf

„Freigänger“ nennt man Gefangene im offenen Vollzug, die die Vollzugsanstalt regelmäßig unbeaufsichtigt verlassen dürfen. So können sie tagsüber unter anderem einer geregelten Arbeit nachgehen, was ihre Wiedereingliederung in die Gesellschaft erleichtert. Für den offenen Vollzug kommt nur infrage, wer von seinen persönlichen Voraussetzungen her geeignet ist und insbesondere über die nötige Selbstdisziplin, Eigenverantwortung und Sozialfähigkeit verfügt. Verstößt ein Freigänger gegen die strengen Auflagen (z. B. Alkoholverbot, Pflicht zur pünktlichen Rückkehr), kann er in den geschlossenen Vollzug verlegt werden.

**Zu 10)** **C.** Die Ausbildungen umfassen theoretische und praktische Abschnitte.

Eine duale Ausbildung vereint theoretische und praktische Abschnitte. Im mittleren Justizvollzugsdienst erwirbt man das nötige Theoriewissen durch Unterricht an Justizvollzugsschulen oder Justizvollzugsakademien. Anwärter im gehobenen Dienst studieren an Fachhochschulen mit dem Fachgebiet Rechtspflege. Die berufliche Praxis lernen Nachwuchskräfte beider Laufbahnen in einer Vollzugsanstalt des jeweiligen Bundeslandes kennen.

**Zu 11) B.** Sie leiten Dienststellen und Fachbereiche einer JVA.

Die genaue Bezeichnung des gehobenen Justizvollzugsdienstes lautet „gehobener Verwaltungs- und Vollzugsdienst“. Angehörige dieser Laufbahngruppe übernehmen typischerweise Managementaufgaben in den verschiedenen JVA-Dienststellen und Verwaltungsbereichen: Dazu gehören unter anderem das Personal-, Haushalts- und Rechnungswesen sowie die Bau- und Wirtschaftsverwaltung.

**Zu 12) A.** Außendienst

Die Laufbahn des mittleren Justizvollzugsdienstes teilt sich in vier Fachrichtungen. Im allgemeinen Vollzugsdienst beaufsichtigt und betreut man die Gefangenen im täglichen Haftbetrieb, im Werkdienst kümmert man sich speziell um ihre berufliche Aus- bzw. Weiterbildung. Im Sanitätsdienst arbeitet man als Krankenpfleger, im Verwaltungsdienst als Sachbearbeiter. Einen Dienstbereich namens „Außendienst“ gibt es im Justizvollzug nicht.

**Zu 13) D.** Die Beamten können sich im Dienst relativ frei entfalten und haben feste Arbeitszeiten.

Justizbeamte des allgemeinen Vollzugsdienstes versorgen, betreuen und beaufsichtigen die Gefangenen von der Einlieferung bis zur Entlassung. Im ständigen Kontakt mit den Häftlingen wirken sie darauf hin, dass diese während und nach ihrer Haft ein verantwortungsvolles Zusammenleben führen. Dafür stellen sie nicht nur sicher, dass alle Haftregeln eingehalten werden: Sie unterstützen die Gefangenen auch bei privaten Angelegenheiten, bei der Freizeitgestaltung und in ihrer persönlichen Entwicklung, in Abstimmung mit Psychologen, Pädagogen, Ärzten und Seelsorgern. Vorschlag D trifft nicht zu: Die klaren Vorschriften und straffen Strukturen einer JVA setzen auch den Bediensteten Grenzen. Sie müssen pflichtbewusst sein und arbeiten typischerweise im Schichtbetrieb, auch an Sonn- oder Feiertagen.

**Zu 14) A.** Der Tagesablauf der Gefangenen ist straff organisiert.

Der Haftbetrieb in einer Justizvollzugsanstalt ist in der Regel straff strukturiert. Ein beispielhafter Tagesablauf: Um 6:15 Uhr werden die Gefangenen geweckt, danach erhalten sie ihr Frühstück. Wer arbeiten kann, tut dies anschließend – unterbrochen durch die Mittagspause – bis 16:00 Uhr in einem der anstaltseigenen Betriebe. Danach verbringt er seine Freistunde im Innenhof. Nicht arbeitsfähige Häftlinge kehren nach dem Frühstück zurück in die Zellen, die sie bis nachmittags nur zur Freistunde und zur Mittagspause verlassen. Ab 14 Uhr erhalten sie Aufschluss, das heißt, sie dürfen sich innerhalb der Abteilung unter Aufsicht frei bewegen. Um 17 Uhr gibt es für alle Gefangenen Abendessen, danach haben sie Zeit für private Telefonate und die Behandlungs- und Freizeitangebote der Anstalt (Therapien, Gesprächskreise, Koch-, Mal- Theater- und Musikgruppen …). Um 19:45 Uhr kehrt jeder in seinen Haftraum zurück und wird bis zum nächsten Morgen eingeschlossen.

**Zu 15) A.** Einschluss

Befindet sich ein Gefangener bei geschlossener Tür in seiner Zelle, spricht man von Einschluss. Auch die Antworten D und E bezeichnen Maßnahmen des Justizvollzugs: Beim Aufschluss dürfen sich Häftlinge innerhalb ihrer Abteilung unter Aufsicht frei bewegen, beim Umschluss darf sich ein Gefangener zusammen mit einem anderen in dessen Haftraum einschließen lassen.

***Recht und Gesetz (Aufgaben 16–30)***

**Zu 16) C.** 18 Jahre

„Aktives Wahlrecht" bedeutet, dass man als Wähler an einer Wahl teilnehmen darf: Bei einer Bundestagswahl sind dazu alle deutschen Staatsbürger berechtigt, die am Wahltag mindestens 18 Jahre alt sind. Daneben verleiht das passive Wahlrecht den Bürgern das Recht, gewählt werden zu können.

**Zu 17) B.** unantastbar.

Der erste Absatz von Artikel 1 des Grundgesetzes lautet: „Die Würde des Menschen ist unantastbar. Sie zu achten und zu schützen ist Verpflichtung aller staatlichen Gewalt."

**Zu 18) D.** der Waffenbesitz.

Die Grundrechte werden in den Artikeln 1 bis 19 des Grundgesetzes formuliert. Dazu gehören unter anderem die Menschenwürde, die allgemeine Handlungsfreiheit, das Recht auf körperliche Unversehrtheit, die Glaubens- und Gewissensfreiheit, die Meinungsfreiheit und die Versammlungsfreiheit. Ein Recht auf Waffenbesitz gibt es in Deutschland nicht.

**Zu 19) A.** Justitia

Das Foto zeigt eine Skulptur der Justitia. Ihre Augenbinde steht für Unparteilichkeit, die Waage für das gewissenhafte Abwägen von Schuld und Unschuld und das Richterschwert für die Konsequenz im Urteil. Die Personifikation der Gerechtigkeit und Rechtspflege geht zurück auf die gleichnamige Göttin der antiken römischen Mythologie.

**Zu 20) B.** Gegenüberstellung

Ganz allgemein beschäftigt sich die Biometrie mit der Vermessung von Lebewesen. Biometrische Erkennungsverfahren zählen zum kriminalpolizeilichen Standardrepertoire: Sie erlauben es, Menschen anhand bestimmter Körpermerkmale mehr oder weniger eindeutig zu identifizieren. Dazu gehören unter anderem Zahn- oder Fingerabdrücke, DNA-Analysen und Scans der Regenbogenhaut (Iris). Die polizeiliche Gegenüberstellung von Zeugen und Tatverdächtigen hat mit Biometrie nichts zu tun.

**Zu 21) B.** Das Recht auf Selbstjustiz

Paragraf 127 der Strafprozessordnung regelt das Jedermann-Anhalte-und-Festnahmerecht, kurz „Jedermannsrecht": Demnach darf jeder Bürger einen auf frischer Tat ertappten Verdächtigen, der flieht oder zu fliehen droht, vorläufig festnehmen. „Notwehr" bezeichnet alle erforderlichen Maßnahmen, um einen gegenwärtigen rechtswidrigen Angriff von sich oder einem anderen abzuwenden. Die „Nothilfe" erlaubt das Abwenden von Angriffen auf Rechtsgüter Anderer. „Selbstjustiz" bedeutet, dass jemand für erlittenes Unrecht selbst Vergeltung übt – die Ahndung von Straftaten ist in Deutschland jedoch Sache der Justiz.

**Zu 22) D.** von 14 bis einschließlich 17 Jahren.

Das Achte Buch Sozialgesetzbuch, das Jugendschutzgesetz und viele weitere Gesetze definieren Jugendliche als Personen, „die 14, aber noch nicht 18 Jahre alt sind". Eine Ausnahme ist das Jugendarbeitsschutzgesetz – hier gilt man erst ab 15 Jahren als Jugendlicher.

**Zu 23) C.** Drogen.

Die Prohibition (lat. „prohibere" = „verhindern") ist das Verbot bestimmter Drogen, dem international z. B. Kokain, Heroin und Ecstasy unterliegen. Ziel ist es, die Bevölkerung vor negativen Wirkungen des Drogenkonsums zu schützen. Kritikern zufolge führt eine Prohibition andererseits zur Entstehung von Schwarzmärkten und zu einer Zunahme drogenbedingter Kriminalität.

**Zu 24) C.** Die Bürger vor dem Staat zu schützen

Ein Kern der deutschen Verfassung besteht darin, die Bürger vor dem Staat zu schützen, der in allen seinen Einrichtungen an das geltende Recht gebunden ist. In die Freiheit des Einzelnen darf nur unter genau geregelten Umständen eingegriffen werden. Die Vorgaben des Grundgesetzes wirken sich zwar auch auf die Rechtsbeziehungen von Privatpersonen aus – konkret werden diese aber im Bürgerlichen Gesetzbuch (BGB) geregelt. Über die wirtschaftliche Ordnung Deutschlands und die Rechtsstellung zu anderen Staaten findet sich im Grundgesetz wenig.

**Zu 25) D.** Staatsanwaltschaft

Ein Zivilprozess verhandelt Rechtsstreitigkeiten zwischen gleichrangigen Rechtssubjekten: Das können natürliche Personen sein, also Bürgerinnen und Bürger, aber auch juristische Personen wie Vereine oder Aktiengesellschaften. Der Sachverhalt im Zivilprozess wird nicht von Staats wegen ermittelt, sondern das Gericht bewertet, was die Parteien (Kläger und Beklagter) vorbringen. Die Staatsanwaltschaft ist nur im Strafrecht, einem Teil des öffentlichen Rechts, die „Herrin des Ermittlungsverfahrens". Dabei ermittelt sie Fakten, die den Betroffenen be- oder auch entlasten können.

**Zu 26) D.** Mit der Vollendung der Geburt

Die Rechtsfähigkeit als Ausdruck der personalen Würde des Menschen bedeutet, Träger von Rechten und Pflichten zu sein. Sie beginnt mit der Geburt, die mit dem vollständigen Austritt des Kindes aus dem Mutterkörper vollendet ist, wobei es nicht auf die Lösung der Nabelschnur ankommt. Die Rechtsfähigkeit endet mit dem Tod, der nach herrschender Rechtsauffassung mit Eintritt des Hirntodes erreicht ist.

**Zu 27) C.** Beziehung der einzelnen Bürger untereinander

Das Privatrecht regelt die Beziehungen zwischen gleichgestellten Rechtssubjekten. Synonym werden die Begriffe „Bürgerliches Recht" und „Zivilrecht" verwendet, die aber eigentlich nur Teilgebiete des Privatrechts bezeichnen. Neben dem Privatrecht definieren die Rechtswissenschaften das öffentliche Recht als zweiten großen Rechtsbereich.

**Zu 28) A.** liefert Informationen aus kriminellen Milieus.

„V-Personen", „V-Männer" oder „V-Leute" nennt man Verbindungs- bzw. Vertrauenspersonen, die einer Ermittlungsbehörde – Polizei, Zoll, Nachrichtendienst – Informationen aus kriminellen Milieus liefern. Im Gegensatz zu verdeckten Ermittlern gehören sie der Behörde nicht an, arbeiten jedoch in ihrem Auftrag gegen Entlohnung. Die Auftraggeber erhoffen sich davon Insiderwissen über schwer zugängliche Kreise (z. B. Drogen- oder Rotlichtszene).

**Zu 29) C.** Die rechtliche Verfügungsgewalt über eine Sache

Als Eigentum im rechtlichen Sinne (§§ 903 ff. BGB) bezeichnet man die rechtliche Verfügungsgewalt über eine Sache, während mit Besitz (§§ 854 ff. BGB) die tatsächliche Gewalt über eine Sache gemeint ist.

**Zu 30) B.** immer an Recht und Gesetz gebunden.

Artikel 20, Absatz 3 des Grundgesetzes lautet: „Die Gesetzgebung ist an die verfassungsmäßige Ordnung, die vollziehende Gewalt und die Rechtsprechung sind an Gesetz und Recht gebunden." Als Teil der vollziehenden Gewalt steht die Polizei weder über dem Gesetz noch kann sie selbst Recht sprechen. Das bedeutet jedoch nicht, dass die Gerichte jeden Einsatz vorab prüfen müssen. „Öffentliche Verwaltung" ist ein Oberbegriff für alle staatlichen Organe – dazu zählt auch die Polizei.

### *Öffentlicher Dienst (Aufgaben 31–45)*

**Zu 31) A.** die kleinste geografisch-administrative Einheit im Verwaltungsaufbau.

„Gemeinde" wird meist gleichbedeutend mit „Kommune" verwendet und bezeichnet die kleinste geografisch-administrative Einheit der öffentlichen Verwaltung. Die Gemeindeebene umschließt kreisfreie und kreisangehörige Gemeinden (z. B. Städte) sowie Landkreise (Zusammenschlüsse der kreisangehörigen Ortschaften).

**Zu 32) E.** besteht aus einzelnen Teilstaaten, die relativ eigenständig sind.

„Föderalismus" steht für ein staatliches Organisationsprinzip: Ein föderalistischer Staat besteht aus mehreren, relativ eigenständigen Gliedern. Die Bundesrepublik Deutschland ist ein solches Staatswesen, dessen Teilstaaten – die Bundesländer – eigene

Verwaltungen besitzen, eigene Steuern erheben und vieles mehr.

**Zu 33) D.** Beamte und Angestellte

Hoheitliche Befugnisse sind Befugnisse, die durch öffentliches Recht verliehen werden: also durch dasjenige Recht, das die Verhältnisse zwischen den Trägern der Staatsgewalt und privatrechtlichen Personen (einzelne Menschen, Wirtschaftsunternehmen …) regelt. Diese besonderen Befugnisse haben nicht nur Polizisten und Zöllner, sondern auch andere Angehörige der öffentlichen Verwaltung – Beamte wie Angestellte.

**Zu 34) D.** ein mündliches Bekenntnis zur Verfassung und zur gewissenhaften Erfüllung der Dienstpflichten.

Durch seinen Amts- bzw. Diensteid bekennt sich ein Beamter, Verfassung und Gesetze zu achten und seine Pflichten gewissenhaft zu erfüllen. Die Vereidigung ist ein obligatorischer Bestandteil des Verbeamtungsprozesses; wer sich weigert, den Eid zu leisten, kann sogar entlassen werden.

**Zu 35) D.** Verzicht auf Mitgliedschaft in einer Partei

Beamte sind zum Schutz der freiheitlich-demokratischen Grundordnung und zur Loyalität gegenüber ihrem Dienstherrn verpflichtet; sie dürfen nicht streiken und müssen dem Arbeitgeber ihre volle Arbeitskraft zur Verfügung stellen. Außerdem haben sie sich im Amt parteipolitisch neutral zu verhalten – das heißt aber nicht, dass sie keiner Partei beitreten dürfen. Nur sollte ihr politisches Engagement eher zurückhaltend sein und natürlich stets auf dem Boden des Grundgesetzes stattfinden.

**Zu 36) E.** nach dem Prinzip der Bestenauslese: Leistung, Befähigung und Eignung zählen.

Für Einstellungs- und Beförderungsverfahren gilt überall im öffentlichen Dienst das Prinzip der Bestenauslese, das Artikel 33 (Absatz 2) des Grundgesetzes wie folgt formuliert:

„Jeder Deutsche hat nach seiner Eignung, Befähigung und fachlichen Leistung gleichen Zugang zu jedem öffentlichen Amte."

Herkunft und Geschlecht sollen ebenso wenig eine Rolle spielen wie politische, religiöse und andere Überzeugungen.

**Zu 37) C.** verteilt Gelder zwischen den Bundesländern um.

Der Länderfinanzausgleich gleicht die unterschiedlichen finanziellen Leistungsvermögen der Bundesländer aus. Er beinhaltet zwei Mechanismen:

Je nach Finanzkraft vergibt der Bund zum einen selbst Geldmittel, zum anderen transferiert er Gelder von „stärkeren“ an „schwächere“ Länder.

**Zu 38) D.** die Kooperation von öffentlicher Hand und privaten Unternehmen.

Unter „Public Private Partnership“ (PPP) versteht man die Kooperation von öffentlicher Hand und privaten Wirtschaftsunternehmen. PPP-Projekte treten in verschiedenen Formen auf. Oft verpflichten sich die privaten Auftragnehmer zum Bau und/oder Betrieb eines Objekts – z. B. einer Straße – und erhalten dafür regelmäßige Zahlungen der öffentlichen Hand. Davon verspricht sich der Staat eine effizientere, günstigere Umsetzung der Projekte.

**Zu 39) D.** hat in der Regel ein Studium oder eine Ausbildung absolviert.

In der Regel haben Beamte auf Probe im Rahmen ihres Vorbereitungsdienstes ein Studium oder eine Ausbildung absolviert. Sie sind bereits verbeamtet und können nach Ablauf der Probezeit zu Beamten auf Lebenszeit ernannt werden.

**Zu 40) E.** Dass Beamte Bestechungsversuchen und politischem Druck nachgeben

Materiell abgesichert werden Beamte durch eine Arbeitsplatzgarantie, durch eine angemessene Besoldung und – im Ruhestand – durch Pensionen. Dadurch sollen sie politischem Druck „von oben“ leichter widerstehen können und weniger empfänglich für Korruption sein.

**Zu 41) D.** Deutsche Bahn

Die Deutsche Rentenversicherung – Zusammenschluss der Träger der gesetzlichen Rentenversicherung – ist eine Körperschaft öffentlichen Rechts. Gleiches gilt für die Deutsche Bundesbank, beide zählen zum (mittelbaren) öffentlichen Dienst. Bundeswehr und Zoll sind Teil des unmittelbaren öffentlichen Dienstes. Die Deutsche Bahn befindet sich zwar zu 100 Prozent im Staatsbesitz, ist aber eine privatrechtlich organisierte Aktiengesellschaft und gehört daher nicht zum öffentlichen Dienst im engeren Sinne.

**Zu 42) C.** Exekutive.

In Deutschland gilt das Prinzip der Aufteilung der Staatsgewalten in ausführende Gewalt (Exekutive), rechtsprechende Gewalt (Judikative) und gesetzgebende Gewalt (Legislative).

Der öffentliche Dienst ist nahezu vollständig in der Exekutive organisiert, die die Gesetze ausführt und ihre Einhaltung überwacht (Polizei, Zoll, Finanzverwaltung, Steuerverwaltung, Allgemeine Verwaltung …). Verwaltungskräfte der Judikative sind Richter, Justizfachwirte, Rechtspfleger und Staatsanwälte. Die Legislative unterhält die Verwaltungen des Bundestags und des Bundespräsidialamts. Gewalten namens „Regulative" oder „Investigative" gibt es nicht.

**Zu 43)** **A.** eine Organisationseinheit öffentlicher Verwaltungen.

Dezernate, in Ministerien oft „Referate" genannt, sind (Unter-)Abteilungen einer Behörde, eines Ministeriums oder anderer Verwaltungseinrichtungen. Sie können hierarchisch sehr weit oben stehen – vor allem in der Kommunalverwaltung – oder untergeordnete Bereiche größerer Abteilungen sein.

**Zu 44)** **D.** Eine Person, die eine Laufbahnausbildung in der öffentlichen Verwaltung absolviert

Ein Anwärter befindet sich in seiner Laufbahnausbildung, dem sogenannten Vorbereitungsdienst. Meist beinhaltet der Vorbereitungsdienst im mittleren Dienst eine Berufsausbildung, im gehobenen Dienst ein Studium bei der öffentlichen Hand. Anwärter tragen eine entsprechende Amtsbezeichnung (z. B. „Verwaltungsinspektor-Anwärter") und sind als Beamte auf Widerruf beschäftigt: Ihr Dienstverhältnis kann relativ leicht beendet werden.

**Zu 45)** **D.** 5,3 Millionen

Im öffentlichen Dienst sind aktuell rund 5,3 Millionen Menschen tätig: gut 530.000 bei der Bundesverwaltung, 2,6 Millionen bei einer Landesverwaltung, 1,7 Millionen auf Kommunalebene und 380.000 bei den Trägern der Sozialversicherung. 1,8 Millionen der Beschäftigten sind Beamte.

# Sprachbeherrschung

## Diktat

*Bearbeitungszeit 15 Minuten*

1) Nehmen Sie nun bitte etwas Schreibpapier zur Hand und suchen Sie sich einen Partner, der Ihnen den vorliegenden Text Satzteil für Satzteil vorliest (Punkte werden mitdiktiert). Im Anschluss werten Sie das Diktat im Abgleich mit der Vorlage sorgfältig aus (Kommasetzung nicht vergessen). Insgesamt sollten Sie nicht mehr als 15 Fehler machen – je weniger, desto besser. Einen Bewertungsschlüssel finden Sie im Lösungsteil.

**Das Grundgesetz: Fundament der deutschen Demokratie**

Wozu braucht man überhaupt einen Staat, wodurch legitimiert er sich? Eine häufig herangezogene Antwort stammt vom englischen Staatstheoretiker Thomas Hobbes, der im Kern wie folgt argumentierte: Wenn jeder selbst für seine Freiheit und Sicherheit verantwortlich wäre, gerieten diese Existenzparameter in Gefahr, denn es käme zum Kampf aller gegen alle, bei dem schließlich die Gewalttätigsten die Oberhand behielten. Also übertragen die Bürger die Verantwortung für ihre Sicherheit dem Staat, der das Gewaltmonopol übernimmt, allgemeine Grundregeln des Zusammenlebens festlegt und diese durchsetzt.

Der grundlegende Katalog von Regeln, Werten und Ordnungsvorstellungen ist in Deutschland das Grundgesetz. Darin sind die Leitlinien des Staatsprinzips niedergelegt: Demokratie, Republik, Rechts- und Sozialstaatlichkeit, Föderalismus sowie die Gewaltenteilung in Legislative, Exekutive und Judikative.

Das Grundgesetz lässt sich in mehrere Hauptteile untergliedern. Auf die Präambel, eine Art Vorwort, folgt der erste Hauptabschnitt mit den Artikeln 1 bis 19, in denen die Grundrechte behandelt werden. Die weiteren Abschnitte widmen sich primär dem Staatsorganisationsrecht, also den Bestimmungen zum Aufbau, zur Funktion und zur Aufgabenverteilung der Staatsorgane.

*Bitte umblättern =>*

Doch von den nüchternen Paragrafen *(alternativ: Paragraphen)* einmal abgesehen: Eine Demokratie lebt natürlich erst durch die aktive Teilhabe ihrer mündigen Bürger. Auch vor diesem Hintergrund erweist sich das am 24. Mai 1949 in Kraft getretene Grundgesetz als hochaktuell. Immer wieder entzünden sich politische Kontroversen an der Auslegung und Änderung verschiedener Bestimmungen.

## Kurzaufsatz (Erörterung) *Bearbeitungszeit 20 Minuten*

**Nun geht es um Ihre Ausdrucksfähigkeit, Ihre Sachkenntnis und Ihr Urteilsvermögen.**

Bei einem Kurzaufsatz ist nicht nur interessant, wie Sie schreiben, sondern auch, was Sie zu einem bestimmten Thema zu sagen haben.

Ihren Text können Sie nach dem folgenden Schema gliedern:

- **Einleitung:** Finden Sie einen Einstieg, nähern Sie sich an das Thema an, beispielsweise anhand von persönlichen Erfahrungen oder aktuellen Ereignissen.
- **Hauptteil:** Gehen Sie auf die Fragestellung ein, indem Sie verständlich formulieren, anschaulich beschreiben und plausibel argumentieren. Doch verlieren Sie sich nicht in Randaspekten – behalten Sie die Bearbeitungszeit im Auge.
- **Schluss:** Fassen Sie das Gesagte abschließend zusammen, ziehen Sie eine Bilanz.

**Bearbeitungshinweis**

Zwanzig Minuten sind nicht viel Zeit, um einen überzeugenden Aufsatz zu verfassen. Proben Sie gegebenenfalls mehrmals, Ihre Ausführungen in der vorgegebenen Bearbeitungsdauer auf den Punkt zu bringen. Achten Sie dabei – unabhängig von der Fragestellung – auf Rechtschreibung, Grammatik und einen angemessenen Sprachstil. Sorgen Sie dafür, dass sich Ihr Text gut lesen lässt: durch logische Satzanschlüsse, einen klaren Satzbau, treffende Begriffe und eine saubere Handschrift.

Geben Sie Ihrem Text ruhig eine leicht persönliche Note, anstatt abstrakt und ungreifbar zu schreiben. Möglicherweise hat Ihr Wunschberuf einen direkten Bezug zum vorgegebenen Begriff – dann sollten Sie auch auf diesen Zusammenhang eingehen.

Nehmen Sie nun bitte etwas Schreibpapier zur Hand und verfassen Sie einen Kurzaufsatz zum Thema „Cybermobbing".

**2)** Studien zufolge wird heutzutage rund jeder sechste Jugendliche Opfer von Cybermobbing: Er wird über elektronische Medien beleidigt, beschimpft oder bedroht, etwa in sozialen Online-Netzwerken, in Videoportalen oder per Smartphone. Was kann man dagegen tun?

## Beobachtung schildern

*Bearbeitungszeit 15 Minuten*

**3)** Auf dieser Seite sehen Sie eine Bildergeschichte. Was ist passiert? Bitte nehmen Sie sich etwas Schreibpapier zur Hand und geben Sie die Handlung verständlich, sachlich und zutreffend wieder.

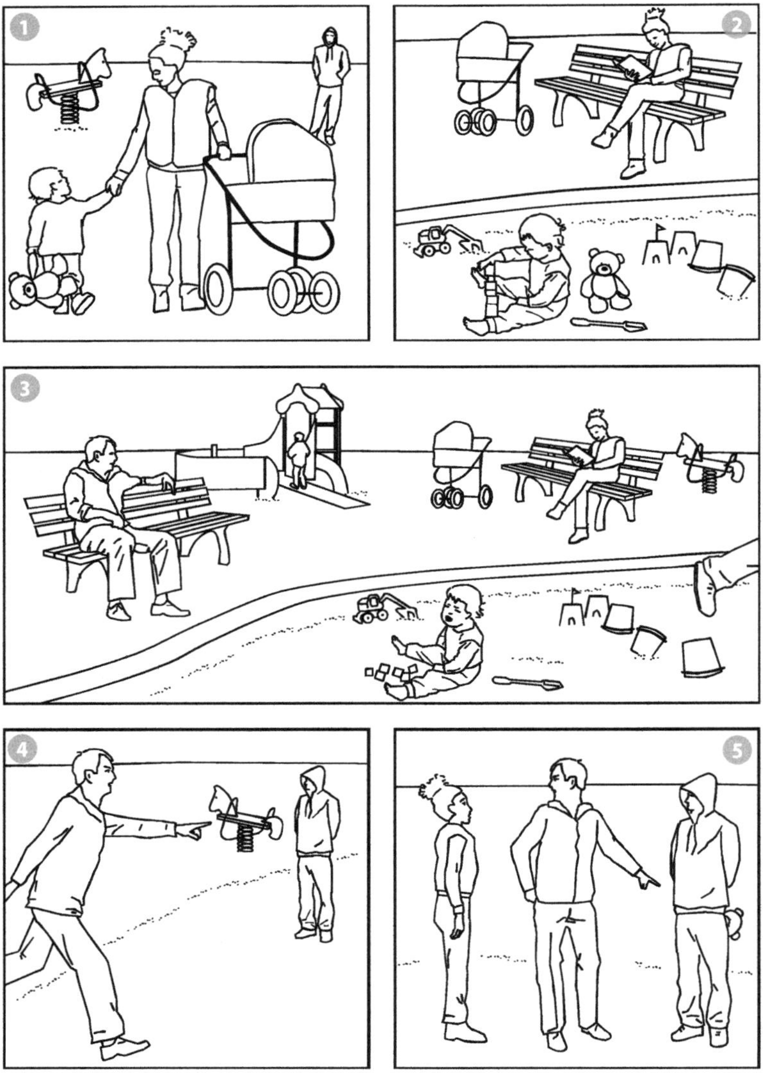

## Rechtschreibung: Lückentext *Bearbeitungszeit 5 Minuten*

Welcher Ausdruck ist korrekt geschrieben und vervollständigt den Satz sinnvoll? Bearbeiten Sie bitte die folgenden Aufgaben, indem Sie jeweils den richtigen Lösungsbuchstaben markieren.

**4)** das | dass

Es ist schön, ________ du kommen konntest!

**5)** morgen Abend | Morgen abend

Können wir uns ________ treffen?

**6)** paar | Paar

Ich hätte gern ein ________ Brötchen.

**7)** schuld | Schuld

Du bist ________, dass wir nicht fertig geworden sind!

**8)** todkrank | totkrank

Der Opa ist ________.

**9)** eislaufen | Eis laufen

Wir wollen nachher ________ gehen.

**10)** zuzusehen | zu zu sehen

Hilf lieber mit, anstatt nur ________!

**11)** zuende | zu Ende

Endlich habe ich das Buch ________ gelesen.

**12)** dunkelrot | dunkel rot

Mein Lieblingssofa ist ________.

**13)** ein und alles | Ein und Alles

Der Hund ist seit Jahren ihr ________.

**14)** Stängeln | Stengeln

Für einen schönen Strauß braucht man Blumen mit langen ________________.

**15)** anhand | an Hand

Sie wird ________________ der Statistiken entscheiden.

# Rechtschreibung: Wortgruppen und kurze Sätze

Bearbeitungszeit 5 Minuten

**Welche Schreibweise stimmt?**

Bearbeiten Sie bitte die folgenden Aufgaben, indem Sie jeweils den Lösungsbuchstaben des korrekt geschriebenen Antwortvorschlags markieren.

**16)**

**A.** Er ist ledig und naiv.
**B.** Er ist lädig und naiv.
**C.** Er ist ledig und naif.
**D.** Er ist lädig und naif.
**E.** Keine Antwort ist richtig.

**17)**

**A.** ein spezieler Bügel für Kinderbekleidung
**B.** ein spezieller Bügel für Kinderbekleidung
**C.** ein spezieller Bügel für Kinderbegleidung
**D.** ein spezieler Bügel für Kinderbegleitung
**E.** Keine Antwort ist richtig.

**18)**

**A.** kurze Widerholung
**B.** kurtze Widerholung
**C.** kurtze Wiederholung
**D.** kurze Wiederholung
**E.** Keine Antwort ist richtig.

**19)**

**A.** Vor allem Samstags und Sonntags ist viel los.
**B.** Vor allem samstags und Sonntags ist viel los.
**C.** Vor allem Samstags und sonntags ist viel los.
**D.** Vor allem samstags und sonntags ist viel los.
**E.** Keine Antwort ist richtig.

**20)**

**A.** Kriessenmanagement
**B.** Kriesenmanagment
**C.** Kriesenmanagement
**D.** Krisenmanagement
**E.** Keine Antwort ist richtig.

**21)**

**A.** pharmazeutische Assistentin
**B.** pharmazeutische Asistentin
**C.** pharmazäutische Assistentin
**D.** farmazeutische Assistentin
**E.** Keine Antwort ist richtig.

**22)**

**A.** die falsche Interprätation einer Aussage
**B.** die falsche Interprätation einer Ausage
**C.** die falsche Inerpretation einer Aussage
**D.** die falsche Interpretation einer Aussage
**E.** Keine Antwort ist richtig.

**23)**

**A.** Wettbewerb mit massiven Rabataktionen
**B.** Wettbewerb mit masiven Rabattaktionen
**C.** Wettbewerb mit massiven Rabattaktionen
**D.** Wetbewerb mit massiven Rabattaktionen
**E.** Keine Antwort ist richtig.

**24)**

**A.** ein viertel Pfund Thomaten und ein viertel Brot
**B.** ein viertel Fund Tomaten und ein Viertel Brot
**C.** ein Viertel Pfund Tomaten und ein Viertel Brot
**D.** ein Viertelpfund Tomaten und ein Viertel Brot
**E.** Keine Antwort ist richtig.

**25)**

**A.** Die Ressourcen sind knapp.
**B.** Die Resourcen sind knapp.
**C.** Die Ressoursen sind knapp.
**D.** Die Resoursen sind knapp.
**E.** Keine Antwort ist richtig.

## Fehler korrigieren

*Bearbeitungszeit 5 Minuten*

Finden Sie heraus, welche Ausdrücke Rechtschreibfehler enthalten, und schreiben Sie die korrekte Form in das nebenstehende Feld. Richtig geschriebene Wörter müssen Sie nicht korrigieren.

**26)** Operazion ____________________

**27)** Democratie ____________________

**28)** efektiv ____________________

**29)** Kulans ____________________

**30)** ungläubig ____________________

**31)** Tip ____________________

**32)** Schiffahrt ____________________

**33)** Sekreteriat ____________________

**34)** Atheist ____________________

**35)** exklusif ____________________

**36)** Emmotion ____________________

**37)** Höhr-Nerv ____________________

**38)** seid Stunden ____________________

**39)** Sympatie ____________________

**40)** Rhytmus ____________________

## Konjunktionen

*Bearbeitungszeit 5 Minuten*

Welche Konjunktion füllt die Lücke sinnvoll? Bitte tragen Sie die jeweils richtige Lösung ein.

**41)** Ob | Da | Als

______ ich sie warnen wollte, war es schon zu spät.

**42)** Dass | Weil | Da

______ ich zu spät komme, ist nicht meine Schuld.

**43)** weil | denn | doch

Wir werden immer zusammenhalten, ______ wir sind beste Freunde.

**44)** falls | weil | während

Die Polizei sicherte den Unfallort, ______ die Sanitäter sich um die Verletzten kümmerten.

**45)** Danach | Wegen | Trotzdem

Die Kinder wissen genau, dass Feuer gefährlich ist. ______ spielen sie mit den Streichhölzern.

**46)** weil | obwohl | damit

Für gefährliche Straftäter kann nach der Haft eine Sicherungsverwahrung angeordnet werden, ______ sie niemanden gefährden können.

**47)** da | wenn | bis

Immer ______ ich etwas nicht weiß, schlage ich es nach.

**48)** da | als | bis

Es dauerte eine gefühlte Ewigkeit, ______ wir das Kind gefunden hatten.

**49)** denn | dass | ob

Er freute sich, ______ alles geklappt hat.

**50)** Als | Wenn | Da

_________ er von Anfang an sein wahres Gesicht gezeigt hätte, hätten wir wohl nie mit ihm Geschäfte gemacht.

**51)** Obwohl | Nachdem | Ob

_______________ ich einmal angefangen hatte zu lesen, konnte ich das Buch nicht mehr aus der Hand legen.

**52)** ob | als | denn

Ich traute meinen Augen kaum, _________ ich sie erblickte.

**53)** Bevor | Da | Wie

____________ jemand eingreifen konnte, lagen sich die beiden schon in den Haaren.

**54)** Als | Wenn | Bis

_________ mir jemand helfen könnte, wäre ich sehr dankbar.

**55)** obwohl | sodass | weil

Er war wirklich blitzschnell verschwunden, _____________ ich mich noch nicht einmal verabschieden konnte.

## Pluralformen bilden

*Bearbeitungszeit 5 Minuten*

Bitte bilden Sie die Pluralformen der folgenden Sätze. Dabei ist – wenn inhaltlich möglich – **jedes vorkommende Substantiv** in die Mehrzahl zu setzen.

### Hierzu ein Beispiel

***Aufgabe***

**1)** Der Fisch schwimmt im Teich.

***Antwort***

Die Fische schwimmen in den Teichen.

Bitte bearbeiten Sie nun die Aufgaben: Bilden Sie die Pluralformen.

**56)** Die Schwester singt.

**57)** Der Bruder spielt mit dem Hund.

**58)** Der Koch arbeitet.

**59)** Die Polizistin verfolgt den Dieb.

**60)** Die Kuh steht auf der Weide.

**61)** Der Arzt verschreibt ein Arzneimittel.

**62)** Das Krankenhaus hat viele Betten.

**63)** Das Haus befindet sich in Graz.

**64)** Dort drüben wartet die Staatsanwältin.

**65)** Du hast Geschenke gekauft.

## Grammatik: Kurze Sätze

*Bearbeitungszeit 5 Minuten*

**Die folgenden Aufgaben prüfen Ihre Grammatikkenntnisse.**

Bearbeiten Sie bitte die folgenden Aufgaben, indem Sie jeweils den Lösungsbuchstaben des richtig geschriebenen Satzes markieren.

**66)**

**A.** Statt zu verreisen, blieb ich lieber zu Hause.

**B.** Statt zu verreisen, bleibte ich lieber zu Hause.

**C.** Statt zu verreisen, bin ich lieber zu Hause gebleibt.

**D.** Statt zu verreisen, habe ich lieber zu Hause geblieben.

**E.** Keine Antwort ist richtig.

**67)**

**A.** Nach einen ausgedehnten Spaziergang sitzte sie sich erst einmal hin.

**B.** Nach einem ausgedehnten Spaziergang saß sie sich erst einmal hin.

**C.** Nach einem ausgedehnten Spaziergang setzte sie sich erst einmal hin.

**D.** Nach einen ausgedehnten Spaziergang setzt sie sich erst einmal hin.

**E.** Keine Antwort ist richtig.

**68)**

**A.** Als ich im Herbst nach Hause kommte, fielen schon die Blätter von den Bäumen.

**B.** Als ich im Herbst nach Hause kam, fällten schon die Blätter von den Bäumen.

**C.** Als ich im Herbst nach Hause gekommen bin, sind schon die Blätter von den Bäumen gefallt.

**D.** Als ich im Herbst nach Hause kam, fielen schon die Blätter von den Bäumen.

**E.** Keine Antwort ist richtig.

**69)**

**A.** Ich freue mich, unser neue Kollege begrüßen zu dürfen.

**B.** Ich freue mich, unseren neuen Kollegen begrüßen zu dürfen.

**C.** Ich freue mich, unserem neuen Kollegen begrüßen zu dürfen.

**D.** Ich freue mich, unseren neuen Kollegen zu begrüßen zu dürfen.

**E.** Keine Antwort ist richtig.

70)

A. Hättest du geschwiegen gehabt, würde die Angelegenheit glimpflicher ausgegangen sein.
B. Hast du geschwiegen, wäre die Angelegenheit glimpflicher ausgegangen.
C. Hättest du geschwiegen, ist die Angelegenheit glimpflicher ausgegangen.
D. Hättest du geschwiegen, wäre die Angelegenheit glimpflicher ausgegangen.
E. Keine Antwort ist richtig.

71)

A. Angesichts ihrer Qualitäten dürfte ihr die Aufgabe nicht schwerfallen.
B. Angesichts ihren Qualitäten dürfte ihr die Aufgabe nicht schwerfallen.
C. Angesichts ihrer Qualitäten dürfte ihr die Aufgabe nicht schwer fallen.
D. Angesichts ihren Qualitäten dürfte ihr die Aufgabe nicht schwer fallen.
E. Keine Antwort ist richtig.

72)

A. Entgegen seinem guten Vorsatz hat er ständig zu schnell gefahren.
B. Entgegen seines guten Vorsatzes fuhr er ständig zu schnell.
C. Entgegen seinem guten Vorsatz ist er ständig zu schnell gefahren.
D. Entgegen seine guten Vorsatz fährt er ständig zu schnell.
E. Keine Antwort ist richtig.

73)

A. Dieses Problem haben viele Leute in bestimmten Situationen.
B. Dieses Problem hat viele Leute in bestimmten Situationen.
C. Dieser Problem hat viele Leute in bestimmten Situationen.
D. Diesen Problem haben viele Leute in bestimmten Situationen.
E. Keine Antwort ist richtig.

74)

A. Vorgestern scheinte die Sonne.
B. Vorgestern hat die Sonne gescheint.
C. Vorgestern schien die Sonne.
D. Vorgestern hatte die Sonne geschient.
E. Keine Antwort ist richtig.

**75)**

**A.** Als versierter Kenner griechischer Heldensagen kamen ihm Zweifel ob der Schlichtheit dieses Werks.

**B.** Als versiertem Kenner griechischer Heldensagen kamen ihm Zweifel ob der Schlichtheit dieses Werks.

**C.** Als versierte Kenner griechische Heldensagen kamen ihm Zweifel ob die Schlichtheit dieses Werks.

**D.** Als versierten Kennern griechischen Heldensagen kamen ihm Zweifel ob der Schlichtheit dieses Werks.

**E.** Keine Antwort ist richtig.

## Kommasetzung erkennen *Bearbeitungszeit 7½ Minuten*

**In diesem Abschnitt geht es darum, die richtige Kommasetzung zu erkennen.**

Bearbeiten Sie bitte die folgenden Aufgaben, indem Sie jeweils den Lösungsbuchstaben des korrekt interpunktierten Satzes markieren.

76)

**A.** Sicherlich kann nicht immer alles berücksichtigt werden da das Leben sehr komplex ist.
**B.** Sicherlich kann nicht immer alles berücksichtigt werden, da das Leben sehr komplex ist.
**C.** Sicherlich, kann nicht immer alles berücksichtigt werden da das Leben sehr komplex ist.
**D.** Sicherlich kann nicht immer, alles berücksichtigt werden, da das Leben sehr komplex ist.
**E.** Keine Antwort ist richtig.

77)

**A.** Soziale Kompetenz meint die Fähigkeit, auf andere Menschen zuzugehen, Kontakte herzustellen und mit anderen zusammenzuarbeiten.
**B.** Soziale Kompetenz meint die Fähigkeit auf andere Menschen zuzugehen, Kontakte herzustellen und mit anderen zusammenzuarbeiten.
**C.** Soziale Kompetenz meint die Fähigkeit, auf andere Menschen zuzugehen Kontakte herzustellen und mit anderen zusammenzuarbeiten.
**D.** Soziale Kompetenz meint die Fähigkeit, auf andere Menschen zuzugehen, Kontakte herzustellen, und mit anderen zusammenzuarbeiten.
**E.** Keine Antwort ist richtig.

**78)**

**A.** Man schätzt dass das menschliche Gehirn in der Lage ist das Wissen einer umfangreichen Bibliothek mit tausenden von Büchern zu speichern.

**B.** Man schätzt, dass das menschliche Gehirn in der Lage ist das Wissen einer umfangreichen Bibliothek mit tausenden von Büchern zu speichern.

**C.** Man schätzt dass das menschliche Gehirn in der Lage ist, das Wissen einer umfangreichen Bibliothek mit tausenden von Büchern zu speichern.

**D.** Man schätzt, dass das menschliche Gehirn in der Lage ist, das Wissen einer umfangreichen Bibliothek mit tausenden von Büchern zu speichern.

**E.** Keine Antwort ist richtig.

**79)**

**A.** Sicherlich können nicht alle Bedingungen eingehalten werden weil sehr oft der Verlauf von anderen Faktoren beeinflusst wird die von uns als gegeben betrachtet werden müssen.

**B.** Sicherlich können nicht alle Bedingungen eingehalten werden, weil sehr oft der Verlauf von anderen Faktoren beeinflusst wird die von uns als gegeben betrachtet werden müssen.

**C.** Sicherlich können nicht alle Bedingungen eingehalten werden weil sehr oft der Verlauf von anderen Faktoren beeinflusst wird, die von uns als gegeben betrachtet werden müssen.

**D.** Sicherlich können nicht alle Bedingungen eingehalten werden, weil sehr oft der Verlauf von anderen Faktoren beeinflusst wird, die von uns als gegeben betrachtet werden müssen.

**E.** Keine Antwort ist richtig.

80)

A. Erkundigen Sie sich bei der Agentur für Arbeit bei Freunden und Verwandten nach Unternehmen die in den Berufen Ausbildungsplätze anbieten für die Sie sich interessieren.

B. Erkundigen Sie sich bei der Agentur für Arbeit, bei Freunden und Verwandten nach Unternehmen, die in den Berufen Ausbildungsplätze anbieten, für die Sie sich interessieren.

C. Erkundigen Sie sich bei der Agentur für Arbeit, bei Freunden, und Verwandten nach Unternehmen die in den Berufen Ausbildungsplätze anbieten, für die Sie sich interessieren.

D. Erkundigen Sie sich bei der Agentur für Arbeit, bei Freunden und Verwandten, nach Unternehmen, die in den Berufen Ausbildungsplätze anbieten, für die Sie sich interessieren.

E. Keine Antwort ist richtig.

81)

A. Nicht der Bewerber, der den größten Aufwand betreibt, ist ein vielversprechender Kandidat, sondern derjenige dem es gelingt sich zielgerichtet vorzubereiten.

B. Nicht der Bewerber, der den größten Aufwand betreibt, ist ein vielversprechender Kandidat, sondern derjenige, dem es gelingt, sich zielgerichtet vorzubereiten.

C. Nicht der Bewerber der den größten Aufwand betreibt ist ein vielversprechender Kandidat, sondern derjenige, dem es gelingt, sich zielgerichtet vorzubereiten.

D. Nicht der Bewerber der den größten Aufwand betreibt, ist ein vielversprechender Kandidat, sondern derjenige, dem es gelingt, sich zielgerichtet vorzubereiten.

E. Keine Antwort ist richtig.

82)

**A.** Wie wir bereits erfahren haben, muss die Bewerbungsmappe des Bewerbers ansprechend und vollständig sein, damit der Bewerber seine Chancen auf eine Einstellung erhöhen kann.

**B.** Wie wir bereits erfahren haben muss die Bewerbungsmappe des Bewerbers ansprechend und vollständig sein, damit der Bewerber seine Chancen auf eine Einstellung erhöhen kann.

**C.** Wie wir bereits erfahren haben, muss die Bewerbungsmappe des Bewerbers ansprechend und vollständig sein damit der Bewerber seine Chancen auf eine Einstellung erhöhen kann.

**D.** Wie wir bereits erfahren haben, muss die Bewerbungsmappe des Bewerbers ansprechend, und vollständig sein, damit der Bewerber seine Chancen auf eine Einstellung erhöhen kann.

**E.** Keine Antwort ist richtig.

83)

**A.** Durch bewusst langsames Sprechen, durch das Senken und Heben der Stimme, und durch die Veränderung der Lautstärke, wird die Aufmerksamkeit erhöht.

**B.** Durch bewusst langsames Sprechen, durch das Senken und Heben der Stimme, und durch die Veränderung der Lautstärke wird die Aufmerksamkeit erhöht.

**C.** Durch bewusst langsames Sprechen, durch das Senken und Heben der Stimme und durch die Veränderung der Lautstärke wird die Aufmerksamkeit erhöht.

**D.** Durch bewusst langsames Sprechen durch das Senken und Heben der Stimme und durch die Veränderung der Lautstärke wird die Aufmerksamkeit erhöht.

**E.** Keine Antwort ist richtig.

84)

A. Wir meinen, dass wir mit diesem Buch, einer Kombination zwischen theoretischem Wissen und umfassendem Praxisbezug eine neue Art von Übungsbuch entwickelt haben.

B. Wir meinen, dass wir mit diesem Buch einer Kombination zwischen theoretischem Wissen und umfassendem Praxisbezug, eine neue Art von Übungsbuch entwickelt haben.

C. Wir meinen dass wir mit diesem Buch, einer Kombination zwischen theoretischem Wissen und umfassendem Praxisbezug, eine neue Art von Übungsbuch entwickelt haben.

D. Wir meinen, dass wir mit diesem Buch, einer Kombination zwischen theoretischem Wissen und umfassendem Praxisbezug, eine neue Art von Übungsbuch entwickelt haben.

E. Keine Antwort ist richtig.

85)

A. Wenn Sie in dem von Ihnen gewünschten Unternehmen keinen Ausbildungsplatz bekommen, sollten Sie bereit sein, sich um einen Ausbildungsplatz in einem anderen Unternehmen zu bewerben.

B. Wenn Sie in dem von Ihnen gewünschten Unternehmen keinen Ausbildungsplatz bekommen, sollten Sie bereit sein sich um einen Ausbildungsplatz in einem anderen Unternehmen zu bewerben.

C. Wenn Sie in dem von Ihnen gewünschten Unternehmen keinen Ausbildungsplatz bekommen sollten Sie bereit sein sich um einen Ausbildungsplatz in einem anderen Unternehmen zu bewerben.

D. Wenn Sie, in dem von Ihnen gewünschten Unternehmen, keinen Ausbildungsplatz bekommen, sollten Sie bereit sein, sich um einen Ausbildungsplatz in einem anderen Unternehmen zu bewerben.

E. Keine Antwort ist richtig.

## Kommas setzen

*Bearbeitungszeit 7½ Minuten*

Welche Interpunktion stimmt? Bearbeiten Sie bitte die folgenden Aufgaben, indem Sie die fehlenden Kommas ergänzen.

**86)** Er konnte sich nicht erklären ☐ wie es sein konnte ☐ dass er auf einmal mitten in einem Park stand ☐ obwohl es seines Wissens in seiner Stadt ☐ doch gar keine Grünflächen gab.

**87)** Meist erzielt man bei Prüfungen ein besseres Ergebnis ☐ wenn man nicht bis zur letzten Sekunde lernt ☐ sondern sich stattdessen gezielt entspannt.

**88)** Wenn Sie einen Beruf ☐ der Ihnen nicht gefällt ☐ wegen guter Verdienst-möglichkeiten trotzdem ergreifen ☐ werden Sie darin langfristig nicht glücklich werden.

**89)** Trotz der vielen Arbeit ☐ und der unzähligen Überstunden ☐ mag sie ihren Job gern ☐ da sie mit den Kollegen sehr gut zurechtkommt.

**90)** Die meisten Menschen ☐ die ein Haustier haben ☐ sind der Meinung ☐ dass ihr Tier das allerbeste auf der ganzen Welt ist.

**91)** Wenn sich Hunde und Katzen begegnen ☐ gibt es meistens Ärger ☐ da sie sich aufgrund ihrer unterschiedlichen Körpersprache ☐ nicht verstehen können.

**92)** Wenn ein Aktenvernichter ☐ Akten vernichtet und ein Schornstein-feger ☐ den Schornstein fegt ☐ was macht dann ein Zitronenfalter?

**93)** Hättest du ☐ als ich dich damals gefragt habe ☐ die Wahrheit gesagt ☐ so wäre uns viel Ärger erspart geblieben.

**94)** Kennst du die Serie ☐ in der ein alter Kapitän ☐ seinen drei Enkeln ☐ und dem dummen Matrosen ☐ immer unglaubliche Geschichten erzählt?

**95)** Angesichts des unbeständigen Wetters ☐ empfehle ich dir dringend ☐ einen Regenschirm mitzunehmen ☐ damit du nicht nass wirst.

## Sinnverwandte Begriffe

*Bearbeitungszeit 5 Minuten*

Finden Sie das Synonym: Welches Wort kommt dem vorgegebenen Begriff sinngemäß am nächsten? Bitte markieren Sie jeweils den zugehörigen Lösungsbuchstaben.

**96)** Forst

**A.** Wiese
**B.** Acker
**C.** Wald
**D.** Strand
**E.** Düne

**97)** Disput

**A.** Auseinandersetzung
**B.** Vorschlag
**C.** Einigung
**D.** Knochenkrankheit
**E.** Gespräch

**98)** Trubel

**A.** Verwirrung
**B.** Sog
**C.** Gewissen
**D.** Betrieb
**E.** Strömung

**99)** Inbrunst

**A.** Gier
**B.** Desinteresse
**C.** Leidenschaft
**D.** Vorgabe
**E.** Inhalt

**100)** Juwel

**A.** Kalorie
**B.** Schmuckstück
**C.** Detail
**D.** Freude
**E.** Masse

**101)** frönen

**A.** sich widmen
**B.** sich freuen
**C.** sich ärgern
**D.** sich schämen
**E.** sich verstecken

**102)** herb

**A.** gemein
**B.** enttäuschend
**C.** unfair
**D.** grob
**E.** bitter

**103)** radikal

**A.** extrem
**B.** illegal
**C.** gefährlich
**D.** tabulos
**E.** negativ

**104)** mutmaßlich

**A.** mutwillig
**B.** anscheinend
**C.** lediglich
**D.** vertraulich
**E.** verdächtig

**105)** separat

**A.** fremd
**B.** wertvoll
**C.** vertraut
**D.** gesondert
**E.** akkurat

## Gegenteilige Begriffe

*Bearbeitungszeit 5 Minuten*

Ordnen Sie jedem Wort den gegenteiligen Begriff aus der rechten Spalte zu, indem Sie den richtigen Lösungsbuchstaben in das zugehörige Feld eintragen.

| Begriffe | A–J | Gegenteilige Begriffe |
|---|---|---|
| **106)** glauben | ___ | **A.** vergessen |
| **107)** verlieren | ___ | **B.** aufbewahren |
| **108)** wegwerfen | ___ | **C.** schaden |
| **109)** lesen | ___ | **D.** ignorieren |
| **110)** lieben | ___ | **E.** zerstören |
| **111)** erfahren | ___ | **F.** schreiben |
| **112)** reparieren | ___ | **G.** wissen |
| **113)** zusammenfügen | ___ | **H.** finden |
| **114)** wahrnehmen | ___ | **I.** hassen |
| **115)** nützen | ___ | **J.** trennen |

## Sprichwörter

*Bearbeitungszeit 5 Minuten*

Was bedeuten die folgenden Sprichwörter und Redensarten? Bitte markieren Sie jeweils den richtigen Lösungsbuchstaben.

**116)** Übermut tut selten gut.

**A.** Überheblichkeit bringt Nachteile.
**B.** Risikobereitschaft lohnt sich nicht.
**C.** Risikobereitschaft lohnt sich.
**D.** Viele Leute scheitern aufgrund von Unwissen.
**E.** Keine Antwort ist richtig.

**117)** Zeit ist Geld.

**A.** Wer Zeit hat, hat auch Geld.
**B.** Jede Minute ist kostbar.
**C.** Zeit kann man nicht kaufen.
**D.** Reiche Menschen haben keine Zeit.
**E.** Keine Antwort ist richtig.

**118)** Wie die Saat, so die Ernte.

**A.** Bauern müssen das ganze Jahr hart arbeiten.
**B.** Wer säen kann, muss auch ernten.
**C.** Mit wenig Aufwand kann man kein perfektes Ergebnis erzielen.
**D.** Man muss alles in der richtigen Reihenfolge machen.
**E.** Keine Antwort ist richtig.

**119)** Nachts sind alle Katzen grau.

**A.** Wer sich unbeobachtet fühlt, hat keine Hemmungen.
**B.** Man sollte im Dunkeln nicht zu sehr auffallen.
**C.** Nachts erscheint alles ähnlich.
**D.** Katzen sind enorm anpassungsfähig.
**E.** Keine Antwort ist richtig.

**120)** Der Krug geht so lange zum Brunnen, bis er bricht.

**A.** Etwas geht meistens gut.
**B.** Etwas geht nicht auf Dauer gut.
**C.** Dinge sind ersetzbar.
**D.** Etwas geht zufällig gut.
**E.** Keine Antwort ist richtig.

**121)** Wasch mir den Pelz, aber mach mich nicht nass.

**A.** Vorsicht ist bei bestimmten Dingen angeraten.
**B.** Lege dich nicht mit Stärkeren an.
**C.** Jemand gibt sich mit wenig zufrieden.
**D.** Jemand möchte nur die Vorteile einer Sache genießen.
**E.** Keine Antwort ist richtig.

**122)** Wie man sich bettet, so liegt man.

**A.** Es ist wichtig, ein gutes Bett zu haben.

**B.** Auf weichen Kissen lässt es sich gut schlafen.

**C.** Betten sind ein wichtiger Bestandteil unseres Lebens, da man viel Zeit im Schlaf verbringt.

**D.** Es hängt von jedem selbst ab, wie er sein Leben gestaltet.

**E.** Keine Antwort ist richtig.

**123)** Die Katze im Sack kaufen.

**A.** Man erwirbt etwas, ohne es vorher geprüft zu haben.

**B.** Risikobereitschaft lohnt sich nicht.

**C.** Viele Leute scheitern aufgrund zu hoher Risikobereitschaft.

**D.** Etwas Wertvolles bleibt oft unerkannt.

**E.** Keine Antwort ist richtig.

**124)** Lieber den Spatz in der Hand als die Taube auf dem Dach.

**A.** Spatzen sind die wertvolleren Vögel.

**B.** Nur das Risiko birgt auch einen großen Gewinn.

**C.** Ein sicherer kleiner Nutzen ist einem unsicheren großen Nutzen vorzuziehen.

**D.** Ein Risiko einzugehen lohnt sich oft nicht.

**E.** Keine Antwort ist richtig.

**125)** Wo Rauch ist, ist auch Feuer.

**A.** Vorwürfe sind oft berechtigt.

**B.** Wenn es raucht, dann wird es schnell gefährlich.

**C.** Es gibt keinen Rauch ohne Feuer.

**D.** Anhand von Rauch lässt sich Feuer entdecken.

**E.** Keine Antwort ist richtig.

## Fremdwörter

Bearbeitungszeit 5 Minuten

**Welcher Antwortvorschlag kommt dem vorgegebenen Fremdwort sinngemäß am nächsten?**

Bearbeiten Sie bitte die folgenden Aufgaben, indem Sie jeweils den richtigen Lösungsbuchstaben markieren.

**126)** Altruismus

**A.** Eigennutz
**B.** Selbstlosigkeit
**C.** Trägheit
**D.** Dankbarkeit
**E.** Keine Antwort ist richtig.

**127)** Effekt

**A.** Wirkung
**B.** Werbeversprechen
**C.** Gewinn
**D.** Handlung
**E.** Keine Antwort ist richtig.

**128)** Fusion

**A.** Zerstörung
**B.** Verschmelzung
**C.** vertragliche Vereinbarung
**D.** geheime Absprache
**E.** Keine Antwort ist richtig.

**129)** Phlegma

**A.** träge Gemütsart
**B.** Hautentzündung
**C.** Edelsteinart
**D.** griechische Zahl
**E.** Keine Antwort ist richtig.

**130)** Demagoge

**A.** Hautarzt
**B.** Volksaufhetzer
**C.** Angeber
**D.** Schönredner
**E.** Keine Antwort ist richtig.

**131)** Äquilibrium

**A.** Zeitalter der Erdgeschichte
**B.** Gleichgewicht
**C.** chemisches Element
**D.** Sternenbild
**E.** Keine Antwort ist richtig.

**132)** maliziös

**A.** genial
**B.** dämlich
**C.** kompliziert
**D.** einfach
**E.** Keine Antwort ist richtig.

**133)** Kontext

**A.** Nachtrag
**B.** Quelle
**C.** Zusammenhang
**D.** Gegenentwurf
**E.** Keine Antwort ist richtig.

**134)** Kakophonie

**A.** Lebensform der Eingeborenen auf Papua
**B.** Ausweglosigkeit
**C.** Missklang
**D.** Lehre über Ziervögel
**E.** Keine Antwort ist richtig.

**135)** Indiz

**A.** Beweis
**B.** Argument
**C.** Meinung
**D.** Anzeichen
**E.** Keine Antwort ist richtig.

## Satzteilpuzzle

*Bearbeitungszeit 5 Minuten*

**Bei dieser Aufgabe geht es darum, die vorgegebenen Satzstücke in die richtige Reihenfolge zu bringen, damit sich ein vollständiger Satz ergibt.**

Nummerieren Sie die Satzteile dazu fortlaufend von 1 bis 5.

Durch ein systematisches Vorgehen lassen sich die Aufgaben am schnellsten lösen. Gehen Sie die Satzfragmente beispielsweise danach durch, welches Prädikat zu welchem Subjekt gehört, wofür ein Relativpronomen („der", „die", „das") steht, worauf sich Adjektive und Adverbien beziehen, welche Prädikate möglicherweise bestimmte Objekte erfordern oder ob ein Verb mit einem Hilfsverb verbunden werden muss.

**136)**

☐ **A.** die vor allem auf die wachsenden Temperaturunterschiede zurückzuführen sind

☐ **B.** beginnt in Mitteleuropa die Sturmsaison mit heftigen Winden

☐ **C.** wohingegen es am Mittelmeer noch relativ warm ist

☐ **D.** im Herbst, wenn die Tage wieder kürzer werden

☐ **E.** zu denen es kommt, da sich die Luft in Nordeuropa rasch abkühlt

**137)**

- **A.** im ausgehenden 17. Jahrhundert glaubten Physiker
- **B.** und nannten dieses Medium „Äther"
- **C.** der Raum sei mit einem allgegenwärtigen Medium gefüllt
- **D.** wie die Schallwellen in der Luft
- **E.** in dem sich Lichtwellen ausbreiten würden

**138)**

- **A.** von dem sie sich Linderung versprechen
- **B.** wenn es erkrankten Menschen besser geht
- **C.** dann spricht man vom „Placebo-Effekt"
- **D.** nachdem sie ein Mittel zu sich genommen haben
- **E.** obwohl es nachweislich keinerlei wirksame Arzneisubstanz enthält

**139)**

- **A.** die innere Sicherheit
- **B.** ist der Auftrag
- **C.** des Landes
- **D.** aufrecht zu erhalten
- **E.** der deutschen Polizeien

**140)**

- **A.** dass Polizei Ländersache ist
- **B.** verschiedene Länderpolizeien
- **C.** in Deutschland 16
- **D.** daher gibt es
- **E.** das Grundgesetz besagt

## Textverständnis

*Bearbeitungszeit 15 Minuten*

**Bei dieser Aufgabe wird Ihr Textverständnis geprüft.**

Bitte lesen Sie dazu die folgenden Rechtsvorschriften aufmerksam durch und versuchen Sie, ihren inhaltlichen Kern zu verstehen. Anschließend müssen Sie einige Fragen zum Text schriftlich beantworten.

**§ 1 Aufgaben der Verwaltungsbehörden und der Polizei**

(1) Die Verwaltungsbehörden und die Polizei haben gemeinsam die Aufgabe der Gefahrenabwehr. Sie treffen hierbei auch Vorbereitungen, um künftige Gefahren abwehren zu können. Die Polizei hat im Rahmen ihrer Aufgabe nach Satz 1 insbesondere auch Straftaten zu verhüten.

(2) Die Polizei wird in den Fällen des Absatzes 1 Satz 1 tätig, soweit die Gefahrenabwehr durch die Verwaltungsbehörden nicht oder nicht rechtzeitig möglich erscheint. Verwaltungsbehörden und Polizei unterrichten sich gegenseitig, soweit dies zur Gefahrenabwehr erforderlich ist.

(3) Der Schutz privater Rechte obliegt den Verwaltungsbehörden und der Polizei nach diesem Gesetz nur dann, wenn gerichtlicher Schutz nicht rechtzeitig zu erlangen ist und wenn ohne verwaltungsbehördliche oder polizeiliche Hilfe die Verwirklichung des Rechts vereitelt oder wesentlich erschwert werden würde.

(4) Die Polizei leistet anderen Behörden Vollzugshilfe (§§ 51 bis 53).

(5) Die Polizei hat ferner die Aufgaben zu erfüllen, die ihr durch andere Rechtsvorschriften übertragen sind.

*Die Bestimmungen entstammen dem „Niedersächsischen Gesetz über die öffentliche Sicherheit und Ordnung" in der aktuell gültigen Fassung vom 19. Januar 2005.*

**Bearbeitungshinweis**

Als Vollzugsbeamter sollten Sie über Ihre Aufgaben und Rechte im Klaren sein – das setzt voraus, dass Sie auch komplizierte Gesetzestexte verstehen können. Diese gliedern sich in durchnummerierte Paragraphen (§), Absätze (im vorliegenden Fall (1) bis (5)) und schließlich einzelne Sätze.

Versuchen Sie besser nicht, den vorliegenden Text komplett auswendig zu lernen: Es geht hier nicht um Ihr „fotografisches Gedächtnis". Konzentrieren Sie sich stattdessen auf die Kernaussagen der einzelnen Abschnitte, die Sie ohne Weiteres in eigenen Worten wiedergeben können, solange ihr Sinn beibehalten wird. Achten Sie bei Ihren Antworten auf einen logischen Aufbau und eine korrekte Rechtschreibung.

Beantworten Sie bitte nun die folgenden Fragen zum vorliegenden Gesetzestext schriftlich. Sie haben dafür **10 Minuten** Zeit.

**141)** Was ist die zentrale Aufgabe der Polizei und der Verwaltungsbehörden?

**142)** Was unternehmen die Polizei und die Verwaltungsbehörden nach Absatz (1) auch, um ihre zentrale Aufgabe wahrzunehmen?

**143)** Wann darf die Polizei überhaupt tätig werden?

**144)** Wann greift die Polizei zum Schutz privater Rechte ein?

**145)** Wann und wie arbeitet die Polizei laut dem vorliegenden Text mit anderen Behörden zusammen?

## Rechtsvorschriften anwenden *Lesezeit 5 Minuten*

**Rechtliche Vorschriften auf konkrete Fälle anzuwenden, gehört für Staatsbedienstete zum Alltag.**

Lesen Sie sich in den **nächsten 5 Minuten** die folgende Verordnung aufmerksam durch. Konzentrieren Sie sich auf die inhaltlichen Kernpunkte: Wer darf was, und unter welchen Bedingungen? Wann dürfen welche Strafen ausgesprochen werden? Für wen und wie lange gelten die Bestimmungen? Anschließend sind einige Fragen zur Vorschrift zu beantworten.

**Stadtverordnung über den Anleinzwang von Hunden im Lübecker Innenstadtbereich**

Aufgrund des § 175 des Allgemeinen Verwaltungsgesetzes für das Land Schleswig-Holstein (LVwG) in der Fassung der Bekanntmachung vom 2. Juni 1992 (GVOBl. Schl.-H. S. 243, ber. S. 534), zuletzt geändert durch Gesetz vom 15. Februar 2005 (GVOBl. Schl. H. S. 168) in Verbindung mit § 17 des Gesetzes zur Vorbeugung und Abwehr der von Hunden ausgehenden Gefahren (Gefahrhundegesetz – GefHG) vom 28.01.2005 (GVOBl. Schl. H. S. 51), wird mit Genehmigung des Innenministeriums des Landes Schleswig-Holstein vom 11. Mai 2005 für den Innenstadtbereich der Hansestadt Lübeck verordnet:

**§ 1 Anleinzwang**

(1) Hunde sind auf öffentlichen Straßen, Wegen, Plätzen und Anlagen im Innenstadtbereich mit Ausnahme besonders ausgewiesener Hundeauslaufgebiete anzuleinen. Der Innenstadtbereich wird ab der Hubbrücke begrenzt durch den Wasserverlauf Hansahafen, Holstenhafen (...). Die Brücken über dem Wasserverlauf gehören nicht mit zum Innenstadtbereich.

(2) Die Grenzen des Gebietes sind in dem anliegenden Übersichtsplan gekennzeichnet.

**§ 2 Ausnahmen**

§ 1 gilt nicht für Diensthunde von Behörden, Such- und Rettungshunde sowie Behindertenbegleit- und Blindenhunde, soweit der bestimmungsgemäße Einsatz dies erfordert.

**§ 3 Ordnungswidrigkeiten**

(1) Ordnungswidrig im Sinne des § 175 Abs. 3 Allgemeines Verwaltungsgesetz für das Land Schleswig-Holstein handelt, wer vorsätzlich oder fahrlässig entgegen § 1 Abs. 1 dieser Verordnung als Hundehalter oder Hundeführer einen Hund auf öffentlichen Straßen, Wegen, Plätzen und Anlagen im Innenstadtbereich nicht anleint.

(2) Die Ordnungswidrigkeit kann mit einer Geldbuße bis zu 1.000,– Euro geahndet werden.

**§ 4 Inkrafttreten, Geltungsdauer**

(1) Diese Verordnung tritt am Tage nach ihrer Verkündung in Kraft.

(2) Die Geltungsdauer dieser Verordnung beträgt gem. § 62 Abs. 1 Satz 2 Allgemeines Verwaltungsgesetz für das Land Schleswig-Holstein fünf Jahre.

*Lübeck, den 14. Dezember 2006, Hansestadt Lübeck, Der Bürgermeister als Ordnungsbehörde*

Wenden Sie nun Ihre Kenntnisse der vorgelegten Rechtsvorschriften an: Beantworten Sie die folgenden Aufgaben, indem Sie jeweils den richtigen Lösungsbuchstaben markieren. Sie haben dafür **10 Minuten** Zeit.

**146)** Wo dürfen Hunde auch im Innenstadtbereich unangeleint laufen?

**A.** Nirgendwo – sie sind überall anzuleinen.
**B.** Auf öffentlichen Wiesen
**C.** In allen öffentlichen Anlagen
**D.** In ausgewiesenen Hundeauslaufgebieten
**E.** Im Lübecker Hafenbereich

**147)** Welche Hunde dürfen in der Lübecker Innenstadt unangeleint geführt werden?

**A.** Sehr kleine Hunde mit weniger als 20 cm Schulterhöhe
**B.** Besonders ungefährliche Hunde
**C.** Blindenhunde und Diensthunde im Einsatz
**D.** Hunde, die einen speziellen Kurs in einer Hundeschule absolviert haben
**E.** Alle Hunde müssen angeleint werden.

**148)** Ein Hundehalter handelt der Verordnung nach ordnungswidrig, wenn ...?

**A.** sein Hund auf die Straße uriniert.

**B.** sein Hund sich losreißt und danach durch die Stadt streunt.

**C.** sein Hund einen Passanten anbellt.

**D.** sein Hund nicht auf Kommandos hört.

**E.** er einmal vergisst, seinen Hund anzuleinen.

**149)** Welche Strafe stellt die Verordnung für das Nichtanleinen eines Hundes in Aussicht?

**A.** Eine schriftliche Ermahnung

**B.** Eine Geldstrafe

**C.** Die Zwangsüberführung des Hundes in ein Tierheim

**D.** Das Verbot des Betretens von öffentlichen Anlagen

**E.** Eine mündliche Verwarnung

**150)** Wie lange ist die Verordnung gültig?

**A.** Bis eine neue Verordnung in Kraft tritt

**B.** Die Verordnung gilt für immer.

**C.** Die Verordnung ist 2 Jahre lang gültig.

**D.** Die Verordnung ist 5 Jahre lang gültig.

**E.** Bis ein neuer Bürgermeister gewählt wird

# Lösungen: Sprachbeherrschung

1) siehe Erklärung
2) siehe Erklärung
3) siehe Erklärung
4) dass
5) morgen Abend
6) paar
7) schuld
8) todkrank
9) eislaufen
10) zuzusehen
11) zu Ende
12) dunkelrot
13) Ein und Alles
14) Stängeln
15) anhand
16) A
17) B
18) D
19) D
20) D
21) A
22) D
23) C
24) D
25) A
26) Operation
27) Demokratie
28) effektiv
29) Kulanz
30) –

31) Tipp
32) Schifffahrt
33) Sekretariat
34) –
35) exklusiv
36) Emotion
37) Hörnerv
38) seit Stunden
39) Sympathie
40) Rhythmus
41) Als
42) Dass
43) denn
44) während
45) Trotzdem
46) damit
47) wenn
48) bis
49) dass
50) Wenn
51) Nachdem
52) als
53) Bevor
54) Wenn
55) sodass
56) – 60) siehe Erklärung

61) – 65) siehe Erklärung
66) A
67) C
68) D
69) B
70) D
71) A
72) C
73) A
74) C
75) B
76) B
77) A
78) D
79) D
80) B
81) B
82) A
83) C
84) D
85) A
86) [,] [,] [,] [ ]
87) [,] [,]
88) [,] [,] [,]
89) [ ] [ ] [,]
90) [,] [,] [,]

| | | | | | |
|---|---|---|---|---|---|
| **91)** | [,] [,] [ ] | **111)** | A | **131)** | B |
| **92)** | [ ] [ ] [,] | **112)** | E | **132)** | E |
| **93)** | [,] [,] [,] | **113)** | J | **133)** | C |
| **94)** | [,] [ ] [ ] [ ] | **114)** | D | **134)** | C |
| **95)** | [ ] [(,)] [,] | **115)** | C | **135)** | D |
| **96)** | C | **116)** | A | **136)** | A3 \| B2 \| C5 \| D1 \| E4 |
| **97)** | A | **117)** | B | **137)** | A1 \| B5 \| C2 \| D4 \| E3 |
| **98)** | D | **118)** | C | **138)** | A3 \| B1 \| C5 \| D2 \| E4 |
| **99)** | C | **119)** | C | **139)** | A1 \| B4 \| C2 \| D3 \| E5 |
| **100)** | B | **120)** | B | **140)** | A2 \| B5 \| C4 \| D3 \| E1 |
| **101)** | A | **121)** | D | **141)** | |
| **102)** | E | **122)** | D | **142)** | |
| **103)** | A | **123)** | A | **143)** | siehe Erklärung |
| **104)** | B | **124)** | C | **144)** | |
| **105)** | D | **125)** | A | **145)** | |
| **106)** | G | **126)** | B | **146)** | D |
| **107)** | H | **127)** | A | **147)** | C |
| **108)** | B | **128)** | B | **148)** | E |
| **109)** | F | **129)** | A | **149)** | B |
| **110)** | I | **130)** | B | **150)** | D |

***Diktat (Aufgabe 1)***

**Zu 1)**

Ihr Abschneiden können Sie anhand der nachfolgenden Tabelle einschätzen (Wiederholungsfehler zählen einfach).

Zur Orientierung sind drei unterschiedliche Bewertungsniveaus vorgegeben: leicht, mittel und schwer. Ein Lesebeispiel: Wenn Sie acht Fehler gemacht haben und die Maßstäbe eines mittleren Testniveaus anlegen, dann fällt Ihr Ergebnis in der Spalte „mittel" in den Notenbereich 3 („befriedigend").

| Note | Anzahl Fehler (schwer) | (mittel) | (leicht) |
|---|---|---|---|
| 1 („sehr gut“) | 0–2 | 0–2 | 0–3 |
| 2 („gut“) | 3–5 | 3–6 | 4–8 |
| 3 („befriedigend“) | 6–8 | 7–11 | 9–14 |
| 4 („ausreichend“) | 9–12 | 12–15 | 15–20 |
| 5 („mangelhaft“) | 13–16 | 16–20 | 21–26 |
| 6 („ungenügend“) | mehr als 16 | mehr als 20 | mehr als 26 |

***Kurzaufsatz (Erörterung) (Aufgabe 2, Musterantwort)***

**Zu 2)**

Ein Denkanstoß zur Themenvorgabe: Das beste Mittel gegen Cybermobbing ist die Verhinderung von Cybermobbing. Man müsste sich also um die Vorbeugung kümmern. Dass digitale Medien auch Gefahren mit sich bringen, könnte im Elternhaus und im Schulunterricht eingehend besprochen werden, um die Medienkompetenz der Heranwachsenden zu fördern. Wer vermeiden will, dass persönliche Informationen für Mobbingzwecke missbraucht werden, sollte seine Privatsphäre schützen können. Braucht man unbedingt ein Profil in diesem und in jenem Netzwerk? Welche Angaben macht man wem zugänglich? Nicht jeder Schnappschuss muss öffentlich sichtbar sein, nicht jede Freundschaftsanfrage muss zwingend akzeptiert werden. Viele Mobber legen sich gefälschte Identitäten zu und handeln im Schutz der Anonymität.

Ein weiterer Schritt bestünde darin, die Betroffenen zu unterstützen und die Täter zu verfolgen. Dazu müssten die Jugendlichen konkret wissen, wie sie im Ernstfall vorgehen können (Beweise sichern, Screenshots machen …) und wohin sie sich wenden können (Eltern, Lehrer, Medienscouts an Schulen, Beratungsstellen, die Polizei …).

***Beobachtung schildern (Aufgabe 3, Musterantwort)***

**Zu 3)**

Hier geht es darum, das abgebildete Geschehen gedanklich zu durchdringen und nachvollziehbar wiederzugeben. Versuchen Sie besser nicht, jede Szene bis ins kleinste Detail zu beschreiben. Konzentrieren Sie sich auf die wesentlichen Abläufe, auf das Handlungsgerüst, ohne etwas hinzuzudichten. Orientierung bieten die zentralen „w"-Fragen: Wer war beteiligt, was hat er wann, wo und wie getan? Berücksichtigen Sie sachliche Zusammenhänge und zeitliche Reihenfolgen, formulieren Sie nüchtern und klar. Ein Vorschlag:

„Ein kleines Kind betrat an der Hand einer Frau, wahrscheinlich seiner Mutter, ein Spielplatzgelände. Die beiden wurden dabei von einem Menschen beobachtet, der einen Kapuzenpullover trug. Die Mutter stellte ihren Kinderwagen ab, setzte sich auf eine Bank und begann in einem Buch zu lesen, während sich ihr Kind wenige Meter entfernt im Sandkasten mit seinen mitgebrachten Spielsachen beschäftigte. Doch plötzlich fing es zu weinen an: Augenscheinlich war ihm sein Teddybär weggenommen worden, vermutlich von einer nicht zu erkennenden Person, die sich anschließend vom Schauplatz des Geschehens entfernte. Daraufhin erhob sich ein bisher unauffälliger Mann von einer Bank am Rande des Sandkastens. Er lief fingerzeigend zu dem bereits bekannten Menschen im Kapuzenpullover, der sich immer noch auf dem Gelände aufhielt. Schließlich kam auch die Mutter zu den beiden hinzu. Der Mann machte sie gestikulierend darauf aufmerksam, dass der Pulli-Träger einen Teddybären hinter seinem Rücken hielt."

***Rechtschreibung: Lückentext (Aufgaben 4–15)***

**Zu 4)** Es ist schön, ***dass*** du kommen konntest!

**Zu 5)** Können wir uns ***morgen Abend*** treffen?

**Zu 6)** Ich hätte gern ein ***paar*** Brötchen.

**Zu 7)** Du bist ***schuld***, dass wir nicht fertig geworden sind!

**Zu 8)** Der Opa ist ***todkrank***.

**Zu 9)** Wir wollen nachher ***eislaufen*** gehen.

**Zu 10)** Hilf lieber mit, anstatt nur ***zuzusehen***!

**Zu 11)** Endlich habe ich das Buch ***zu Ende*** gelesen.

**Zu 12)** Mein Lieblingssofa ist ***dunkelrot***.

**Zu 13)** Der Hund ist seit Jahren ihr ***Ein und Alles***.

**Zu 14)** Für einen schönen Strauß braucht man Blumen mit langen ***Stängeln***.

**Zu 15)** Sie wird _anhand_ der Statistiken entscheiden.

***Rechtschreibung: Kurze Sätze (Aufgaben 16–25)***

**Zu 16) A.** Er ist ledig und naiv.

Nur in Lösungsvorschlag A sind die Wörter „ledig" und „naiv" richtig geschrieben.

**Zu 17) B.** ein spezieller Bügel für Kinderbekleidung

Nur in Lösungsvorschlag B sind die Wörter „spezieller" und „Kinderbekleidung" richtig geschrieben. Um eine „Begleitung" von Kindern (Antwort D) geht es hier nicht.

**Zu 18) D.** kurze Wiederholung

Nur in Lösungsvorschlag D sind die Wörter „kurze" und „Wiederholung" richtig geschrieben.

**Zu 19) D.** Vor allem samstags und sonntags ist viel los.

Lösungsvorschlag D ist korrekt: Die Temporaladverbien „samstags" und „sonntags" schreibt man klein.

**Zu 20) D.** Krisenmanagement

Nur in Lösungsvorschlag D ist das aus „Krise" und „Management" zusammengesetzte Hauptwort „Krisenmanagement" richtig geschrieben.

**Zu 21) A.** pharmazeutische Assistentin

Nur in Lösungsvorschlag A sind die Wörter „pharmazeutische" und „Assistentin" richtig geschrieben.

**Zu 22) D.** die falsche Interpretation einer Aussage

Nur in Lösungsvorschlag D sind die Wörter „Interpretation" und „Aussage" richtig geschrieben.

**Zu 23) C.** Wettbewerb mit massiven Rabattaktionen

Nur in Lösungsvorschlag C sind die Wörter „Wettbewerb", „massiven" und „Rabattaktionen" richtig geschrieben.

**Zu 24) D.** ein Viertelpfund Tomaten und ein Viertel Brot

Antwort D ist korrekt: Bruchzahlen können mit einem Nomen ein zusammengeschriebenes Substantiv bilden („Viertelpfund"); alternativ könnte man den Ausdruck „viertel Pfund" verwenden – dann würde „viertel" als attributiertes Adjektiv verwendet und folglich kleingeschrieben. Das Substantiv „Viertel" in „ein Viertel Brot" schreibt man wiederum groß und „Tomate“ selbstredend ohne „h“.

**Zu 25)** **A.** Die Ressourcen sind knapp.

Nur in Lösungsvorschlag A ist das Wort „Ressourcen“ richtig geschrieben.

***Fehler korrigieren (Aufgaben 26–40)***

**Zu 26)** Operation

**Zu 27)** Demokratie

**Zu 28)** effektiv

**Zu 29)** Kulanz

**Zu 30)** „ungläubig“ stimmt.

**Zu 31)** Tipp

**Zu 32)** Schifffahrt

**Zu 33)** Sekretariat

**Zu 34)** „Atheist“ stimmt.

**Zu 35)** exklusiv

**Zu 36)** Emotion

**Zu 37)** Hörnerv

**Zu 38)** seit Stunden

**Zu 39)** Sympathie

**Zu 40)** Rhythmus

***Konjunktionen (Aufgaben 41–55)***

**Zu 41)** ***Als*** ich sie warnen wollte, war es schon zu spät.

Der Nebensatz gibt weder eine Frage wieder („ob“) noch einen Grund („da“), sondern einen Zeitpunkt – „als“ ist richtig.

**Zu 42)** ***Dass*** ich zu spät komme, ist nicht meine Schuld.

„Da“ und „weil“ drücken eine Begründung aus und passen daher nicht in den Satz. Die richtige Lösung lautet „dass“.

**Zu 43)** Wir werden immer zusammenhalten, ***denn*** wir sind beste Freunde.

Die fehlende Konjunktion bezeichnet eine Begründung, wofür „doch“ nicht infrage kommt. „Weil“ leitet einen Nebensatz ein und passt daher grammatisch nicht, da es sich hier um zwei Hauptsätze handelt. Folglich lautet die Lösung „denn“.

**Zu 44)** Die Polizei sicherte den Unfallort, ***während*** die Sanitäter sich um die Verletzten kümmerten.

Grammatisch passen alle drei Konjunktionen, aber nur „während" kann den Satz sinnvoll ergänzen. Dass die Sanitäter ihre Arbeit tun, kann nämlich weder Bedingung („falls") noch Grund („weil") für den Polizeieinsatz sein.

**Zu 45)** Die Kinder wissen genau, dass Feuer gefährlich ist. ***Trotzdem*** spielen sie mit den Streichhölzern.

Die Konjunktion „danach" passt hier nicht, da keine zeitliche Reihenfolge ausgedrückt wird. „Wegen" passt aus grammatischen Gründen nicht, die richtige Lösung lautet also „trotzdem".

**Zu 46)** Für gefährliche Straftäter kann nach der Haft eine Sicherungsverwahrung angeordnet werden, ***damit*** sie niemanden gefährden können.

„Weil" (Grund) und „obwohl" (Gegengrund) passen nicht zum Sinn des Satzes, einzig „damit" (Zweck) kann Hauptsatz und Nebensatz logisch verbinden.

**Zu 47)** Immer ***wenn*** ich etwas nicht weiß, schlage ich es nach.

Hier wird eine Bedingung genannt. „Da" drückt einen Zeitpunkt aus, „bis" einen Zeitraum.

**Zu 48)** Es dauerte eine gefühlte Ewigkeit, ***bis*** wir das Kind gefunden hatten.

Hier geht es weder um einen Zeitpunkt („als") noch um einen Grund („da"), sondern um einen Zeitraum, also stimmt „bis".

**Zu 49)** Er freute sich, ***dass*** alles geklappt hat.

Hier handelt es sich nicht um eine indirekte Frage, sodass „ob" als Lösung ausgeschlossen werden kann. „Denn" leitet einen Hauptsatz ein und passt daher grammatisch nicht. Übrig bleibt als einzige Möglichkeit „dass".

**Zu 50)** ***Wenn*** er von Anfang an sein wahres Gesicht gezeigt hätte, hätten wir wohl nie mit ihm Geschäfte gemacht.

Die Konjunktivformen lassen hier einen Bedingungssatz erkennen, der mit „wenn" richtig eingeleitet wird.

**Zu 51)** *Nachdem* ich einmal angefangen hatte zu lesen, konnte ich das Buch nicht mehr aus der Hand legen.

Hier handelt es sich um einen Aussagesatz, die Fragekonjunktion „ob" scheidet also aus. Auch „obwohl" passt hier nicht, da der Satz damit keinen Sinn ergeben würde. Die richtige Lösung ist also „nachdem", diese Konjunktion drückt eine zeitliche Abfolge aus.

**Zu 52)** Ich traute meinen Augen kaum, *als* ich sie erblickte.

„Denn" leitet stets einen Hauptsatz ein und entfällt daher hier aus grammatischen Gründen; „ob" drückt eine Frage aus. Nur die Konjunktion „als", die einen Zeitpunkt angibt, passt sowohl grammatisch als auch inhaltlich in den Satz.

**Zu 53)** *Bevor* jemand eingreifen konnte, lagen sich die beiden schon in den Haaren.

Hier wird eine temporale Konjunktion benötigt, wofür nur „bevor" infrage kommt.

**Zu 54)** *Wenn* mir jemand helfen könnte, wäre ich sehr dankbar.

Die Konjunktive „könnte" und „wäre" deuten auf einen Bedingungssatz hin, in den die Konjunktion „wenn" hineinpasst. Die übrigen Konjunktionen drücken zeitliche Relationen aus.

**Zu 55)** Er war wirklich blitzschnell verschwunden, *sodass* ich mich noch nicht einmal verabschieden konnte.

Hier wird eine Konsequenz beschrieben – dies funktioniert mit „sodass". „Weil" (Grund) und „obwohl" (Gegengrund) können den Satz nicht sinnvoll ergänzen.

**Erläuterung**

Konjunktionen – zu Deutsch: Bindewörter – verknüpfen Wörter, Wortgruppen oder ganze Sätze, wobei man in neben- und unterordnende Konjunktionen unterscheidet: Nebenordnende Konjunktionen verbinden Hauptsätze sowie gleichrangige Satzglieder, Wortgruppen oder Nebensätze („Er kam zu spät, denn er hatte verschlafen"). Unterordnende Konjunktionen verbinden Hauptsätze mit Nebensätzen oder Nebensätze mit weiteren, untergeordneten Nebensätzen („Er kam zu spät, weil er verschlafen hatte, da der Wecker defekt war"). Aus dem Satzbau können Sie also darauf schließen, ob eine neben- oder unterordnende Konjunktion gesucht wird.

Darüber hinaus geben Konjunktionen Auskunft über die logische Beziehung zwischen den verknüpften Sätzen oder Satzteilen. Bindewörter können Gegensätze ausdrücken (adversativ: „aber", „wohingegen"), Möglichkeiten aus einer Auswahl ausschließen (disjunktiv: „oder", „entweder … oder"), Zwecke bzw. Absichten wiedergeben (final: „um … zu", „damit"), Ursachen angeben (kausal: „denn", „weil"), Bedingungen einleiten (konditional: „falls", „wenn"), die Folgen des Vorangegangenen ausführen (konsekutiv: „dass", „sodass"), Hinderungsgründe nennen (konzessiv: „obwohl", „wenn auch"), mehrere Elemente zu einer Aufzählung verbinden (kopulativ: „und", „nicht nur … sondern auch"), die Umstände einer Handlung beschreiben (modal: „indem", „ohne … zu") oder zeitliche Reihenfolgen wiedergeben (temporal: „als", „nachdem"). Manche Konjunktionen („ob", „dass") leiten bisweilen auch nur Nebensätze ein, ohne eine Bedeutung mitzuteilen.

***Pluralformen bilden (Aufgaben 56–65)***

**Zu 56)** Die Schwestern singen.

**Zu 57)** Die Brüder spielen mit den Hunden.

**Zu 58)** Die Köche arbeiten.

**Zu 59)** Die Polizistinnen verfolgen die Diebe.

**Zu 60)** Die Kühe stehen auf den Weiden.

**Zu 61)** Die Ärzte verschreiben (mehrere) Arzneimittel.

**Zu 62)** Die Krankenhäuser haben viele Betten.

**Zu 63)** Die Häuser befinden sich in Graz.

**Zu 64)** Dort drüben warten die Staatsanwältinnen.

**Zu 65)** Ihr habt Geschenke gekauft.

### *Grammatik: Kurze Sätze (Aufgaben 66–75)*

**Zu 66) A.** Statt zu verreisen, blieb ich lieber zu Hause.

Nur in Lösungsvorschlag A findet sich eine korrekte Vergangenheitsform (Präteritum) des Verbs „bleiben".

**Zu 67) C.** Nach einem ausgedehnten Spaziergang setzte sie sich erst einmal hin.

Die Präposition „nach" zieht den Dativ nach sich, der nur in den Vorschlägen B und C richtig gebildet wird („einem ausgedehnten Spaziergang"). Doch nur Antwort C enthält zugleich auch eine korrekte Vergangenheitsform (Präteritum) von „hinsetzen".

**Zu 68) D.** Als ich im Herbst nach Hause kam, fielen schon die Blätter von den Bäumen.

Nur in Lösungsvorschlag D finden sich korrekte Vergangenheitsformen (Präteritum) der Verben „kommen" und „fallen". Beide Verben werden unregelmäßig gebeugt.

**Zu 69) B.** Ich freue mich, unseren neuen Kollegen begrüßen zu dürfen.

Die Substantivgruppe „unser neuer Kollege" muss hier im Akkusativ stehen, und die korrekte Verbkonstruktion lautet „begrüßen zu dürfen". Somit kommt nur Vorschlag B infrage.

**Zu 70) D.** Hättest du geschwiegen, wäre die Angelegenheit glimpflicher ausgegangen.

Nur in Lösungsvorschlag D finden sich die richtigen Konjunktivformen (Konjunktiv II) von „haben" und „sein".

**Zu 71) A.** Angesichts ihrer Qualitäten dürfte ihr die Aufgabe nicht schwerfallen.

Die Präposition „angesichts" zieht den Genitiv nach sich, der nur in den Vorschlägen A und C korrekt gebildet wird („ihrer Qualitäten"). Doch nur Antwort A berücksichtigt zugleich, dass das Verb „schwerfallen" in übertragener Bedeutung steht und daher zusammenzuschreiben ist.

**Zu 72) C.** Entgegen seinem guten Vorsatz ist er ständig zu schnell gefahren.

Die Präposition „entgegen" kann im Plural auch mit Genitiv, im Singular aber nur mit Dativ stehen wie in den Vorschlägen A und C („seinem guten Vorsatz"). In Satz A findet sich jedoch eine falsche Verbkonstruktion, sodass nur Antwort C infrage kommt.

**Zu 73) A.** Dieses Problem haben viele Leute in bestimmten Situationen.

Das Subjekt des Satzes lautet „viele Leute“, dementsprechend muss auch das davon abhängige Verb im Plural stehen. Darüber hinaus muss die Substantivgruppe „dieses Problem“ im Akkusativ stehen („Wen oder was haben viele Leute?“). Somit kommt nur Vorschlag A infrage.

**Zu 74) C.** Vorgestern schien die Sonne.

In der Umgangssprache sind auch die Formen „scheinte“ und „hat gescheint“ verbreitet, doch standardsprachlich wird das Verb „scheinen“ unregelmäßig gebeugt („schien“, „geschienen“): Lösungsvorschlag C stimmt.

**Zu 75) B.** Als versiertem Kenner griechischer Heldensagen kamen ihm Zweifel ob der Schlichtheit dieses Werks.

Die Substantivgruppe „als versierter Kenner“ bezieht sich auf das Personalpronomen „ihm“ und muss im selben Kasus stehen, nämlich im Dativ („als versiertem Kenner“). Die Substantivgruppe „griechische Heldensagen“ muss im Genitiv stehen („griechischer Heldensagen“). „Ob“ ist hier keine Konjunktion, sondern eine Präposition, die „wegen“ oder „angesichts“ bedeutet und üblicherweise den Genitiv nach sich zieht („ob der Schlichtheit“). Somit kommt nur Vorschlag B infrage.

### *Kommasetzung erkennen (Aufgaben 76–85)*

**Zu 76) B.** Sicherlich kann nicht immer alles berücksichtigt werden, da das Leben sehr komplex ist.

Am Anfang steht der Hauptsatz, der durch das Komma vom Kausalnebensatz getrennt wird.

**Zu 77) A.** Soziale Kompetenz meint die Fähigkeit, auf andere Menschen zuzugehen, Kontakte herzustellen und mit anderen zusammenzuarbeiten.

Das erste Komma kennzeichnet den folgenden Infinitivsatz. Das zweite Komma ist durch die Aufzählung begründet.

**Zu 78) D.** Man schätzt, dass das menschliche Gehirn in der Lage ist, das Wissen einer umfangreichen Bibliothek mit tausenden von Büchern zu speichern.

Das erste Komma steht am Anfang eines Nebensatzes, der mit dem zweiten Komma beendet wird, welches einen Infinitivsatz einleitet.

**Zu 79) D.** Sicherlich können nicht alle Bedingungen eingehalten werden, weil sehr oft der Verlauf von anderen Faktoren beeinflusst wird, die von uns als gegeben betrachtet werden müssen.

Am Anfang steht der Hauptsatz, der durch das erste Komma vom Kausalnebensatz getrennt wird. Das zweite Komma beendet den Kausalnebensatz und trennt ihn vom folgenden Relativnebensatz, der durch das Relativpronomen „die" eingeleitet wird.

**Zu 80) B.** Erkundigen Sie sich bei der Agentur für Arbeit, bei Freunden und Verwandten nach Unternehmen, die in den Berufen Ausbildungsplätze anbieten, für die Sie sich interessieren.

Das erste Komma ist durch eine Aufzählung bedingt. Das zweite und dritte Komma grenzen einen Relativnebensatz ab, der durch „die" eingeleitet wird und mit dem Verb „anbieten" endet.

**Zu 81) B.** Nicht der Bewerber, der den größten Aufwand betreibt, ist ein vielversprechender Kandidat, sondern derjenige, dem es gelingt, sich zielgerichtet vorzubereiten.

Die ersten beiden Kommas trennen den Hauptsatz von einem eingeschobenen Relativsatz. Mit dem dritten Komma und der Konjunktion „sondern" beginnt ein Konjunktionalnebensatz. Das vierte und fünfte Komma trennen einen eingeschobenen Relativnebensatz von dem Konjunktionalnebensatz ab.

**Zu 82) A.** Wie wir bereits erfahren haben, muss die Bewerbungsmappe des Bewerbers ansprechend und vollständig sein, damit der Bewerber seine Chancen auf eine Einstellung erhöhen kann.

„Wie" leitet hier einen Nebensatz ein, der durch ein Komma vom Hauptsatz getrennt wird. Das zweite Komma trennt den Hauptsatz vom Finalnebensatz, der durch „damit" eingeleitet wird.

**Zu 83) C.** Durch bewusst langsames Sprechen, durch das Senken und Heben der Stimme und durch die Veränderung der Lautstärke wird die Aufmerksamkeit erhöht.

Der durchgehende Hauptsatz enthält nur ein Komma, das durch die Aufzählung begründet ist.

**Zu 84)** **D.** Wir meinen, dass wir mit diesem Buch, einer Kombination zwischen theoretischem Wissen und umfassendem Praxisbezug, eine neue Art von Übungsbuch entwickelt haben.

Das erste Komma trennt den Hauptsatz vom folgenden Nebensatz. Das zweite und dritte Komma umrahmen eine Apposition, die sich auf das Wort „Buch" bezieht.

**Zu 85)** **A.** Wenn Sie in dem von Ihnen gewünschten Unternehmen keinen Ausbildungsplatz bekommen, sollten Sie bereit sein, sich um einen Ausbildungsplatz in einem anderen Unternehmen zu bewerben.

Beim ersten Teil handelt es sich um einen Konditionalnebensatz, der durch das „Wenn" eingeleitet wird. Der Mittelteil ist der Hauptsatz. Der dritte Teil ist ein Infinitivsatz, der auf die Infinitivform „zu bewerben" endet. Die Nebensätze werden jeweils durch ein Komma vom Hauptsatz getrennt.

### *Kommas setzen (Aufgaben 86–95)*

**Zu 86)** Er konnte sich nicht erklären[,] wie es sein konnte[,] dass er auf einmal mitten in einem Park stand[,] obwohl es seines Wissens in seiner Stadt[ ] doch gar keine Grünflächen gab.

Das erste Komma trennt den Hauptsatz vom Nebensatz, die anderen beiden Kommas leiten auch jeweils einen Nebensatz ein.

**Zu 87)** Meist erzielt man bei Prüfungen ein besseres Ergebnis[,] wenn man nicht bis zur letzten Sekunde lernt[,] sondern sich stattdessen gezielt entspannt.

Das erste Komma beendet den Hauptsatz und leitet den Konditionalnebensatz ein. Das zweite Komma leitet einen weiteren Nebensatz ein.

**Zu 88)** Wenn Sie einen Beruf[,] der Ihnen nicht gefällt[,] wegen guter Verdienstmöglichkeiten trotzdem ergreifen[,] werden Sie darin langfristig nicht glücklich werden.

Die ersten beiden Kommas umschließen den eingeschobenen Relativnebensatz. Das dritte Komma trennt den Konditionalsatz („Wenn

Sie einen Beruf ... ergreifen") vom Hauptsatz.

**Zu 89)** Trotz der vielen Arbeit[ ] und der unzähligen Überstunden[ ] mag sie ihren Job gern[,] da sie mit den Kollegen sehr gut zurechtkommt.

Das Komma trennt den Hauptsatz vom Kausalnebensatz.

**Zu 90)** Die meisten Menschen[,] die ein Haustier haben[,] sind der Meinung[,] dass ihr Tier das allerbeste auf der ganzen Welt ist.

Die ersten beiden Kommas trennen den eingeschlossenen Relativsatz vom Hauptsatz. Das dritte Komma leitet einen weiteren Nebensatz ein.

**Zu 91)** Wenn sich Hunde und Katzen begegnen[,] gibt es meistens Ärger[,] da sie sich aufgrund ihrer unterschiedlichen Körpersprache[ ] nicht verstehen können.

Das erste Komma trennt den Konditionalnebensatz vom Hauptsatz. Das zweite Komma leitet einen Kausalnebensatz ein.

**Zu 92)** Wenn ein Aktenvernichter[ ] Akten vernichtet und ein Schornsteinfeger[ ] den Schornstein fegt[,] was macht dann ein Zitronenfalter?

Das Komma trennt einen Konditionalnebensatz vom Fragesatz.

**Zu 93)** Hättest du[,] als ich dich damals gefragt habe[,] die Wahrheit gesagt[,] so wäre uns viel Ärger erspart geblieben.

Die ersten beiden Kommas umrahmen einen Temporalnebensatz, der in einen Konditionalnebensatz eingeschoben ist. Das dritte Komma trennt den Konditionalsatz vom Hauptsatz.

**Zu 94)** Kennst du die Serie[,] in der ein alter Kapitän[ ] seinen drei Enkeln[ ] und dem dummen Matrosen[ ] immer unglaubliche Geschichten erzählt?

Das Komma trennt den Hauptsatz vom Nebensatz ab.

**Zu 95)** Angesichts des unbeständigen Wetters[ ] empfehle ich dir dringend[(,)] einen Regenschirm mitzunehmen[,] damit du nicht nass wirst.

Das erste Komma trennt den Hauptsatz vom Infinitivsatz (dieses Komma kann man setzen, muss man aber nicht!). Das zweite Komma leitet den Finalnebensatz ein.

*Sinnverwandte Begriffe (Aufgaben 96–105)*

**Zu 96)** **C.** Wald

**Zu 97)** **A.** Auseinandersetzung

**Zu 98)** **D.** Betrieb

**Zu 99)** **C.** Leidenschaft

**Zu 100)** **B.** Schmuckstück

**Zu 101)** **A.** sich widmen

**Zu 102)** **E.** bitter

**Zu 103)** **A.** extrem

**Zu 104)** **B.** anscheinend

**Zu 105)** **D.** gesondert

*Gegenteilige Begriffe (Aufgaben 106–115)*

**Zu 106)** glauben – **G.** wissen

**Zu 107)** verlieren – **H.** finden

**Zu 108)** wegwerfen – **B.** aufbewahren

**Zu 109)** lesen – **F.** schreiben

**Zu 110)** lieben – **I.** hassen

**Zu 111)** erfahren – **A.** vergessen

**Zu 112)** reparieren – **E.** zerstören

**Zu 113)** zusammenfügen – **J.** trennen

**Zu 114)** wahrnehmen – **D.** ignorieren

**Zu 115)** nützen – **C.** schaden

**Tipps für Zuordnungsaufgaben (106–115)**

Diese Aufgabe prüft Wortschatz und Sprachgefühl. Gehen Sie dabei sehr konzentriert vor, da ein Fehler eine ganze Reihe anderer Fehler nach sich ziehen kann.

Beginnen Sie systematisch mit dem ersten Begriff in der linken Spalte und überprüfen Sie die rechte Spalte Wort für Wort, bis Sie die gegenteilige Bedeutung gefunden haben. Tragen Sie dann den entsprechenden Lösungsbuchstaben in das leere Kästchen in der mittleren Spalte ein. Wenn Sie sich nicht ganz sicher sind, dann verschieben Sie Ihre Entscheidung – vielleicht löst sich das Problem am Ende von selbst, da nur noch eine Möglichkeit übrig bleibt.

Falls nach dem ersten Durchgang noch Lücken klaffen, dann hilft eventuell eine Umkehr des Verfahrens weiter: Man nehme sich das Wort aus der rechten Spalte vor und suche dazu aus der linken Spalte den Begriff mit der gegenteiligen Bedeutung.

Zum Schluss sollte geprüft werden, ob alle Buchstaben einmal eingetragen sind.

***Sprichwörter (Aufgaben 116–125)***

**Zu 116) A.** Überheblichkeit bringt Nachteile.

„Übermut tut selten gut" besagt, dass Überheblichkeit und Selbstüberschätzung sich oft nicht gerade positiv auswirken.

**Zu 117) B.** Jede Minute ist kostbar.

Dieses Sprichwort handelt vom Wert der Zeit: Man soll jede Minute sinnvoll nutzen und die Tage nicht einfach so verstreichen lassen.

**Zu 118) C.** Mit wenig Aufwand kann man kein perfektes Ergebnis erzielen.

Dieses Sprichwort bedeutet, dass man es selbst in der Hand hat, ob man aus einer Sache großen Nutzen zieht oder nicht. Die Qualität und der Umfang des Ertrags richten sich nach der Qualität und dem Umfang des Einsatzes.

**Zu 119) C.** Nachts erscheint alles ähnlich.

„Nachts sind alle Katzen grau" bezieht sich darauf, dass man im Dunkeln keine Farben wahrnimmt: Alles erscheint in Grautönen. Im weiteren Sinne bedeutet das Sprichwort, dass unter bestimmten Umständen alle Unterschiede verschwimmen oder bedeutungslos werden.

**Zu 120) B.** Etwas geht nicht auf Dauer gut.

Dieses Sprichwort kann verschieden ausgelegt werden. Allgemein bedeutet es, dass alles einmal zu Ende geht. Zugespitzt kann es bedeuten, dass etwas nicht auf Dauer gut geht oder jedes Unrecht irgendwann bestraft wird.

**Zu 121) D.** Jemand möchte nur die Vorteile einer Sache genießen.

Dieses Sprichwort wird als Motto Leuten in den Mund gelegt, die nur die Vorteile einer bestimmten Gegebenheit genießen wollen, aber nicht bereit sind, die damit verbundenen Nachteile in Kauf zu nehmen.

**Zu 122) D.** Es hängt von jedem selbst ab, wie er sein Leben gestaltet.

„Wie man sich bettet, so liegt man" besagt, dass jeder sein Schicksal in der eigenen Hand hat und selbst für die Folgen seines Handelns verantwortlich ist.

**Zu 123) A.** Man erwirbt etwas, ohne es vorher geprüft zu haben.

„Die Katze im Sack kaufen" bedeutet, etwas zu kaufen, ohne es zuvor gesehen und/oder geprüft zu haben. Man lässt sich auf etwas Unbekanntes ein.

**Zu 124) C.** Ein sicherer kleiner Nutzen ist einem unsicheren großen Nutzen vorzuziehen.

Dieses Sprichwort empfiehlt, lieber einen kleinen Nutzen zu realisieren, als in der vagen Hoffnung auf einen größeren Nutzen am Ende leer auszugehen. Sicherheit vor Risiko also.

**Zu 125) A.** Vorwürfe sind oft berechtigt.

Dieses Sprichwort drückt aus, dass in Gerüchten oft ein Funke Wahrheit steckt.

***Fremdwörter (Aufgaben 126–135)***

**Zu 126)** Altruismus – **B.** Selbstlosigkeit

**Zu 127)** Effekt – **A.** Wirkung

**Zu 128)** Fusion – **B.** Verschmelzung

**Zu 129)** Phlegma – **A.** träge Gemütsart

**Zu 130)** Demagoge – **B.** Volksaufhetzer

**Zu 131)** Äquilibrium – **B.** Gleichgewicht

**Zu 132)** maliziös – **E.** Keine Antwort ist richtig.

„Maliziös" leitet sich ab vom französischen „malicieux" und dem lateinischen „malitiosus" und bedeutet „boshaft", „arglistig", „hämisch".

**Zu 133)** Kontext – **C.** Zusammenhang

**Zu 134)** Kakophonie – **C.** Missklang

**Zu 135)** Indiz – **D.** Anzeichen

***Satzteilpuzzle (Aufgaben 136–140)***

**Zu 136) A3 | B2 | C5 | D1 | E4**

**D.** Im Herbst, wenn die Tage wieder kürzer werden, **B.** beginnt in Mitteleuropa die Sturmsaison mit heftigen Winden, **A.** die vor allem auf die wachsenden Temperaturunterschiede zurückzuführen sind, **E.** zu denen es kommt, da sich die Luft in Nordeuropa rasch abkühlt, **C.** wohingegen es am Mittelmeer noch relativ warm ist.

Der Relativsatz A kann sich nur auf die in B erwähnten Winde beziehen, und C setzt sich mit „wohingegen" von E ab, das wiederum mit „zu denen" an die Temperaturunterschiede in A anknüpft. Sucht man nun nach einer Position für Baustein D, gelangt man rasch zum richtigen Aufbau.

**Zu 137) A1 | B5 | C2 | D4 | E3**

**A.** Im ausgehenden 17. Jahrhundert glaubten Physiker, **C.** der Raum sei mit einem allgegenwärtigen Medium gefüllt, **E.** in dem sich Lichtwellen ausbreiten würden **D.** wie die Schallwellen in der Luft, **B.** und nannten dieses Medium „Äther".

Aufschlussreich sind die Nebensätze: Zu Fragment C gehört Baustein E, erkennbar am Anschluss „in dem", der sich auf „Medium" bezieht, und am Konjunktiv in beiden Satzteilen („sei", „würden"). Satzteil D mit dem vergleichenden „wie" knüpft inhaltlich an E an. So erhält man die Satzteilfolge C–E–D, die durch die Bausteine A und B eingerahmt wird.

**Zu 138) A3 | B1 | C5 | D2 | E4**

**B.** Wenn es erkrankten Menschen besser geht, **D.** nachdem sie ein Mittel zu sich genommen haben, **A.** von dem sie sich Linderung versprechen, **E.** obwohl es nachweislich keinerlei wirksame Arzneisubstanz enthält, **C.** dann spricht man vom „Placebo-Effekt".

Die Fragmente B und C bilden den Rahmen, der die Nebensätze D, A und E umschließt. Achten Sie auf die Konjunktionen und Pronomen: In D drückt „nachdem" eine zeitliche Reihenfolge aus, und „sie" bezieht sich auf „Menschen"; Baustein A schließt mit „von dem" an „Mittel" an; Satzteil E nennt mit „obwohl" einen Gegengrund zum Vorangegangenen und enthält das Pronomen „es", das für „Mittel" steht.

**Zu 139) A1 | B4 | C2 | D3 | E5**

**A.** Die innere Sicherheit **C.** des Landes **D.** aufrecht zu erhalten, **B.** ist der Auftrag **E.** der deutschen Polizeien.

Das Verb „aufrecht zu erhalten" (Zeile 4) erfordert ein Akkusativobjekt (wen oder was aufrecht zu erhalten?), das sich nur in Zeile 1 finden lässt: „die innere

Sicherheit". Das Genitivobjekt in Zeile 3 („des Landes") kann sich grammatisch zwar auch auf „Auftrag" (Zeile 2) oder „Polizeien" (Zeile 5) beziehen, doch logisch sinnvoll ist nur der Bezug zur „Sicherheit" in Zeile 1. Die Rede ist schließlich von der „inneren Sicherheit des Landes", nicht von einem ominösen „Auftrag des Landes", und die Wendung „der deutschen Polizeien des Landes" wäre nicht nur umständlich, sondern auch bedeutungsarm. Was wären denn die nicht-deutschen Polizeien des Landes?

Somit erhält man das vorläufige Satzgebilde „die innere Sicherheit des Landes aufrecht zu erhalten". Die verbliebenen Zeilen 2 und 5 sind in dieser Reihenfolge anzuhängen; das Genitivobjekt „der deutschen Polizeien" kann sich logisch nur auf „Auftrag" beziehen.

**Zu 140) A2 | B5 | C4 | D3 | E1**

**E.** Das Grundgesetz besagt, **A.** dass Polizei Ländersache ist, **D.** daher gibt es **C.** in Deutschland 16 **B.** verschiedene Länderpolizeien.

Das Verb in Zeile 4 („gibt") erfordert ein Akkusativobjekt (wen oder was gibt es?), das sich nur in Zeile 2 findet, nämlich „verschiedene Länderpolizeien". So erhält man die Wortfolge „daher gibt es verschiedene Länderpolizeien". Das Verb „besagt" in Zeile 5 benötigt ebenfalls einen Zusatz: Was besagt das Grundgesetz? Die passende Erklärung steht in Zeile 1 – es besagt, dass Polizei Ländersache ist. Auch diese beiden Fragmente lassen sich also verknüpfen. Da die Konjunktion „daher" in Zeile 4 logisch auf diesen Sachverhalt verweist, ist der Satzaufbau fast klar. Schließlich ist Zeile 3 noch vor Zeile 2 einzuschieben, da sich die Zahl „16" nur auf die Anzahl der Länderpolizeien beziehen kann.

***Textverständnis (Aufgaben 141–145, Musterantworten)***

**Zu 141)** Was ist die zentrale Aufgabe der Polizei und der Verwaltungsbehörden?

Die zentrale Aufgabe der Polizei und der Verwaltungsbehörden wird in Absatz (1) genannt – sie besteht in der Gefahrenabwehr. Alle weiteren Bestimmungen zielen auf diese oberste Prämisse der Behörden- und Polizeiarbeit ab.

**Zu 142)** Was unternehmen die Polizei und die Verwaltungsbehörden nach Absatz (1) auch, um ihre zentrale Aufgabe wahrzunehmen?

Nach Absatz (1) übernehmen die Polizei und die Verwaltungsbehörden auch die Präventionsarbeit: Sie sollen also nicht nur auf bereits existierende Gefahren reagieren, sondern auch verhindern, dass diese überhaupt entstehen. Dazu treffen sie „Vorbereitungen, um künftige Gefahren abwehren zu können". Insbesondere nennt der Gesetzestext die vorbeugende Verhütung von Straftaten.

**Zu 143)** Wann darf die Polizei überhaupt tätig werden?

Die Polizei darf gemäß Absatz (2) des Gesetzes tätig werden, „soweit die Gefahrenabwehr durch die Verwaltungsbehörden nicht oder nicht rechtzeitig möglich erscheint". Das Gesetz formuliert also gewissermaßen einen Vorbehalt: Ein polizeilicher Eingriff ist erst dann erforderlich, wenn die Gefahr nicht auf anderem Wege durch die Verwaltungsbehörden (z. B. Justiz, Ordnungsamt, Jugendamt ... – dies wurde in der Aufgabenstellung nicht angegeben) abgewehrt werden kann.

**Zu 144)** Wann greift die Polizei zum Schutz privater Rechte ein?

Die Polizei ist nicht grundsätzlich mit dem Schutz privater Rechte betraut und nicht mit einem privaten Sicherheitsdienst zu verwechseln, der nach Belieben bestellt werden kann, etwa zur Absicherung privater Veranstaltungen. Polizei und Verwaltungsbehörden übernehmen die Schutzleistung nach Absatz (3) des Gesetzes nur, wenn „gerichtlicher Schutz nicht rechtzeitig zu erlangen ist und wenn ohne verwaltungsbehördliche oder polizeiliche Hilfe die Verwirklichung des Rechts vereitelt oder wesentlich erschwert werden würde". Auch hier wird ein Vorbehalt formuliert: Der Schutz von Privatrechten obliegt der Polizei nur dann, wenn er auf anderem (gerichtlichem, behördlichem) Wege nicht zu gewährleisten ist.

**Zu 145)** Wann und wie arbeitet die Polizei laut dem vorliegenden Text mit anderen Behörden zusammen?

Darüber geben die Absätze (2) und (4) des vorliegenden Textes Auskunft. Zum einen kooperiert die Polizei mit den Verwaltungsbehörden bei der Gefahrenabwehr: Sie wird von der Polizei übernommen, wenn die Behörden sie nicht sicherstellen können. Zum anderen leistet die Polizei den Behörden Vollzugshilfe:

So kann z. B. das Ordnungsamt die Polizei bitten, eine gefährliche Person in Gewahrsam zu nehmen, wenn nötig mithilfe unmittelbaren Zwangs. Darunter versteht man unter anderem körperliche Gewalt, die Angehörige des Ordnungsamts nicht ausüben dürfen.

***Rechtsvorschriften anwenden (Aufgaben 146–150)***

**Zu 146) D.** In ausgewiesenen Hundeauslaufgebieten

Laut § 1 Absatz (1) gilt eine Ausnahme des Anleinzwangs im Innenstadtbereich nur für „besonders ausgewiesene Hundeauslaufgebiete".

**Zu 147) C.** Blindenhunde und Diensthunde im Einsatz

Für welche Hunde die Anleinpflicht nicht gilt, ist in § 2 geregelt. Neben Such- und Rettungshunden müssen auch Behindertenbegleithunde, Blindenhunde und Diensthunde von Behörden nicht angeleint werden, „soweit der bestimmungsgemäße Einsatz dies erfordert". Ist ein Diensthund aber „außer Dienst", muss er demnach ebenfalls angeleint werden.

**Zu 148) E.** er einmal vergisst, seinen Hund anzuleinen.

Ob es in Lübeck als Ordnungswidrigkeit gilt, wenn ein Hundehalter seinen Hund auf die Straße urinieren lässt, kann aus der Verordnung nicht gefolgert werden: Sie beschäftigt sich nur mit der Leinenpflicht und sagt auch nichts über das Ankläffen von Passanten oder Ignorieren von Kommandos aus. Und wenn ein Hund sich gegen den Willen des Halters losreißt, kann man diesem nicht Vorsatz (Absicht) oder Fahrlässigkeit (Leichtsinn, Vergesslichkeit) bescheinigen, wie es bei Ordnungswidrigkeiten vorauszusetzen wäre.

**Zu 149) B.** Eine Geldstrafe

Leint ein Hundehalter seinen Hund nicht an, kann ihm laut § 3 Absatz (2) eine Geldbuße von bis zu 1.000 Euro auferlegt werden.

**Zu 150) D.** Die Verordnung ist 5 Jahre lang gültig.

Die Verordnung ist laut § 4, Absatz (2) 5 Jahre lang gültig und läuft dann aus, wenn die Geltungsdauer nicht verlängert wird. Die Gültigkeit ist nicht gekoppelt an die Mehrheitsverhältnisse im Stadtparlament oder den jeweils regierenden Bürgermeister.

# Fremdsprachenkenntnisse

## Englisch: Rechtschreibung

*Bearbeitungszeit 5 Minuten*

Welche Schreibweise stimmt? Beantworten Sie bitte die folgenden Aufgaben, indem Sie jeweils den richtigen Lösungsbuchstaben markieren.

1) Wie schreibt sich das englische Wort für den Monat Februar?

A. Februar
B. February
C. Februare
D. Februarry
E. Februery

2) Wie schreibt sich das englische Wort für „überwältigend"?

A. overwellming
B. overwalming
C. overwhalming
D. overwelming
E. overwhelming

3) Wie schreibt sich das englische Wort für „zornig"?

A. furius
B. furious
C. fourious
D. furyous
E. furyes

4) Wie schreibt sich das englische Wort für „Meisterschaft"?

A. championship
B. championchip
C. champienship
D. championshipp
E. chempionshipp

5) Wie schreibt sich das englische Wort für „anerkennen", „wertschätzen"?

A. appredgiate
B. aprecciate
C. ebbreciate
D. appreciate
E. eprecciate

6) Wie schreibt sich das englische Wort für „entschuldigen" (British English)?

A. to appologise
B. to epologize
C. to apollogice
D. to appologize
E. to apologise

**7)** Wie lautet die englische Schreibweise für: „Es ist nicht alles Gold, was glänzt"?

**A.** All that glitters is not gold.
**B.** Al that glitters is no gold.
**C.** All that glitters ist no gold.
**D.** Al that gliters ist not gold.
**E.** Keine Antwort ist richtig.

**8)** Wie lautet die englische Schreibweise für: „Steter Tropfen höhlt den Stein"?

**A.** Konstant driping wears away the stone.
**B.** Constant dripping wears away the stone.
**C.** Konstant dripping wear away the ston.
**D.** Konstant driping vears away the stone.
**E.** Keine Antwort ist richtig.

**9)** Wie schreibt sich das englische Wort für „Gewalt"?

**A.** violance
**B.** violense
**C.** vayolens
**D.** violence
**E.** vaiolanse

**10)** Wie lautet die englische Schreibweise für: „Was lange währt, wird endlich gut"?

**A.** Gud things come to those wo wait.
**B.** Gut things come to those who wait.
**C.** Good things come to those who wait.
**D.** Good fings come too those who wait.
**E.** Keine Antwort ist richtig.

## Englisch: Sätze übersetzen

*Bearbeitungszeit 5 Minuten*

**Wie lautet der vorgegebene deutsche Satz auf Englisch?**

Beantworten Sie bitte die folgenden Aufgaben, indem Sie den Lösungsbuchstaben der korrekten Übersetzung markieren.

**11)** Was kostet das Buch?

**A.** Where did the book cost?
**B.** How does the book cost?
**C.** Where is the library?
**D.** Why did you get this book?
**E.** What does the book cost?

**12)** Du solltest einen Regenschirm mitnehmen, weil es regnen wird.

**A.** You should take an umbrella, because it is going to rain.
**B.** You must take an umbrella, while it is going to rain.
**C.** Because you take an umbrella, it will rain.
**D.** You must not take an umbrella, because it will rain.
**E.** We took the umbrella, not to get wet, if it rains.

**13)** Wie kommst du denn auf so etwas?

**A.** How you get this idea?
**B.** Whatever gave you that idea?
**C.** How you come on this idea?
**D.** Where do you find that idea?
**E.** Do you have a big fantasy?

**14)** Es tut mir leid, aber die Ware ist bereits ausverkauft.

**A.** It makes me sorry, but the ware is ready out selled.
**B.** I'm sorry, but the goods were sold.
**C.** I'm sorry, but the goods are already sold out.
**D.** Are you sorry, you have sold out the goods?
**E.** I'm glad, you haven't sold out the goods.

**15)** Fahren Sie bitte an der nächsten Kreuzung rechts.

**A.** Please turn right at the next crossway.
**B.** The next turn crossways at right please.
**C.** Next crossways please right at the turn.
**D.** At the turn please crossways right next.
**E.** Next crossways right please turn at the.

**16)** Wo ist die nächste Bushaltestelle für den Bus zum Flughafen?

**A.** Who is the next bus station for the bus to the fly harbour?

**B.** How I get the bus stand for the airport?

**C.** Which line bus guides to the airport?

**D.** Where is the next bus stop for the bus line to the airport?

**E.** What bus goes to the central station?

**17)** Wir haben bereits gestern darüber geredet.

**A.** Already yesterday talked about it we have.

**B.** Talked about it yesterday have we already.

**C.** Have we talked it about already yesterday?

**D.** We already talked about it yesterday.

**E.** We have already yesterday about talked.

**18)** Hatten Sie eine gute Reise?

**A.** A journey good have had you?

**B.** Have you had a good journey?

**C.** Have had you a journey good?

**D.** You had have a good journey?

**E.** Had have a journey good you?

**19)** Bei gutem Wetter sind der Himmel und das Meer blau.

**A.** Blue are the sky and the lake in good weather.

**B.** The sea and the sky are blue in weather good.

**C.** The blue and the sea sky are weather in good.

**D.** And blue the sea sky are in weather the good.

**E.** In good weather, the sky and the sea are blue.

**20)** Während Thomas schlief, hat jemand sein Gepäck geklaut.

**A.** When Thomas is sleeping, somebody stole his package.

**B.** While Thomas was sleeping, somebody stealed his baggage.

**C.** While Thomas was sleeping, somebody stole his baggage.

**D.** Thomas lost his baggage during the flight.

**E.** Thomas was stealing somebody's baggage, when he sleeps.

## Englisch: Lückentext

*Bearbeitungszeit 5 Minuten*

Finden Sie heraus, welche Wörter in die Leerstellen eingesetzt werden müssen, damit sich ein sinnvoller Satz ergibt.

### Hierzu ein Beispiel

***Aufgabe***

1) His _____ car is new. How much _____ it cost?

A. fathers | is
B. father's | did
C. feather's | have
D. furthers | has been
E. father's | had been

***Antwort***

(B.) father's | did

His father's car is new. How much did it cost?

Da Genitiven im Englischen ein „s" mit Apostroph angehängt wird, kommen nur die Möglichkeiten B, C und E in Frage. „Feather" bedeutet jedoch „Feder" und nicht etwa „Vater": Somit scheidet Satz C aus. Für die zweite Leerstelle gibt es überhaupt nur einen korrekten Vorschlag, nämlich „did": „How much is it cost?" (Antwort A) ist keine korrekte Frage, und auch „have" (Antwort C) liegt grammatikalisch falsch, da es nicht zum Subjekt „it" in der 3. Person passt. Setzt man „has been" oder „had been" ein, ist zum einen der Satzbau falsch („How much has/have been it cost?"), zum anderen stimmen die Zeitformen – present perfect progressive und past perfect progressive, beides Verlaufsformen – nicht mit „cost" überein, das nicht in einer Verlaufsform steht.

Bitte bearbeiten Sie nun die Aufgaben: Markieren Sie den Lösungsbuchstaben des einzusetzenden Ausdrucks. Sie haben dafür **5 Minuten** Zeit.

**21)** My parents _____ at home. They went out.

**A.** isn't
**B.** wouldn't
**C.** wasn't
**D.** aren't
**E.** didn't

**22)** Are you on this market to _____?

**A.** sell or to buy
**B.** buy or to fly
**C.** black or white
**D.** cell or to by
**E.** sink or to cry

**23)** The pleasure is all _____.

**A.** on me
**B.** for my
**C.** on my side
**D.** for me
**E.** mine

**24)** There aren't _____ cups in the cupboard.

**A.** some
**B.** any
**C.** the
**D.** a
**E.** Keine Antwort ist richtig.

**25)** Would you please _____ write on these papers?!

**A.** not
**B.** to not
**C.** doesn't
**D.** not to
**E.** Keine Antwort ist richtig.

**26)** We moved to our new apartment two weeks _____.

**A.** before
**B.** after
**C.** ago
**D.** then ago
**E.** for

**27)** Good _____, _____ name is Michael.

**A.** day | mine
**B.** afternoon | me
**C.** afternoon | my
**D.** tomorrow | my
**E.** day | who

**28)** David said the concert was very _____.

**A.** of excitement
**B.** exercised
**C.** excited
**D.** exciting
**E.** Keine Antwort ist richtig.

**29)** _____ this book cost? Is it _____?

**A.** What | cheap
**B.** How expensive | sheep
**C.** How many does | cheap
**D.** How much does | cheap
**E.** How cheap does | much

**30)** We have a _____, you can _____ 90 % off.

**A.** sell | get
**B.** sale | get
**C.** sale | become
**D.** cell | become
**E.** for sale | act

# Lösungen: Fremdsprachenkenntnisse

| | | |
|---|---|---|
| 1) B | 11) E | 21) D |
| 2) E | 12) A | 22) A |
| 3) B | 13) B | 23) E |
| 4) A | 14) C | 24) B |
| 5) D | 15) A | 25) A |
| 6) E | 16) D | 26) C |
| 7) A | 17) D | 27) C |
| 8) B | 18) B | 28) D |
| 9) D | 19) E | 29) D |
| 10) C | 20) C | 30) B |

***Englisch: Rechtschreibung (Aufgaben 1–10)***

**Zu 1) B.** February

**Zu 2) E.** overwhelming

**Zu 3) B.** furious

**Zu 4) A.** championship

**Zu 5) D.** appreciate

**Zu 6) E.** to apologise

**Zu 7) A.** All that glitters is not gold.

**Zu 8) B.** Constant dripping wears away the stone.

**Zu 9) D.** violence

**Zu 10) C.** Good things come to those who wait.

***Englisch: Sätze übersetzen (Aufgaben 11–20)***

**Zu 11) E.** What does the book cost?

Antwort B verwendet ein falsches Fragewort („how" – „wie"), ebenso wie Satz A („where" – „wo"), der zudem in der Vergangenheit steht („did"). Die Vorschläge C und D gehen inhaltlich fehl mit „Where is the library?" („Wo ist die Bibliothek?") bzw. „Why did you get this book?" („Warum hast Du dieses Buch bekommen?"). Demnach kann nur Möglichkeit E stimmen.

**Zu 12) A.** You should take an umbrella, because it is going to rain.

Antwort E verwendet ein unangemessenes Personalpronomen („we" – „wir") und ist als Aussagesatz formuliert, nicht als Aufforderung. Antwort

C geht unsinnigerweise davon aus, dass der Regen durch die Mitnahme des Schirms hervorgerufen wird. In Antwort B verfehlt der durch „while" („während") eingeleitete Temporalsatz die Absicht des Aufgabensatzes, der eine kausale Verknüpfung herstellt. Möglichkeit D verkehrt die Aussage sogar komplett ins Gegenteil, indem das Tragen eines Regenschirms mit Verweis auf den Regen verboten wird („you must not" – „du darfst nicht"). Somit kommt nur Vorschlag A infrage.

**Zu 13) B.** Whatever gave you that idea?

Antwort E erscheint nicht als englischer Satz, sondern als mangelhafte Übersetzung der Frage „Hast du eine große Fantasie?". Antwort D verwendet mit „find" („finden") ein unangemessenes Verb. Antwort C ist zu nahe am Deutschen: „How you come on this idea?" ist eine wörtliche (und falsche) Anlehnung an „Wie bist du denn auf die Idee gekommen?". Antwort A kommt dem vorgegebenen Satz zwar recht nahe, doch zur Vollständigkeit fehlt das Hilfsverb „did". Nach dem Ausschlussprinzip kommt nur Antwort B infrage.

**Zu 14) C.** I'm sorry, but the goods are already sold out.

Als Fragesatz scheidet Antwort D aus, und auch Vorschlag B kommt nicht infrage: „were sold" bedeutet „wurden verkauft" und nicht „ist ausverkauft". Antwort A disqualifiziert sich zum einen durch den veralteten Ausdruck „ware" – gebräuchlicher sind „goods", „merchandise" oder „product" – zum anderen durch die falsche Wortbildung: Bei „out selled" (statt „sold out") stimmt weder die Vergangenheitsform noch die Wortreihenfolge. Da Antwort E inhaltlich vollkommen falsch liegt („Ich bin froh, dass Du die Waren nicht ausverkauft hast"), kann nur Vorschlag C korrekt sein.

**Zu 15) A.** Please turn right at the next crossway.

Die richtige Lösung lautet A: „Please" wird üblicherweise an den Satzanfang oder das Satzende gestellt. Zwar berücksichtigt dies auch Antwort B – doch hier ist die Satzstruktur ansonsten genauso verwirrend und fehlerhaft wie in den Vorschlägen C, D und E.

**Zu 16) D.** Where is the next bus stop for the bus line to the airport?

Antwort A nennt das falsche Fragewort („who" – „wer") und ebenso wie

B die falschen Vokabeln: „Bushaltestelle" heißt „bus stop", nicht „bus station" („Busbahnhof") oder „bus stand", und statt des wörtlich übersetzten „fly harbour" für „Flughafen" müsste es „airport" heißen. Auch einen „line bus" wie in Satz C gibt es im Englischen nicht. Vorschlag E bezieht sich auf einen Zentralbahnhof („central station"). Als richtige Lösung kommt somit nur D infrage.

**Zu 17)** **D.** We already talked about it yesterday.

Zeitangaben stehen im Englischen am Satzanfang oder -ende – somit entfallen die Antworten A, B und E. Die in Vorschlag C formulierte Frage kommt als Übersetzung eines Aussagesatzes sicher nicht in Betracht, sodass nur Antwort D übrig bleibt.

**Zu 18)** **B.** Have you had a good journey?

Als richtige Antwort kommt nur Vorschlag B in Betracht. Bei allen anderen Antworten stimmt der Satzbau nicht, da „have", „had" und „you" – wenn überhaupt vorhanden – an falschen Positionen stehen.

**Zu 19)** **E.** In good weather, the sky and the sea are blue.

Die Formulierung „bei gutem Wetter" übersetzt man mit „in good weather", sodass die Antworten B, C und D von vornherein ausscheiden. Der Himmel („sky") und das Meer („sea") finden sich zusammen nur in Antwort E – von dem in Antwort A genannten See („lake") ist im vorgegebenen Satz nicht die Rede.

**Zu 20)** **C.** While Thomas was sleeping, somebody stole his baggage.

Wie der Aufgabensatz muss auch die Übersetzung in der Vergangenheit stehen: Antwort A mit der Präsensform „is sleeping" – und der Falschübersetzung „package" („Paket") – scheidet daher aus. In Vorschlag B ist das unregelmäßige Verb „to steal" falsch konjugiert. Satz D (übersetzt: „Thomas hat sein Gepäck während des Fluges verloren") schildert eine gänzlich andere Situation, und in Vorschlag E ist Thomas gar selbst der Dieb. Inhaltlich und grammatisch richtig ist allein Antwort C.

***Englisch: Lückentext (Aufgaben 21–30)***

**Zu 21) D.** aren't

My parents aren't at home. They went out.

Übersetzt: „Meine Eltern sind nicht zuhause. Sie sind ausgegangen." Es fehlt der Ausdruck „sind nicht", gesucht wird also die dritte Person Plural des Verbs „to be" in verneinter Form. Antwort A steht im Singular („isn't" – „ist nicht"), ebenso wie Vorschlag C („wasn't" – „war nicht"). Möglichkeit E verwendet mit „didn't" („taten nicht") das völlig falsche Verb, und Antwort B steht irrtümlicherweise im Konjunktiv. Richtig ist Lösung D.

**Zu 22) A.** sell or to buy

Are you on this market to sell or to buy?

Übersetzt: „Sind Sie auf diesem Markt um zu verkaufen, oder um zu kaufen?" Es geht hier weder um das Fliegen („fly", Vorschlag B) noch um das Sinken oder gar Weinen („sink or cry", Vorschlag E). Ferner verlangt die Leerstelle nach Verben, nicht nach Adjektiven wie in Lösung C („black or white" – „schwarz oder weiß") oder einem Substantiv wie in Möglichkeit D („cell" – „Zelle"). Somit kann nur Vorschlag A stimmen.

**Zu 23) E.** mine

The pleasure is all mine.

Übersetzt: „Die Freude ist ganz auf meiner Seite." Diese Redewendung kann nicht wörtlich ins Englische übersetzt werden, wie es Antwort C versucht. Man sagt stattdessen „die Freude ist voll und ganz meine" – „the pleasure is all mine".

**Zu 24) B.** any

There aren't any cups in the cupboard.

Übersetzt: „Es sind keine Tassen im Geschirrschrank." Das Wort „keine" ist hier der Schlüssel zur Lösung: Im Englischen verwendet man „any" zur Angabe unbestimmter Stückzahlen in Fragesätzen oder bei Verneinungen – im vorliegenden Fall handelt es sich um Letzteres. „Some" kommt bei normalen Aussagesätzen zum Zuge. Die Artikel „the" (bestimmt) bzw. „a" (unbestimmt) sind hier völlig fehl am Platz.

**Zu 25) A.** not

Would you please not write on these papers?

Übersetzt: „Würdest du/Würdet ihr bitte nicht auf die Unterlagen schreiben?" Dem Satz fehlt das englische Äquivalent zum kleinen, aber entscheidenden Wörtchen „nicht" – und das lautet kurz und simpel „not".

**Zu 26) C.** ago

We moved to our new apartment two weeks ago.

Übersetzt: „Wir haben unser Apartment vor zwei Wochen bezogen." Zeitangaben wie „vor zwei Wochen", „vor einem Jahr" oder auch das vage „vor langer Zeit" können im Englischen mit „ago" gebildet werden, das stets hinter der jeweiligen Zeitspanne steht. Richtig ist demnach Vorschlag C.

**Zu 27) C.** afternoon | my

Good afternoon, my name is Michael.

Übersetzt: „Guten Nachmittag, mein Name ist Michael." Antwort D übersetzt die deutsche Formel „Guten Morgen" falsch, die im Englischen „good morning" heißen würde. Vorschlag A verirrt sich mit „mine", einem als Substantiv gebrauchten Possessivpronomen („This car is mine" – „Dieses Auto ist meins"). Und bei dem Wörtchen „me" in Alternative B handelt es sich schließlich um ein nur als Objekt einsetzbares Personalpronomen („Give me your hand!" – „Gib mir deine Hand!"). Gesucht wird jedoch ein Possessivbegleiter, der sich auf „name" bezieht. Nach dem Ausschlussverfahren bleibt somit nur Lösung C übrig.

**Zu 28) D.** exciting

David said the concert was very exciting.

Übersetzt: „David sagte, das Konzert war sehr aufregend." Antwort C ist falsch, da sich durch „excited" der Sinn des Satzes verschieben würde; nicht mehr das Erlebnis des Konzertbesuches wäre dann aufregend, sondern das Konzert selbst wäre aufgeregt. Antwort B mit „exercised" („angewendet") kann als sinnfreie Variante direkt ausgeschlossen werden. Antwort A („of excitement" – „vor Aufregung") fällt aus, da sie formal nicht in die Satzstruktur passt. Antwort D stimmt.

**Zu 29) D.** How much does | cheap

How much does this book cost? Is it cheap?

Übersetzt: „Wie viel kostet dieses Buch? Ist es billig?" Antwort A ist mit „what" für „was" zu wörtlich übersetzt. Vorschlag B verwendet statt der richtigen Übersetzung für „billig" („cheap") das ähnlich klingende „sheep", das allerdings „Schaf" bedeutet. Antwort C setzt mit „many" („viele") mengenmäßig auf das falsche Pferd, und Vorschlag E zieht das „cheap" unsinnigerweise in den ersten Fragesatz. Als richtige Lösung kommt somit nur Möglichkeit D infrage.

**Zu 30) B.** sale | get

We have a sale, you can get 90 % off.

Übersetzt: „Wir haben einen Ausverkauf, Sie können 90 % Rabatt bekommen." Antwort A nutzt mit „to sell" („verkaufen") ein Verb, gebraucht wird jedoch ein Substantiv. Auch die Vorschläge C und D fallen weg, da „become" auf Deutsch nicht „bekommen", sondern „werden" bedeutet. Möglichkeit E geht mit „to act" („handeln", „darstellen") völlig fehl. Richtigerweise müsste es „get" heißen, wie in der korrekten Lösung B.

# Mathematik

## Grundrechenarten

*Bearbeitungszeit 10 Minuten*

**Die folgenden Aufgaben sind ohne Taschenrechner zu lösen. Als Hilfsmittel sind Papier und Stift für Nebenrechnungen zugelassen.**

Beantworten Sie bitte die folgenden Aufgaben, indem Sie jeweils den Lösungsbuchstaben des richtigen Ergebnisses markieren.

**1)** $10 + 5 \times 10 = ?$

**A.** 75
**B.** 150
**C.** 60
**D.** 90
**E.** Keine Antwort ist richtig.

**2)** $4^3 = ?$

**A.** 18
**B.** 124
**C.** 149
**D.** 64
**E.** Keine Antwort ist richtig.

**3)** $40 \div 0{,}5 + 40 = ?$

**A.** 60
**B.** 80
**C.** 100
**D.** 120
**E.** Keine Antwort ist richtig.

**4)** 827.614 – 794.852 = ?

**A.** 31.762
**B.** 32.262
**C.** 32.762
**D.** 32.862
**E.** Keine Antwort ist richtig.

**5)** 194.256 – 86.257 = ?

**A.** 106.999
**B.** 107.999
**C.** 108.989
**D.** 109.979
**E.** Keine Antwort ist richtig.

**6)** 12.082 + 2.376 + 156 = ?

**A.** 14.304
**B.** 14.614
**C.** 15.202
**D.** 16.614
**E.** Keine Antwort ist richtig.

**7)** 12.156 × 5.234 = ?

**A.** 62.624.504
**B.** 63.614.504
**C.** 63.624.504
**D.** 63.623.502
**E.** Keine Antwort ist richtig.

**8)** 94.584 ÷ 563 = ?

**A.** 142
**B.** 168
**C.** 172
**D.** 186
**E.** Keine Antwort ist richtig.

**9)** 520.668 ÷ 18 = ?

**A.** 28.916
**B.** 28.926
**C.** 29.126
**D.** 29.326
**E.** Keine Antwort ist richtig.

**10)** (−4) × 2 − (−3) × 4 = ?

**A.** 4
**B.** 20
**C.** −20
**D.** −56
**E.** Keine Antwort ist richtig.

## Kettenrechnen

*Bearbeitungszeit 15 Minuten*

Bitte benutzen Sie **keinen Taschenrechner**, die **Punkt-vor-Strich-Regel gilt hier nicht!** Bearbeiten Sie die folgenden Aufgaben, indem Sie jeweils das richtige Ergebnis ins Lösungsfeld eintragen.

**11)** $3 \times 6 \div 9 + 3 \times 9 \div 3 \times 2 - 3 \times 2 \div 9 =$ ______

**12)** $9 \times 4 \div 6 \times 3 + 4 - 3 \times 2 + 4 \div 6 \times 5 + 2 =$ ______

**13)** $84 + 14 \div 7 + 12 \div 2 \times 7 + 8 \div 3 - 5 \times 2 + 44 =$ ______

**14)** $8 \times 8 - 8 \div 8 + 7 + 11 \div 5 \times 6 + 4 \div 2 + 1 \div 3 =$ ______

**15)** $30 \div 6 + 23 + 46 - 2 \div 8 \times 9 + 9 + 909 \div 3 =$ ______

**16)** $1 \times 2 + 3 \times 4 - 5 \times 2 + 15 \div 9 \times 10 - 11 \div 3 =$ ______

**17)** $9 \times 8 \div 6 - 5 \times 7 + 6 \div 5 + 9 \times 3 \div 2 - 1 =$ ______

**18)** $14 \times 3 \div 6 \times 7 + 7 \div 8 + 9 \div 8 \times 7 + 9 \times 2 + 5 \div 3 =$ ______

**19)** $27 \div 3 + 18 \div 3 \times 2 + 118 - 30 \div 2 + 3 \div 7 \div 2 + 16 =$ ______

**20)** $1.550 - 26 + 12 \div 3 \times 2 \div 4 - 156 - 20 \div 16 =$ ______

**21)** $57 - 12 \div 9 + 12 - 3 \div 2 - 3 \times 5 + 6 \div 2 \times 3 - 3 \div 6 =$ ______

**22)** $2 \times 2 + 2 \div 2 + 2 \times 2 - 2 + 22 \div 2 + 2 \times 2 - 2 \times 2 + 2 =$ ______

**23)** $5 \times 5 + 3 \div 4 + 2 \times 2 - 3 \times 3 \div 9 + 9 \times 6 - 6 - 8 \div 7 =$ ______

**24)** $24 + 17 \times 2 + 3 \div 5 + 4 \div 7 \times 2 + 19 \div 5 + 1 \times 8 + 7 =$ ______

**25)** $4 + 8 \times 3 \div 6 + 9 \div 5 + 6 - 5 \times 4 + 4 \div 5 \times 6 =$ ______

## Bruchrechnen

*Bearbeitungszeit 10 Minuten*

**Dieser Abschnitt prüft die wesentlichen Zusammenhänge der Bruchrechnung. Dabei stellt der Bruchstrich nichts anderes dar als ein Teilungszeichen.**

Beantworten Sie bitte die folgenden Aufgaben, indem Sie jeweils den richtigen Lösungsbuchstaben markieren.

**26)** $\frac{1}{8} = ?$

**A.** 0,125
**B.** 0,225
**C.** 0,275
**D.** 1,00
**E.** Keine Antwort ist richtig.

**27)** $\frac{3}{4} - \frac{1}{8} = ?$

**A.** $\frac{2}{4}$
**B.** $\frac{2}{8}$
**C.** $\frac{5}{8}$
**D.** $\frac{7}{8}$
**E.** Keine Antwort ist richtig.

**28)** $\frac{6}{9} + \frac{1}{3} = ?$

**A.** 1
**B.** 2
**C.** 2,5
**D.** 3
**E.** Keine Antwort ist richtig.

**29)** $\frac{3}{5} + \frac{2}{3} = ?$

**A.** $\frac{5}{8}$
**B.** $\frac{19}{15}$
**C.** $\frac{5}{5}$
**D.** $\frac{5}{3}$
**E.** Keine Antwort ist richtig.

**30)** $\frac{2}{4} - \frac{4}{6} = ?$

**A.** $-\frac{1}{6}$
**B.** $-\frac{2}{6}$
**C.** $-\frac{2}{2}$
**D.** $\frac{1}{6}$
**E.** Keine Antwort ist richtig.

**31)** $2\frac{1}{4}+3\frac{6}{8}=?$

**A.** $5\frac{1}{2}$

**B.** $4\frac{1}{4}$

**C.** 6

**D.** 6,8

**E.** 5,7

**32)** $\frac{13}{4}\times\frac{12}{17}=?$

**A.** $2\frac{1}{13}$

**B.** $2\frac{5}{17}$

**C.** $3\frac{3}{19}$

**D.** $\frac{25}{68}$

**E.** Keine Antwort ist richtig.

**33)** $3\frac{4}{5}+4{,}5=?$

**A.** $8\frac{3}{10}$

**B.** $5\frac{4}{5}$

**C.** 8,25

**D.** $7\frac{4}{9}$

**E.** Keine Antwort ist richtig.

**34)** $2\frac{2}{4}+3\frac{2}{6}=?$

**A.** $5\frac{5}{6}$

**B.** 5,5

**C.** $4\frac{1}{6}$

**D.** $5\frac{3}{10}$

**E.** Keine Antwort ist richtig.

**35)** $\left(8\frac{5}{7}+8\frac{16}{21}-10\frac{2}{3}\right)\div 17\frac{1}{42}=?$

**A.** 0,4

**B.** $\frac{3}{8}$

**C.** $\frac{7}{8}$

**D.** 4,75

**E.** Keine Antwort ist richtig.

## Rechenzeichen ergänzen *Bearbeitungszeit 10 Minuten*

**Welche Rechenzeichen (+, −, ×, ÷) müssen in die Felder eingefügt werden, damit das jeweilige Endergebnis stimmt?**

Bedenken Sie, dass dabei die Punkt-vor-Strich-Regel gilt.

### Hierzu ein Beispiel

***Aufgabe***

**1)** 2 ____ 6 ____ 3 = 15

***Antwort***

**1)** 2 × 6 + 3 = 15

Es gibt nur eine Möglichkeit, die Aufgabe korrekt zu vervollständigen.

Bearbeiten Sie bitte die folgenden Aufgaben, indem Sie jeweils die richtigen Operatoren eintragen.

**36)** 10 ____ 15 ____ 8 = 3

**37)** 6 ____ 2 ____ 3 = 12

**38)** 7 ____ 2 ____ 3 = 1

**39)** 2 ____ 8 ____ 7 = 9

**40)** 12 ____ 2 ____ 8 = 16

**41)** 3 ____ 6 ____ 2 = 9

**42)** 17 ____ 9 ____ 3 = 11

**43)** 11 ____ 6 ____ 2 = 8

**44)** 2 ____ 3 ____ 2 = 12

**45)** 8 ____ 7 ____ 4 = 14

**46)** 7 ____ 8 ____ 4 = 5

**47)** 17 ____ 3 ____ 5 = 2

**48)** 1 ____ 4 ____ 4 = 17

**49)** 14 ____ 2 ____ 7 = 4

**50)** 18 ____ 3 ____ 2 = 4

## Dreisatz

*Bearbeitungszeit 10 Minuten*

Beantworten Sie bitte die folgenden Aufgaben, indem Sie jeweils den richtigen Lösungsbuchstaben markieren.

**51)** Herr Mayer benötigt für seine tägliche Lieferung 90 Minuten. Wie viel Zeit bräuchte er, wenn er sein Tempo verdoppeln würde?

**A.** Eine Viertelstunde
**B.** Eine halbe Stunde
**C.** Eine Dreiviertelstunde
**D.** Eine Stunde
**E.** Keine Antwort ist richtig.

**52)** Für einen Kundenauftrag setzt Herr Mayer vier Mitarbeiter ein. Nach 40 Stunden ist der Auftrag erledigt. Wie viele Mitarbeiter muss Herr Mayer einsetzen, um nach 20 Stunden fertig zu werden?

**A.** 5 Mitarbeiter
**B.** 6 Mitarbeiter
**C.** 7 Mitarbeiter
**D.** 8 Mitarbeiter
**E.** Keine Antwort ist richtig.

**53)** Zum Aussortieren von Obst brauchen zwölf Mitarbeiter vier Stunden. Wie viele Mitarbeiter bräuchten sechs Stunden für die gleiche Arbeit?

**A.** 6 Mitarbeiter
**B.** 8 Mitarbeiter
**C.** 10 Mitarbeiter
**D.** 12 Mitarbeiter
**E.** Keine Antwort ist richtig.

**54)** Ein Angestellter bearbeitet 20 Anträge in 60 Minuten. Wie lange wird er bei gleicher Arbeitsleistung für 240 Anträge benötigen?

**A.** 600 min
**B.** 10 h
**C.** 12 h
**D.** 780 min
**E.** Keine Antwort ist richtig.

**55)** Herr Mayer verkauft eine 0,75-Liter-Weinflasche für 3 €. In Zukunft möchte er auf 1-Liter-Flaschen umsteigen. Wie teuer müsste eine solche Flasche sein, um den gleichen Umsatz zu erzielen?

**A.** 3,60 €
**B.** 4 €
**C.** 4,20 €
**D.** 5 €
**E.** Keine Antwort ist richtig.

**56)** In einer Kantine wird von der Belegschaft, bestehend aus 140 Personen, in 5 Tagen 266 kg Obst verzehrt. Wie viel Kilogramm Obst würden im gleichen Zeitraum verbraucht, wenn die Belegschaft um 10 Personen aufgestockt würde?

**A.** 192 kg
**B.** 195 kg
**C.** 285 kg
**D.** 290 kg
**E.** Keine Antwort ist richtig.

**57)** 3 Fliesenleger verlegen die Fliesen in einem Badezimmer in 3,5 Stunden. Wie lange benötigen 7 Fliesenleger für dieselbe Arbeit?

**A.** 54 Minuten
**B.** 30 Minuten
**C.** 1,4 Stunden
**D.** 1,5 Stunden
**E.** Keine Antwort ist richtig.

**58)** Zur Herstellung von Ersatzteilen wird ein spezielles Blech in der Produktion verwendet. Für 200 Ersatzteile werden 1,5 Tonnen dieses Bleches verbraucht. Wie viel Blech wird für einen Kundenauftrag von 120 Ersatzteilen benötigt?

**A.** 900 kg
**B.** 1.100 kg
**C.** 1.200 kg
**D.** 1.500 kg
**E.** Keine Antwort ist richtig.

**59)** Der Laserprinter des Versicherungsunternehmens „Live" druckt 24.000 Zeilen pro Stunde. Wie lange benötigt er für 200 Seiten mit je 50 Zeilen?

**A.** 0,25 h
**B.** 25 min
**C.** 35 min
**D.** 45 min
**E.** Keine Antwort ist richtig.

**60)** Für die Produktion von 40 Maschinen setzt Herr Mayer acht Mitarbeiter für acht Arbeitstage jeweils 8 Stunden ein. Nun muss Herr Mayer einen dringenden Auftrag über 60 Maschinen in sechs Tagen bewältigen. Wie viel Arbeiter müsste er für diesen Auftrag einsetzen?

**A.** 12 Mitarbeiter
**B.** 14 Mitarbeiter
**C.** 16 Mitarbeiter
**D.** 20 Mitarbeiter
**E.** Keine Antwort ist richtig.

## Schätzaufgaben

*Bearbeitungszeit 10 Minuten*

Versuchen Sie nicht, die folgenden Aufgaben vollständig auszurechnen: Sie sollen die Ergebnisse geschickt schätzen! Einen **Taschenrechner dürfen Sie dazu nicht benutzen,** auch **schriftliche Nebenrechnungen sind unzulässig.**

**Bearbeitungstipps**

Konzentrieren Sie sich auf die Endziffern der Operanden, um die letzte Stelle des Ergebnisses zu ermitteln.

Ergebnisbereiche lassen sich durch eine Überschlagsrechnung mit gerundeten Werten abschätzen. Aber Vorsicht: Kleine Abweichungen bei Faktoren, Dividenden und Divisoren können das Ergebnis stark verändern.

Beantworten Sie bitte die folgenden Aufgaben, indem Sie jeweils den richtigen Lösungsbuchstaben markieren.

**61)** In welchem Bereich liegt das Ergebnis von: 8.576.725 – 4.392.124?

**A.** Zwischen 4.170.000 und 4.180.000

**B.** Zwischen 4.180.000 und 4.190.000

**C.** Zwischen 4.190.000 und 4.200.000

**D.** Zwischen 4.200.000 und 4.210.000

**E.** Zwischen 4.210.000 und 4.220.000

**62)** 26,8 % von 480 = ?

**A.** 98,44

**B.** 210,02

**C.** 118,98

**D.** 128,64

**E.** Keine Antwort ist richtig.

**63)** $4{,}3^3 = ?$

**A.** 125,89

**B.** 84,388

**C.** 63,797

**D.** 79,507

**E.** Keine Antwort ist richtig.

**64)** 32.225 × 23.003 = ?

**A.** 74.127.167
**B.** 741.271.673
**C.** 741.271.675
**D.** 745.562.170
**E.** 9.821.665

**65)** 23.888 – 13.966 – 712 = ?

**A.** 9.210
**B.** 10.120
**C.** 9.046
**D.** 11.228
**E.** Keine Antwort ist richtig.

**66)** 824 × 886 = ?

**A.** 730.064
**B.** 1.098.724
**C.** 654.068
**D.** 834.235
**E.** Keine Antwort ist richtig.

**67)** In welchem Bereich liegt das Ergebnis von:
4,1 × 3,7?

**A.** Zwischen 12,5 und 13
**B.** Zwischen 13 und 13,8
**C.** Zwischen 13,9 und 14,6
**D.** Zwischen 14,6 und 15,5
**E.** Zwischen 15,5 und 15,9

**68)** In welchem Bereich liegt das Ergebnis von:
125 ÷ 35?

**A.** Zwischen 2,8 und 3,1
**B.** Zwischen 3,1 und 3,4
**C.** Zwischen 3,4 und 3,7
**D.** Zwischen 3,7 und 4,0
**E.** Zwischen 4,0 und 4,3

**69)** 73,2 % von 845 = ?

**A.** 388,6
**B.** 546,99
**C.** 764,88
**D.** 618,54
**E.** Keine Antwort ist richtig.

**70)** In welchem Bereich liegt das Ergebnis von:
$3{,}9^2 \times 202$?

**A.** Zwischen 3.400 und 3.550
**B.** Zwischen 3.050 und 3.125
**C.** Zwischen 3.200 und 3.275
**D.** Zwischen 3.325 und 3.400
**E.** Zwischen 2.850 und 2.925

## Prozentrechnen

*Bearbeitungszeit 10 Minuten*

**Bei der Prozentrechnung sind drei Größen zu beachten: der Prozentsatz, der Prozentwert und der Grundwert. Zwei dieser Größen müssen gegeben sein, um die dritte Größe berechnen zu können.**

Beantworten Sie bitte die folgenden Aufgaben, indem Sie jeweils den richtigen Lösungsbuchstaben markieren.

**71)** Der Gesellschafter Herr Mayer hat vor drei Jahren einen Pkw für 40.000 € erworben. Nun möchte er das Fahrzeug verkaufen. Dafür könnte er einen Preis von 30.000 € erzielen – wie viel Prozent Wertverlust hätte Herr Mayer damit zu verzeichnen?

**A.** 10 %
**B.** 15 %
**C.** 20 %
**D.** 25 %
**E.** Keine Antwort ist richtig.

**72)** Ein kleiner Betrieb hat insgesamt 80 Mitarbeiter. Zwei Fünftel der Mitarbeiter arbeiten in der Produktion, drei Zehntel im Büro. Wie viel Prozent der Mitarbeiter arbeiten weder im Büro noch in der Produktion?

**A.** 20 %
**B.** 28 %
**C.** 30 %
**D.** 40 %
**E.** Keine Antwort ist richtig.

**73)** Das Versicherungsunternehmen „Live" beabsichtigt, eine Immobilie zu veräußern. Die Immobilie wurde für 85.000 € erworben. Der Gewinnzuschlag soll 35 Prozent betragen. Wie lautet der Verkaufspreis?

**A.** 80.500 €
**B.** 108.000 €
**C.** 114.750 €
**D.** 118.750 €
**E.** Keine Antwort ist richtig.

**74)** Herr Mayer erwirbt einen Restposten an CDs für 540 €. Da einige CDs schon leicht beschädigt sind, erhält er 5 % Rabatt. Welchen Betrag muss Herr Mayer zahlen?

**A.** 520 €
**B.** 525 €
**C.** 530 €
**D.** 513 €
**E.** Keine Antwort ist richtig.

**75)** Von 85 wahlberechtigten Beschäftigten haben 68 bei der Betriebsratswahl gewählt. Wie viel Prozent der wahlberechtigten Beschäftigten haben gewählt?

**A.** 50 %
**B.** 60 %
**C.** 70 %
**D.** 80 %
**E.** Keine Antwort ist richtig.

**76)** Durch seine langjährige Erfahrung im Handel konnte Herr Mayer den Preis für sein neues Fahrzeug von 42.000 € auf 33.600 € drücken. Wie viel Prozent Preisnachlass konnte Herr Mayer durch sein geschicktes Verhandeln erzielen?

**A.** 20 %
**B.** 25 %
**C.** 30 %
**D.** 35 %
**E.** Keine Antwort ist richtig.

**77)** Das Gehalt einer Mitarbeiterin wurde zuerst um 3 %, dann um 4 % erhöht und beträgt jetzt 2.678 €. Wie hoch war ihr Gehalt vor den beiden Lohnerhöhungen?

**A.** 2.000 €
**B.** 2.200 €
**C.** 2.500 €
**D.** 2.600 €
**E.** Keine Antwort ist richtig.

**78)** Herr Mayer möchte einen Artikel neu kalkulieren. Um das Angebot verlockender zu machen, möchte er jedem Kunden 20 Prozent Rabatt anbieten. Welcher Originalpreis muss hinterlegt sein, damit der rabattierte Verkaufspreis bei 120 € liegt?

**A.** 100 €
**B.** 110 €
**C.** 130 €
**D.** 150 €
**E.** Keine Antwort ist richtig.

**79)** Die Max Mayer Industriegesellschaft bietet die Produkte A, B und C an. Für das abgelaufene Kalenderjahr liegen folgende Umsätze vor:

| Produkt | Quartal 1 | Quartal 2 | Quartal 3 | Quartal 4 |
|---|---|---|---|---|
| A | 8.200 € | 10.100 € | 12.100 € | 8.300 € |
| B | 16.500 € | 15.200 € | 14.500 € | 7.980 € |
| C | 15.400 € | 16.900 € | 15.020 € | 14.600 € |

Wie hoch ist der Umsatzanteil von Produkt A?

**A.** 15 %
**B.** 20 %
**C.** 25 %
**D.** 30 %
**E.** Keine Antwort ist richtig.

**80)** Ein Artikel wird um 30 % reduziert. Nach zwei Tagen wird dieser Artikel wegen Lieferschwierigkeiten um 30 % im Preis erhöht. Wie viel Prozent des ursprünglichen Preises hat ein Käufer nach der Preiserhöhung trotzdem gespart?

**A.** 9 %
**B.** 7 %
**C.** 6 %
**D.** 5 %
**E.** Keine Antwort ist richtig.

# Zinsrechnen

*Bearbeitungszeit 10 Minuten*

**Bei der kaufmännischen Zinsrechnung werden dem Monat 30 Tage und dem Jahr 360 Tage zugrunde gelegt. Der Zinseszins kann unberücksichtigt bleiben, sofern die Aufgabenstellung nicht ausdrücklich etwas anderes verlangt.**

Beantworten Sie bitte die folgenden Aufgaben, indem Sie jeweils den richtigen Lösungsbuchstaben markieren.

**81)** Herr Mayer erhält 1.600 € Zinsen für einen Betrag, den er acht Monate zu einem Zinssatz von sechs Prozent fest angelegt hat. Welchen Betrag hat Herr Mayer fest angelegt?

**A.** 32.000 €
**B.** 34.000 €
**C.** 38.000 €
**D.** 40.000 €
**E.** Keine Antwort ist richtig.

**82)** Herr Mayer möchte kurzfristig seine Geldanlage auflösen. Für einen Geldbetrag von 60.000 € erhält er bei einem Zinssatz von sechs Prozent 1.500 € Zinsen. Wie lange war das Geld angelegt?

**A.** 80 Tage
**B.** 90 Tage
**C.** 100 Tage
**D.** 110 Tage
**E.** Keine Antwort ist richtig.

**83)** Herr Mayer erhält auf sein Sparbuch bei einer Verzinsung von sechs Prozent nach sechs Monaten einen Zins von 3.600 €. Welcher Betrag befindet sich auf seinem Sparbuch inklusive Zinsen?

**A.** 100.000 €
**B.** 120.000 €
**C.** 123.600 €
**D.** 133.600 €
**E.** Keine Antwort ist richtig.

**84)** Ein Betrag von 200 € soll zu einem Zinssatz von sechs Prozent für vier Monate angelegt werden. Welchen Betrag erhält man nach vier Monaten inklusive Zinsen zurück?

**A.** 180 €
**B.** 202 €
**C.** 204 €
**D.** 206 €
**E.** Keine Antwort ist richtig.

**85)** Herr Mayer legt 4.000 € für 9 Monate zu einem Zinssatz von fünf Prozent an. Wie viel Prozent des Gesamtbetrages machen die Zinsen aus?

**A.** 3 %
**B.** 3,75 %
**C.** 4 %
**D.** 4,75 %
**E.** Keine Antwort ist richtig.

**86)** Herr Mayer möchte 24.000 € für ein Jahr zu einem Zinssatz von fünf Prozent anlegen. Welchen Betrag erhält er nach einem Jahr inklusive Zinsen?

**A.** 24.500 €
**B.** 25.200 €
**C.** 26.000 €
**D.** 27.000 €
**E.** Keine Antwort ist richtig.

**87)** Für einen Anlagebetrag erhält Herr Mayer bei einem Zinssatz von 5,5 Prozent 550 € Zinsen im Jahr. Wie viel Geld hat Herr Mayer demnach angelegt?

**A.** 9.000 €
**B.** 9.500 €
**C.** 10.000 €
**D.** 10.500 €
**E.** Keine Antwort ist richtig.

**88)** Ein Geldinstitut bietet Herrn Mayer für den Betrag von 22.000 € einen Zinssatz von 12 % an, allerdings ist die Laufzeit auf ein halbes Jahr begrenzt. Wie viel Euro Zinsen gäbe es hier?

**A.** 500 €
**B.** 1.100 €
**C.** 1.320 €
**D.** 2.300 €
**E.** Keine Antwort ist richtig.

**89)** Herr Mayer möchte einen Sparvertrag vorzeitig auflösen und kündigt ihn nach sieben Monaten. Wie viel Zinsen hat er auf 42.000 € erhalten, wenn er das Geld zu sieben Prozent angelegt hat?

**A.** 1.600 €
**B.** 1.715 €
**C.** 1.815 €
**D.** 1.915 €
**E.** Keine Antwort ist richtig.

**90)** Ein Rentner erhält eine monatliche Rente in Höhe von 600 €. Welchen Betrag müsste er in festverzinsliche Wertpapiere zum Zins von fünf Prozent anlegen, um die gleiche Rendite zu erzielen?

**A.** 144.000 €

**B.** 158.000 €

**C.** 162.000 €

**D.** 168.000 €

**E.** Keine Antwort ist richtig.

## Gemischte Textaufgaben

*Bearbeitungszeit 10 Minuten*

Beantworten Sie bitte die folgenden Aufgaben, indem Sie jeweils den richtigen Lösungsbuchstaben markieren.

**91)** Für einen Geschäftswagen fallen monatlich 40 € Kfz-Steuern an. Wie hoch ist der Kfz-Steuersatz pro Kilometer, wenn monatlich 400 km gefahren werden?

**A.** 5 Cent
**B.** 10 Cent
**C.** 15 Cent
**D.** 20 Cent
**E.** Keine Antwort ist richtig.

**92)** Herr Mayer hat 12 Wassergläser zum Einzelpreis von 2 € gekauft. Da er festgestellt hat, dass es die falschen Gläser waren, möchte er diese nun gegen andere Wassergläser zum Einzelpreis von 3 € umtauschen. Wie viele neue Wassergläser erhält Herr Mayer?

**A.** 4 Wassergläser
**B.** 6 Wassergläser
**C.** 8 Wassergläser
**D.** 10 Wassergläser
**E.** Keine Antwort ist richtig.

**93)** Ein kleiner Betrieb hat insgesamt 80 Mitarbeiter. Zwei Fünftel der Mitarbeiter arbeiten in der Produktion, drei Zehntel im Büro. Wie viele Mitarbeiter arbeiten weder im Büro noch in der Produktion?

**A.** 18
**B.** 24
**C.** 32
**D.** 56
**E.** Keine Antwort ist richtig.

**94)** Die Mayer Handels GmbH möchte am Quartalsende eine Prämie von 35.000 € als Umsatzbeteiligung auszahlen. Herr Mayer hat doppelt so viel Umsatz erwirtschaftet wie Kollege B, dieser hat wiederum doppelt so viel Umsatz erzielt wie Kollege C. Wie hoch ist der Anteil von Herr Mayer?

**A.** 10.000 €
**B.** 15.000 €
**C.** 20.000 €
**D.** 25.000 €
**E.** Keine Antwort ist richtig.

**95)** Die Mayer Großhandels GmbH möchte einen Spezialboden in ihrer Lagerhalle einsetzen. Die Lagerhalle ist 80 m lang und 60 m breit. Auf einem Viertel der Fläche stehen Maschinen. Für diese Flächen soll ein hochwertiger Boden von 18 €/$m^2$ verlegt werden. Für den Rest der Lagerhalle wird ein Boden von 8 €/$m^2$ eingesetzt. Wie hoch ist der Preis für den neuen Bodenbelag der Lagerhalle?

**A.** 50.000 €
**B.** 52.000 €
**C.** 50.400 €
**D.** 52.400 €
**E.** Keine Antwort ist richtig.

**96)** Ein Grundstück von 16 m × 20 m soll nach beiden Richtungen um ein Viertel erweitert werden. Wie viel Quadratmeter hat das Grundstück nach der Erweiterung?

**A.** 400 $m^2$
**B.** 500 $m^2$
**C.** 600 $m^2$
**D.** 700 $m^2$
**E.** 900 $m^2$

**97)** Mitarbeiter Schulz soll pro Tag 100 Kartons Kopierpapier der Sorte „Meta Premium" versandbereit stellen. Um 12.00 Uhr hat er bereits 60 Kartons verpackt. Wie viele Kartons muss Mitarbeiter Schulz in der restlichen Zeit alle 30 Minuten verpacken, wenn er um 14 Uhr fertig werden möchte?

**A.** 5
**B.** 10
**C.** 15
**D.** 20
**E.** Keine Antwort ist richtig.

**98)** Auszubildender Müller möchte für seine neue Wohnung einen Teppichboden kaufen. Der Teppich mit einer Breite von 1,40 m kostet 196 €. Wie viel müsste ein gleichwertiger Teppich mit einer Breite von 1,60 m kosten?

**A.** 196 €
**B.** 202 €
**C.** 214 €
**D.** 224 €
**E.** Keine Antwort ist richtig.

**99)** Herr Mayer möchte in seinem 7-tägigen Urlaub täglich 60 € ausgeben. Wie lange würde er auskommen, wenn er stattdessen 70 € täglich ausgeben würde?

**A.** 4 Tage
**B.** 5 Tage
**C.** 6 Tage
**D.** 7 Tage
**E.** Keine Antwort ist richtig.

**100)** Bei einer Konferenz sind 6 Teilnehmer anwesend. Das sind $\frac{2}{14}$ der Belegschaft der gesamten Abteilung. Wie viele Mitarbeiter hat die Abteilung?

**A.** 42
**B.** 37
**C.** 28
**D.** 32
**E.** Keine Antwort ist richtig.

## Tabellen auswerten

*Bearbeitungszeit 5 Minuten*

**Welche Informationen liefert die Tabelle?**

Bitte analysieren Sie die Angaben und beantworten Sie die nachfolgenden Aufgaben, indem Sie jeweils den richtigen Buchstaben markieren.

**Konsumausgaben privater Haushalte**

Durchschnitt je Haushalt und Monat (Stand 2020)

| Konsumzweck | Ausgaben |
|---|---|
| Lebensmittel und Tabakwaren | 387 € |
| Bekleidung | 93 € |
| Wohnen | 923 € |
| Möbel und Haushaltsgeräte | 160 € |
| Gesundheit | 107 € |
| Verkehr | 325 € |
| Telekommunikation | 67 € |
| Freizeit und Kultur | 239 € |
| Bildung | 15 € |
| Ausgehen | 102 € |
| Sonstiges | 89 € |

*Quelle: Statistisches Bundesamt*

**101)** Wie hoch sind die durchschnittlichen monatlichen Konsumausgaben eines privaten Haushalts?

**A.** 2.296 €
**B.** 2.350 €
**C.** 2.507 €
**D.** 2.512 €
**E.** Keine Antwort ist richtig.

**102)** Wofür wird das meiste Geld ausgegeben?

**A.** Freizeit und Kultur
**B.** Lebensmittel und Tabakwaren
**C.** Verkehr
**D.** Wohnen
**E.** Keine Antwort ist richtig.

**103)** Wie viel könnte ein Privathaushalt monatlich sparen, wenn die Ausgaben für Verkehr sowie für Freizeit und Kultur um 25 % gesenkt werden könnten?

**A.** 140,50 €
**B.** 145,25 €
**C.** 141 €
**D.** 160 €
**E.** Keine Antwort ist richtig.

**104)** Für Möbel und Haushaltsgeräte werden durchschnittlich 160 € inklusive 19 % Mehrwertsteuer ausgegeben. Wie hoch ist der Nettobetrag ohne die Steuer?

**A.** 133,10 €
**B.** 134,45 €
**C.** 135,25 €
**D.** 136,12 €
**E.** Keine Antwort ist richtig.

**105)** Angenommen, die Kfz-Steuer macht 10 % der Verkehrsausgaben aus: Um welchen Betrag würden diese Ausgaben wachsen, wenn die Kfz-Steuer um 20 % stiege?

**A.** 4,89 €
**B.** 5,17 €
**C.** 6,50 €
**D.** 17,23 €
**E.** Keine Antwort ist richtig.

# Diagramm-Aufgaben

*Bearbeitungszeit 5 Minuten*

**Welche Informationen liefert das Diagramm?**

Bitte analysieren Sie das Schaubild und beantworten Sie die nachfolgenden Aufgaben, indem Sie jeweils den richtigen Buchstaben markieren.

**Trinkwasserverwendung im Haushalt**

Durchschnittswerte in Deutschland pro Einwohner und Tag, Angaben in Liter (Stand 2021)

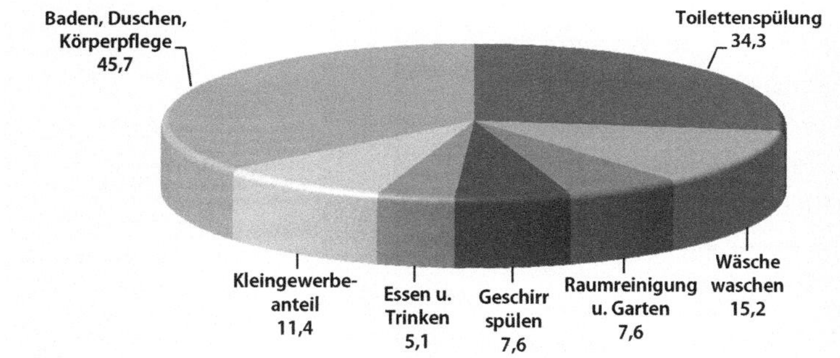


*Quelle: Bundesverband der Energie- und Wasserwirtschaft e. V.*

**106)** Wie viele Liter Wasser werden pro Kopf und Tag durchschnittlich verbraucht?

**A.** 126,9 l
**B.** 95,9 l
**C.** 143,8 l
**D.** 105,2 l
**E.** Keine Antwort ist richtig.

**107)** Wie groß ist der Prozentanteil der Toilettenspülung am durchschnittlichen Wasserverbrauch? Runden Sie das Ergebnis bitte auf zwei Nachkommastellen.

**A.** 30,25 %
**B.** 19,75 %
**C.** 23,54 %
**D.** 27,03 %
**E.** Keine Antwort ist richtig.

**108)** Wie viele Liter Wasser verbraucht eine vierköpfige Familie im Monat (30 Tage) allein zum Essen und Trinken?

**A.** 477 l
**B.** 612 l
**C.** 533 l
**D.** 718 l
**E.** Keine Antwort ist richtig.

**109)** Angenommen, der Wasserpreis beträgt 2,90 € pro Kubikmeter: Wie viel gibt eine vierköpfige Familie durchschnittlich am Tag für Baden, Duschen und Körperpflege aus? Runden Sie bitte auf $\frac{1}{10}$ Cent.

**A.** 67,5 Cent
**B.** 58,4 Cent
**C.** 46,4 Cent
**D.** 53,0 Cent
**E.** Keine Antwort ist richtig.

**110)** Wie hoch sind die Ausgaben der Familie für den jährlichen Wasserverbrauch (365 Tage)? Runden Sie bitte auf zwei Nachkommastellen.

**A.** 553,60 €
**B.** 537,28 €
**C.** 470,36 €
**D.** 580,67 €
**E.** Keine Antwort ist richtig.

# Lösungen: Mathematik

1) C
2) D
3) D
4) C
5) B
6) B
7) C
8) B
9) B
10) A
11) 6
12) 37
13) 100
14) 6
15) 333
16) 13
17) 29
18) 17
19) 20
20) 5
21) 6
22) 66
23) 10
24) 55
25) 24
26) A
27) C
28) A
29) B
30) A
31) C
32) B
33) A
34) A
35) A
36) − | +
37) + | ×
38) − | ×
39) × | −
40) × | −
41) × | ÷
42) − | +
43) − | ÷
44) × | ×
45) × | ÷
46) − | ÷
47) − | ×
48) + | ×
49) × | ÷
50) ÷ | −
51) C
52) D
53) B
54) C
55) B
56) C
57) D
58) A
59) B
60) C
61) B
62) D
63) D
64) C
65) A
66) A
67) D
68) C
69) D
70) B
71) D
72) C
73) C
74) D
75) D
76) A
77) C
78) D
79) C
80) A
81) D
82) E
83) C
84) C
85) B
86) B
87) C
88) C
89) B
90) A

| | | |
|---|---|---|
| 91) B | 98) D | 105) C |
| 92) C | 99) C | 106) A |
| 93) B | 100) A | 107) D |
| 94) C | 101) C | 108) B |
| 95) C | 102) D | 109) D |
| 96) B | 103) C | 110) B |
| 97) B | 104) B | |

### *Grundrechenarten (Aufgaben 1–10)*

**Zu 1) C.** 60

Es gilt die Punkt-vor-Strich-Regel.

$10 + 5 \times 10 = 10 + 50 = 60$

**Zu 2) D.** 64

Das Ergebnis lautet 64.

$4 \times 4 \times 4 = 64$

**Zu 3) D.** 120

Das Ergebnis lautet 120.

Es gilt die Punkt-vor-Strich-Regel.

$40 \div 0{,}5 + 40 = 80 + 40 = 120$

**Zu 4) C.** 32.762

Das Ergebnis lautet 32.762.

$$\begin{array}{lr} & 827.614 \\ - & 794.852 \\ {\scriptstyle -} & {\scriptstyle 1\ \ 1\ \ 1} \\ \hline = & 32.762 \end{array}$$

**Zu 5) B.** 107.999

Das Ergebnis lautet 107.999.

$$\begin{array}{lr} & 194.256 \\ - & 86.257 \\ {\scriptstyle -} & {\scriptstyle 1\ 1\ \ 1\ 1} \\ \hline = & 107.999 \end{array}$$

**Zu 6) B.** 14.614

Das Ergebnis lautet 14.614.

$$\begin{array}{lr} & 12.082 \\ + & 2.376 \\ + & 156 \\ {\scriptstyle +} & {\scriptstyle 2\ 1} \\ \hline = & 14.614 \end{array}$$

**Zu 7) C.** 63.624.504

Das Ergebnis lautet 63.624.504.

$$\begin{array}{lr} & 12156 \times 5234 \\ \hline & 60780000 \\ + & 2431200 \\ + & 364680 \\ + & 48624 \\ {\scriptstyle +} & {\scriptstyle 1\ 2\ 1\ 1\ 1} \\ \hline = & 63624504 \end{array}$$

**Zu 8) B.** 168

Das Ergebnis lautet 168.

$94584 \div 563 = 168$

563

1

3828

3378

1

4504

4504

0

**Zu 9) B.** 28.926

Das Ergebnis lautet 28.926.

$520668 \div 18 = 28926$

36

160

144

166

162

46

36

108

108

0

**Zu 10) A.** 4

Das Ergebnis lautet 4. Beachten Sie die Punkt-vor-Strich-Regel.

$-4 \times 2 = -8$

$(-3) \times 4 = -12$

$-8 - (-12) = 4$

***Kettenrechnen (Aufgaben 11–25)***

**Zu 11)** $3 \times 6 \div 9 + 3 \times 9 \div 3 \times 2 - 3 \times 2 \div 9 = \boldsymbol{6}$

**Zu 12)** $9 \times 4 \div 6 \times 3 + 4 - 3 \times 2 + 4 \div 6 \times 5 + 2 = \boldsymbol{37}$

**Zu 13)** $84 + 14 \div 7 + 12 \div 2 \times 7 + 8 \div 3 - 5 \times 2 + 44 = \boldsymbol{100}$

**Zu 14)** $8 \times 8 - 8 \div 8 + 7 + 11 \div 5 \times 6 + 4 \div 2 + 1 \div 3 = \boldsymbol{6}$

**Zu 15)** $30 \div 6 + 23 + 46 - 2 \div 8 \times 9 + 9 + 909 \div 3 = \boldsymbol{333}$

**Zu 16)** $1 \times 2 + 3 \times 4 - 5 \times 2 + 15 \div 9 \times 10 - 11 \div 3 = \boldsymbol{13}$

**Zu 17)** $9 \times 8 \div 6 - 5 \times 7 + 6 \div 5 + 9 \times 3 \div 2 - 1 = \boldsymbol{29}$

**Zu 18)** $14 \times 3 \div 6 \times 7 + 7 \div 8 + 9 \div 8 \times 7 + 9 \times 2 + 5 \div 3 = \boldsymbol{17}$

**Zu 19)** $27 \div 3 + 18 \div 3 \times 2 + 118 - 30 \div 2 + 3 \div 7 \div 2 + 16 = \mathbf{20}$

**Zu 20)** $1.550 - 26 + 12 \div 3 \times 2 \div 4 - 156 - 20 \div 16 = \mathbf{5}$

**Zu 21)** $57 - 12 \div 9 + 12 - 3 \div 2 - 3 \times 5 + 6 \div 2 \times 3 - 3 \div 6 = \mathbf{6}$

**Zu 22)** $2 \times 2 + 2 \div 2 + 2 \times 2 - 2 + 22 \div 2 + 2 \times 2 - 2 \times 2 + 2 = \mathbf{66}$

**Zu 23)** $5 \times 5 + 3 \div 4 + 2 \times 2 - 3 \times 3 \div 9 + 9 \times 6 - 6 - 8 \div 7 = \mathbf{10}$

**Zu 24)** $24 + 17 \times 2 + 3 \div 5 + 4 \div 7 \times 2 + 19 \div 5 + 1 \times 8 + 7 = \mathbf{55}$

**Zu 25)** $4 + 8 \times 3 \div 6 + 9 \div 5 + 6 - 5 \times 4 + 4 \div 5 \times 6 = \mathbf{24}$

***Bruchrechnen (Aufgaben 26–35)***

**Zu 26) A.** 0,125

Zähler geteilt durch Nenner:

$$\frac{1}{8} = 0{,}125$$

**Zu 27) C.** $\frac{5}{8}$

Brüche werden subtrahiert, indem man den gemeinsamen Nenner findet, die Zähler subtrahiert und den Nenner beibehält. Das Ergebnis ist so weit wie möglich zu kürzen:

$$\frac{3}{4} - \frac{1}{8} = \frac{6}{8} - \frac{1}{8} = \frac{5}{8}$$

**Zu 28) A.** 1

Brüche werden addiert, indem man den gemeinsamen Nenner findet, die Zähler addiert und den Nenner beibehält. Das Ergebnis ist so weit wie möglich zu kürzen:

$$\frac{6}{9} + \frac{1}{3} = \frac{2}{3} + \frac{1}{3} = \frac{3}{3} = 1$$

**Zu 29) B.** $\frac{19}{15}$

Brüche werden addiert, indem man den gemeinsamen Nenner findet, diesen beibehält und die Zähler miteinander addiert. Das Ergebnis ist so weit wie möglich zu kürzen:

$$\frac{3}{5} + \frac{2}{3} = \frac{9}{15} + \frac{10}{15} = \frac{19}{15}$$

**Zu 30) A.** $-\frac{1}{6}$

Brüche werden subtrahiert, indem man den gemeinsamen Nenner findet, diesen beibehält und die Zähler voneinander subtrahiert. Das Ergebnis ist so weit wie möglich zu kürzen:

$$\frac{2}{4} - \frac{4}{6} = \frac{6}{12} - \frac{8}{12} = -\frac{2}{12} = -\frac{1}{6}$$

**Zu 31) C.** 6

$$2\frac{1}{4}+3\frac{6}{8}=\frac{9}{4}+\frac{15}{4}=\frac{24}{4}=6$$

Gemischte Zahlen sollten in Brüche umgewandelt werden. Danach werden die Brüche addiert, indem man den gemeinsamen Nenner findet, diesen beibehält und die Zähler miteinander addiert.

**Zu 32) B.** $2\frac{5}{17}$

Brüche werden multipliziert, indem man jeweils ihre Zähler und Nenner miteinander malnimmt. Das Ergebnis ist hier so weit wie möglich zu kürzen und als gemischte Zahl zu schreiben:

$$\frac{13}{4}\times\frac{12}{17}=\frac{156}{68}=\frac{39}{17}=2\frac{5}{17}$$

**Zu 33) A.** $8\frac{3}{10}$

Gemischte Zahlen sollten zunächst in reine Brüche umgewandelt werden. Brüche werden addiert, indem man sie auf einen gemeinsamen Nenner bringt, ihre Zähler addiert und den Nenner beibehält. Anschließend ist das Ergebnis hier so weit wie möglich zu kürzen und als gemischte Zahl zu schreiben:

$$3\frac{4}{5}+4{,}5=\frac{19}{5}+\frac{9}{2}=\frac{38}{10}+\frac{45}{10}=\frac{83}{10}$$
$$=8\frac{3}{10}$$

**Zu 34) A.** $5\frac{5}{6}$

Gemischte Zahlen sollten zunächst in reine Brüche umgewandelt werden. Brüche werden addiert, indem man sie auf einen gemeinsamen Nenner bringt, ihre Zähler addiert und den Nenner beibehält. Anschließend ist das Ergebnis hier so weit wie möglich zu kürzen und als gemischte Zahl zu schreiben:

$$2\frac{2}{4}+3\frac{2}{6}=\frac{10}{4}+\frac{20}{6}=\frac{30}{12}+\frac{40}{12}=\frac{70}{12}$$
$$=\frac{35}{6}=5\frac{5}{6}$$

**Zu 35) A.** 0,4

Gemischte Zahlen sollten zunächst in reine Brüche umgewandelt werden:

$$\left(8\frac{5}{7}+8\frac{16}{21}-10\frac{2}{3}\right)\div 17\frac{1}{42}$$
$$=\left(\frac{61}{7}+\frac{184}{21}-\frac{32}{3}\right)\div\frac{715}{42}$$

Brüche werden addiert bzw. subtrahiert, indem man sie auf einen gemeinsamen Nenner bringt, die Zähler addiert bzw. subtrahiert und den Nenner beibehält:

$$\left(\frac{61}{7}+\frac{184}{21}-\frac{32}{3}\right)\div\frac{715}{42}$$
$$=\left(\frac{366}{42}+\frac{368}{42}-\frac{448}{42}\right)\div\frac{715}{42}$$
$$=\frac{286}{42}\div\frac{715}{42}$$

Brüche werden dividiert, indem man den ersten Wert (Dividend) mit dem Kehrwert des zweiten Werts (des Divisors, durch den geteilt werden soll) multipliziert. Anschließend ist das Ergebnis so weit wie möglich zu kürzen:

$$\frac{286}{42} \div \frac{715}{42} = \frac{286}{42} \times \frac{42}{715} = \frac{286}{715} = \frac{2}{5}$$
$$= 0{,}4$$

***Rechenzeichen ergänzen (Aufgaben 36–50)***

**Zu 36)** $10 \underline{-} 15 \underline{+} 8 = 3$

**Zu 37)** $6 \underline{+} 2 \underline{\times} 3 = 6 + 6 = 12$

**Zu 38)** $7 \underline{-} 2 \underline{\times} 3 = 7 - 6 = 1$

**Zu 39)** $2 \underline{\times} 8 \underline{-} 7 = 9$

**Zu 40)** $12 \underline{\times} 2 \underline{-} 8 = 24 - 8 = 16$

**Zu 41)** $3 \underline{\times} 6 \underline{\div} 2 = 18 \div 2 = 9$

**Zu 42)** $17 \underline{-} 9 \underline{+} 3 = 11$

**Zu 43)** $11 \underline{-} 6 \underline{\div} 2 = 11 - 3 = 8$

**Zu 44)** $2 \underline{\times} 3 \underline{\times} 2 = 6 \times 2 = 12$

**Zu 45)** $8 \underline{\times} 7 \underline{\div} 4 = 56 \div 4 = 14$

**Zu 46)** $7 \underline{-} 8 \underline{\div} 4 = 7 - 2 = 5$

**Zu 47)** $17 \underline{-} 3 \underline{\times} 5 = 17 - 15 = 2$

**Zu 48)** $1 \underline{+} 4 \underline{\times} 4 = 17$

**Zu 49)** $14 \underline{\times} 2 \underline{\div} 7 = 28 \div 7 = 4$

**Zu 50)** $18 \underline{\div} 3 \underline{-} 2 = 6 - 2 = 4$

***Dreisatz (Aufgaben 51–60)***

**Zu 51) C.** Eine Dreiviertelstunde

Herr Mayer bräuchte bei doppeltem Tempo die halbe Zeit, also eine Dreiviertelstunde.

90 min ÷ 2 = 45 min

**Zu 52) D.** 8 Mitarbeiter

Herr Mayer müsste acht Mitarbeiter einsetzen, um den Auftrag in 20 Stunden zu bewältigen.

4 × 40 h = 160 h Gesamtzeit

160 h ÷ 20 h = 8 Mitarbeiter

**Zu 53) B.** 8 Mitarbeiter

8 Mitarbeiter bräuchten für die gleiche Arbeit sechs Stunden.

12 Mitarbeiter × 4 h = 48 h

48 h ÷ 6 h = 8 Mitarbeiter

**Zu 54) C.** 12 h

Er wird zwölf Stunden benötigen.

60 min ÷ 20 = 3 min pro Antrag

240 × 3 min = 720 min

720 min ÷ 60 = 12 h

**Zu 55) B.** 4 €

Um den gleichen Umsatz zu erzielen, müsste die 1-Liter-Flasche 4 € kosten.

3 € ÷ 0,75 × 1 = 4 €

**Zu 56) C.** 285 kg

Es werden 285 kg Obst benötigt.

140 + 10 = 150 Personen

266 kg ÷ 140 × 150 = 285 kg Obst

**Zu 57) D.** 1,5 Stunden

Ein einziger Fliesenleger würde für die gleiche Arbeit das Dreifache an Zeit benötigen:

3 × 3,5 h = 10,5 h

7 Fliesenleger erledigen die Arbeit in 1/7 dieser Zeit:

10,5 h ÷ 7 = 1,5 h

7 Fliesenleger verlegen die Fliesen im Badezimmer in 1,5 Stunden.

**Zu 58) A.** 900 kg

Für den Kundenauftrag werden 900 kg Blech benötigt.

1.500 kg ÷ 200 Teile = 7,5 kg pro Ersatzteil

7,5 kg × 120 Ersatzteile = 900 kg

**Zu 59) B.** 25 min

Für 200 Seiten würde der Drucker 25 Minuten benötigen.

24.000 ÷ 60 = 400 Zeilen pro min

200 × 50 = 10.000 Zeilen

10.000 ÷ 400 = 25 min

**Zu 60) C.** 16 Mitarbeiter

Herr Mayer müsste für den zweiten Auftrag 16 Mitarbeiter einsetzen.

8 Mitarbeiter × 8 d × 8 h = 512 h

512 h ÷ 40 Maschinen = 12,8 h pro Maschine

12,8 h/Maschine × 60 Maschinen = 768 h

768 h ÷ (6 d × 8 h) = 16 Mitarbeiter

***Schätzaufgaben (Aufgaben 61–70)***

**Zu 61) B.** Zwischen 4.180.000 und 4.190.000

Die angegebenen Zahlenblöcke decken jeweils 10.000er-Bereiche ab, daher empfiehlt sich der Überschlag mit Tausenderwerten: 8.576 – 4.392 = 4.184. Durch die vernachlässigten Hunderter, Zehner und Einer kann das Ergebnis auf keinen Fall kleiner als 4.180.000 oder größer als 4.190.000 werden. Antwort B stimmt.

**Zu 62) D.** 128,64

Für die Schätzung kann statt 26,8 ein handlicherer Wert von 25 % – das entspricht 1/4 – angenommen werden. Ein Viertel von 480 ist 120. Das Endergebnis muss leicht darüber liegen.

**Zu 63) D.** 79,507

Betrachtet man nur die Nachkommastelle, erhält man:

$3^3 = 3 \times 3 \times 3 = 27$

Die letzte Ziffer des Ergebnisses lautet also 7. Per Überschlag erkennt man außerdem, dass die Lösung größer sein muss als 64 ($4^3$). Beide dieser Bedingungen erfüllt nur Vorschlag D.

**Zu 64) C.** 741.271.675

Durch die Multiplikation der letzten Ziffern beider Zahlen erhält man die Zahl 15, die Endziffer des Lösungswerts lautet also 5. Außerdem muss das Produkt zweier fünfstelliger Faktoren mindestens neunstellig, es darf aber höchstens zehnstellig sein. Diese Bedingungen erfüllt nur Antwort C.

**Zu 65) A.** 9.210

Die letzte Ziffer der Lösung lässt sich berechnen, indem man nur die Endziffern der einzelnen Werte betrachtet:

$8 - 6 - 2 = 0$

Die letzte Ziffer des Endergebnisses lautet also 0. Per Überschlag stellt man außerdem fest, dass die gesuchte Zahl kleiner als 10.000 sein muss (23.8xx – 13.9xx < 10.000). Beide dieser Bedingungen erfüllt nur Antwort A.

**Zu 66) A.** 730.064

Die letzte Ziffer der Lösung lässt sich berechnen, indem man nur die Endziffern der einzelnen Werte betrachtet:

$4 \times 6 = 24$

Die letzte Ziffer des Endergebnisses lautet also 4. Da zwei dreistellige Zahlen multipliziert werden, kann die Lösung außerdem höchstens sechsstellig sein. Beide dieser Bedingungen erfüllt nur Antwort A.

**Zu 67) D.** Zwischen 14,6 und 15,5

Runden Sie zunächst den Faktor, der am nächsten an einer ganzen Zahl liegt, und multiplizieren Sie ihn mit dem anderen Faktor: $4 \times 3{,}7 = 14{,}8$. Somit kommen Sie dem tatsächlichen Ergebnis ausreichend nahe, da die vernachlässigte Nachkommastelle 0,1 nur zu einer geringen Erhöhung führen kann ($0{,}1 \times 3{,}7 = 0{,}37$).

**Zu 68) C.** Zwischen 3,4 und 3,7

Die erste Stelle des Ergebnisses muss 3 lauten, da der Divisor dreimal vollständig in den Dividenden hineinpasst: $3 \times 35 = 105$. Es verbleibt ein Rest von 20 (125 – 105). Die erste Nachkommastelle des Ergebnisses berechnen Sie, indem Sie den Rest mit 10 multiplizieren und prüfen, wie oft der Divisor in den erhaltenen Wert hineinpasst: 200 ÷ 35 = 5, Rest 25. Das Ergebnis beginnt also mit 3,5 und liegt demnach zwischen 3,4 und 3,7; Antwort C stimmt.

**Zu 69) D.** 618,54

Für die Schätzung kann statt 73,5 % ein handlicherer Wert von 75 % – oder drei Viertel – angenommen werden. Statt mit 845 empfiehlt es sich dann, mit einer überschaubaren, durch 4 teilbaren Zahl zu rechnen, z. B. mit 840. Der Überschlag sieht dann wie folgt aus:

$840 \div 4 = 210$

$210 \times 3 = 630$

Drei Viertel von 840 sind 630. Damit hat man sich dem tatsächlichen Ergebnis der Aufgabe (618,54) ausreichend angenähert.

**Zu 70) B.** Zwischen 3.050 und 3.125

Überschlagen Sie mit gerundeten Werten: Die zweite Potenz von 3,9 liegt nahe an der zweiten Potenz von 4, und die lautet 16. Multipliziert mit 200, ergibt sich 3.200. Da das Aufrunden der Potenz durch das Abrunden des zweiten Faktors nicht ausgeglichen wird, ist das tatsächliche Ergebnis etwas kleiner – als richtige Lösung kommt nur der Bereich zwischen 3.050 und 3.125 infrage.

***Prozentrechnen (Aufgaben 71–80)***

**Zu 71) D.** 25 %

Der Wertverlust läge bei 10.000 €, das sind 25 %.

40.000 € – 30.000 € = 10.000 € Wertverlust

$$\text{Prozentsatz} = \frac{\text{Prozentwert} \times 100}{\text{Grundwert}}$$

$$\text{Prozentsatz} = \frac{10.000\,€ \times 100}{40.000\,€} = 25\,\%$$

**Zu 72) C.** 30 %

30 % der Mitarbeiter arbeiten weder im Büro noch in der Produktion.

Anteil Mitarbeiter Büro und Produktion:

$$\frac{2}{5} + \frac{3}{10} = \frac{4}{10} + \frac{3}{10} = \frac{7}{10}$$

Weder Büro noch Produktion:

$$80 - (80 \times \frac{7}{10}) = 80 - 56$$

= 24 Mitarbeiter

$$\text{Prozentsatz} = \frac{\text{Prozentwert} \times 100}{\text{Grundwert}}$$

$$\text{Prozentsatz} = \frac{24 \times 100}{80} = 30\,\%$$

**Zu 73) C.** 114.750 €

Der Verkaufspreis für die Immobilie müsste 114.750 € betragen.

$$\text{Prozentwert} = \frac{\text{Grundwert} \times \text{Prozentsatz}}{100}$$

$$\text{Prozentwert} = \frac{85.000\,€ \times 135}{100}$$

$$= 114.750\,€$$

**Zu 74) D.** 513 €

Herr Mayer muss abzüglich 5 % Rabatt 513 € zahlen.

$$\text{Prozentwert} = \frac{\text{Grundwert} \times \text{Prozentsatz}}{100}$$

$$\text{Prozentwert} = \frac{540\,€ \times 95\,\%}{100} = 513\,€$$

**Zu 75) D.** 80 %

80 % der wahlberechtigten Beschäftigten haben bei der Betriebsratswahl gewählt.

$$\text{Prozentsatz} = \frac{\text{Prozentwert} \times 100}{\text{Grundwert}}$$

$$\text{Prozentsatz} = \frac{68 \times 100}{85} = 80\,\%$$

**Zu 76) A.** 20 %

Herr Mayer konnte durch seine Verhandlung 20 % Rabatt erzielen.

$$\text{Prozentsatz} = \frac{\text{Prozentwert} \times 100}{\text{Grundwert}}$$

$$\text{Prozentsatz} = \frac{8.400\,€ \times 100}{42.000\,€} = 20\,\%$$

**Zu 77) C.** 2.500 €

Das Gehalt betrug vor den beiden Lohnerhöhungen 2.500 €.

$$\text{Grundwert} = \frac{\text{Prozentwert} \times 100}{\text{Prozentsatz}}$$

$$\text{Grundwert} = \frac{2.678\,€ \times 100}{103\,\%} = 2.600\,€$$

$$\text{Grundwert} = \frac{2.600\,€ \times 100}{104\,\%} = 2.500\,€$$

**Zu 78) D.** 150 €

Herr Mayer muss den Artikel für mindestens 150 € anbieten, um nach Abzug von 20 Prozent noch einen Preis von 120 € zu erzielen.

$$\text{Grundwert} = \frac{\text{Prozentwert} \times 100}{\text{Prozentsatz}}$$

$$\text{Grundwert} = \frac{120\,€ \times 100}{80} = 150\,€$$

**Zu 79) C.** 25 %

Der Umsatzanteil von Produkt A beträgt 25 %.

Produkt A: 8.200 € + 10.100 € + 12.100 € + 8.300 € = 38.700 €

Produkt B: 16.500 € + 15.200 € + 14.500 € + 7.980 € = 54.180 €

Produkt C: 15.400 € + 16.900 € + 15.020 € + 14.600 € = 61.920 €

Summe: 38.700 € + 54.180 € + 61.920 € = 154.800 €

$$\text{Prozentsatz} = \frac{\text{Prozentwert} \times 100}{\text{Grundwert}}$$

$$\text{Prozentsatz} = \frac{38.700\,€ \times 100}{154.800\,€} = 25\,\%$$

**Zu 80) A.** 9 %

Der Käufer hätte eine Ersparnis von 9 % vom ursprünglichen Preis.

Beispiel bei einem ursprünglichen Kaufpreis von 100 €:

$$\text{Prozentwert} = \frac{\text{Grundwert} \times \text{Prozentsatz}}{100}$$

$$\text{Prozentwert} = \frac{100\,€ \times 70\,\%}{100} = 70\,€$$

um 30 % reduzierter Preis

$$\text{Prozentwert} = \frac{70\,€ \times 130\,\%}{100} = 91\,€$$

um 30 % erhöhter Preis

100 € – 91 € = 9 € Ersparnis

$$\text{Prozentsatz} = \frac{\text{Prozentwert} \times 100}{\text{Grundwert}}$$

$$\frac{9\,€ \times 100}{100\,€} = 9\,\%$$

## *Zinsrechnen (Aufgaben 81–90)*

**Zu 81) D.** 40.000 €

Herr Mayer hat einen Betrag von 40.000 € für acht Monate angelegt.

$$\text{Kapital} = \frac{\text{Zinsen} \times 100 \times 360\,\text{d}}{\text{Zinssatz} \times \text{Tage}}$$

$$\text{Kapital} = \frac{1.600\,€ \times 100 \times 360\,\text{d}}{6\,\% \times 240\,\text{d}}$$

$$= 40.000\,€$$

**Zu 82) E.** Keine Antwort ist richtig.

Das Geld war 150 Tage angelegt.

$$\text{Tage} = \frac{\text{Zinsen} \times 100 \times 360\,\text{d}}{\text{Kapital} \times \text{Zinssatz}}$$

$$\text{Tage} = \frac{1.500\,€ \times 100 \times 360\,\text{d}}{60.000\,€ \times 6\,\%} = 150\,\text{d}$$

**Zu 83) C.** 123.600 €

Herr Mayer hat nach sechs Monaten einen Gesamtbetrag von 123.600 € auf seinem Sparbuch.

$$\text{Kapital} = \frac{\text{Zinsen} \times 100 \times 360\,\text{d}}{\text{Zinssatz} \times \text{Tage}}$$

$$\text{Kapital} = \frac{3.600\,€ \times 100 \times 360\,\text{d}}{6\,\% \times 180\,\text{d}}$$

$$= 120.000\,€$$

Betrag = 120.000 € + 3.600 €
= 123.600 €

**Zu 84) C.** 204 €

Nach vier Monaten erhält man einen Betrag von 204 € inklusive Zinsen zurück.

$$\text{Zinsen} = \frac{\text{Kapital} \times \text{Zinssatz} \times \text{Tage}}{100 \times 360\,\text{d}}$$

$$\text{Zinsen} = \frac{200\,€ \times 6\,\% \times 120\,d}{100 \times 360\,d} = 4\,€$$

Betrag = 200 € + 4 € = 204 €

**Zu 85) B.** 3,75 %

Herr Mayer erhält 150 € Zinsen, das sind 3,75 % des angelegten Betrags.

$$\text{Zinsen} = \frac{\text{Kapital} \times \text{Zinssatz} \times \text{Tage}}{100 \times 360\,d}$$

$$\text{Zinsen} = \frac{4.000\,€ \times 5 \times 270\,d}{100 \times 360\,d} = 150\,€$$

$$\text{Prozentsatz} = \frac{\text{Prozentwert} \times 100}{\text{Grundwert}}$$

$$\text{Prozentsatz} = \frac{150\,€ \times 100}{4.000\,€} = 3{,}75\,\%$$

**Zu 86) B.** 25.200 €

Herr Mayer erhält nach einem Jahr inklusive Zinsen einen Betrag von 25.200 €.

$$\text{Zinsen} = \frac{\text{Kapital} \times \text{Zinssatz} \times \text{Tage}}{100 \times 360\,d}$$

$$\text{Zinsen} = \frac{24.000 \times 5\,\% \times 360\,d}{100 \times 360\,d} = 1.200\,€$$

Betrag = 24.000 € + 1.200 €
= 25.200 €

**Zu 87) C.** 10.000 €

Herr Mayer hat einen Betrag von 10.000 € angelegt.

$$\text{Kapital} = \frac{\text{Zinsen} \times 100 \times 360\,d}{\text{Zinssatz} \times \text{Tage}}$$

$$\text{Kapital} = \frac{550\,€ \times 100 \times 360\,d}{5{,}5\,\% \times 360\,d} = 10.000\,€$$

**Zu 88) C.** 1.320 €

Hier gäbe es 1.320 € Zinsen.

$$\text{Zinsen} = \frac{\text{Kapital} \times \text{Zinssatz} \times \text{Tage}}{100 \times 360\,d}$$

$$\text{Zinsen} = \frac{22.000\,€ \times 12 \times 180\,d}{100 \times 360\,d}$$

$$= 1.320\,€$$

**Zu 89) B.** 1.715 €

Herr Mayer würde für die sieben Monate Zinsen in Höhe von 1.715 € erhalten.

$$\text{Zinsen} = \frac{\text{Kapital} \times \text{Zinssatz} \times \text{Tage}}{100 \times 360\,d}$$

$$\text{Zinsen} = \frac{42.000\,€ \times 7\,\% \times 210\,d}{100 \times 360\,d}$$

$$= 1.715\,€$$

**Zu 90) A.** 144.000 €

Er müsste einen Betrag in Höhe von 144.000 € anlegen.

600 € × 12 = 7.200 €

$$\text{Grundwert} = \frac{\text{Prozentwert} \times 100}{\text{Prozentsatz}}$$

$$\text{Grundwert} = \frac{7.200\,€ \times 100}{5} = 144.000\,€$$

## *Gemischte Textaufgaben (Aufgaben 91–100)*

**Zu 91) B.** 10 Cent

Der Steuersatz pro Kilometer beträgt in diesem Fall 10 Cent.

40€ ÷ 400 km = 0,10 €/km

**Zu 92) C.** 8 Wassergläser

Herr Mayer würde 8 neue Wassergläser erhalten.

Preis alte Gläser: 12 × 2 € = 24 €

Anzahl neue Gläser: 24 € ÷ 3 € = 8

**Zu 93) B.** 24

24 Mitarbeiter arbeiten weder im Büro noch in der Produktion.

Anteil Mitarbeiter Büro und Produktion:

$$\frac{2}{5}+\frac{3}{10}=\frac{4}{10}+\frac{3}{10}=\frac{7}{10}$$

Weder Büro noch Produktion:

$$80-(80\times\frac{7}{10})=80-56$$

= 24 Mitarbeiter

**Zu 94) C.** 20.000 €

Der Anteil von Herrn Mayer beträgt 20.000 €.

Die Prämie ist im Verhältnis 4 : 2 : 1 (7 Teile) zu verteilen.

35.000 € ÷ 7 = 5.000 €

5.000 € × 4 = 20.000 €

**Zu 95) C.** 50.400 €

Der neue Bodenbelag der Lagerhalle wird 50.400 € kosten.

80 m × 60 m = 4.800 $m^2$ Gesamtfläche

Hochwertige Fläche: ¼ × 4.800 $m^2$ = 1.200 $m^2$

Preis für die hochwertige Fläche = 1.200 $m^2$ × 18 € = 21.600 €

Sonstige Fläche: ¾ × 4.800 $m^2$ = 3.600 $m^2$

Preis für die sonstige Fläche = 3.600 $m^2$ × 8 € = 28.800 €

Gesamtbetrag = 21.600 € + 28.800 € = 50.400 €

**Zu 96) B.** 500 $m^2$

Das Grundstück hätte 500 $m^2$ Fläche:

(16 m + ¼ × 16 m) × (20 m + ¼ × 20 m) = ( 16 m + 4 m) × (20 m + 5 m) = 20 $m^2$ + 25 $m^2$ = 500 $m^2$

**Zu 97) B.** 10

Mitarbeiter Schulz muss alle 30 Minuten 10 Kartons fertigstellen, wenn er um 14.00 Uhr fertig werden möchte.

Restzeit: 2 h = 120 Min

40 Kartons ÷ 120 min × 30 min = 10 Kartons

**Zu 98) D.** 224 €

Der Teppich müsste 224 € kosten.

196 € ÷ 1,40 m = 140 €/m

140 €/m × 1,60 m = 224 €

**Zu 99) C.** 6 Tage

Herr Mayer würde bei einer täglichen Ausgabe von 70 € genau sechs Tage auskommen.

7 d × 60 € = 420 €

420 € ÷ 70 € = 6 d

**Zu 100) A.** 42

Wenn 6 Teilnehmer einem Anteil von $\frac{2}{14}$ entsprechen, entsprechen 3 Anwesende einem Anteil von $\frac{1}{14}$. Die ganze Abteilung hat demnach vierzehn Mal so viele Mitarbeiter – insgesamt 42.

***Tabellen auswerten (Aufgaben 101–105)***

**Zu 101) C.** 2.507 €

Ein Privathaushalt wendet im Schnitt 2.507 € pro Monat für den Konsum auf.

387 € + 93 € + 923 € + 160 € + 107 € + 325 € + 67 € + 239 € + 15 € + 102 € + 89 € = 2.507 €

**Zu 102) D.** Wohnen

Der größte Posten sind mit 923 € monatlich die Wohnkosten. Dazu gehören Ausgaben für die Wohnung selbst sowie für Wasser und Energie.

**Zu 103) C.** 141 €

Die privaten Haushalte könnten im Schnitt 141 € pro Monat einsparen.

Die monatlichen Ausgaben für Verkehr sowie für Freizeit und Kultur betragen zusammen 325 € + 239 € = 564 €. Ein 25-%-Anteil davon entspricht 141 €:

$$\text{Prozentwert} = \frac{\text{Grundwert} \times \text{Prozentsatz}}{100}$$

$$\text{Prozentwert} = \frac{564\,€ \times 25\,\%}{100} = 141\,€$$

**Zu 104) B.** 134,45 €

Der Nettobetrag für Möbel und Haushaltsgeräte beläuft sich auf 134,45 €.

$$\text{Grundwert} = \frac{\text{Prozentwert} \times 100}{\text{Prozentsatz}}$$

$$\text{Grundwert} = \frac{160\,€ \times 100}{119\,\%} = 134{,}45\,€$$

**Zu 105) C.** 6,50 €

Die monatlichen Konsumausgaben für Verkehr würden um 6,50 € steigen.

10 % von 325 € Verkehrsausgaben sind 32,50 €:

$$\text{Prozentwert} = \frac{\text{Grundwert} \times \text{Prozentsatz}}{100}$$

$$\text{Prozentwert} = \frac{325\,€ \times 10\,\%}{100} = 32{,}50\,€$$

20 Prozent von 32,50 € sind 6,50 €:

$$\text{Prozentwert} = \frac{32{,}50\,€ \times 20\,\%}{100} = 6{,}50\,€$$

## *Diagramm-Aufgaben (Aufgaben 106–110)*

**Zu 106) A.** 126,9 l

Der Gesamtverbrauch berechnet sich durch die Addition der Einzelposten:

45,7 l + 11,4 l + 5,1 l + 7,6 l + 7,6 l + 15,2 l + 34,3 l = 126,9 l

Im Durchschnitt werden pro Kopf und Tag 126,9 Liter Wasser verbraucht.

**Zu 107) D.** 27,03 %

Der Gesamtverbrauch liegt bei 126,9 Litern täglich, die Toilettenspülung allein verbraucht im Schnitt 34,3 Liter. Der Prozentanteil berechnet sich wie folgt:

$$\text{Prozentsatz} = \frac{\text{Prozentwert} \times 100}{\text{Grundwert}}$$

$$\text{Prozentsatz} = \frac{34{,}3 \times 100}{126{,}9} = 27{,}03\,\%$$

Die Toilettenspülung verbraucht im Schnitt 27,03 % des insgesamt pro Kopf und Tag verbrauchten Wassers.

**Zu 108) B.** 612 l

Der Durchschnittswert des Verbrauchs für Essen und Trinken pro Kopf und Tag wird mit der Anzahl der Köpfe (4) und Tage (30) multipliziert:

5,1 l × 4 × 30 = 612 l

In einem Monat verbraucht die Familie im Schnitt 612 Liter Wasser.

**Zu 109) D.** 53,0 Cent

Eine vierköpfige Familie verbraucht im Schnitt 4 × 45,7 Liter = 182,8 Liter pro Tag für Baden, Duschen und Körperpflege. Ein Kubikmeter entspricht 1.000 Litern; die Ausgaben berechnen sich wie folgt:

182,8 ÷ 1.000 × 2,90 € = 0,53012 €

Die Familie hat pro Tag rund 53,0 Cent Wasserkosten für Baden, Duschen und Körperpflege.

**Zu 110) B.** 537,28 €

Pro Jahr verbraucht die Familie 185.274 Liter bzw. 185,27 Kubikmeter Wasser.

126,9 l × 4 × 365 = 185.274 l = 185,27 $m^3$

185,27 × 2,90 € = 537,28 €

Die Familie zahlt 537,28 € für ihren Jahreswasserverbrauch.

# Logisches Denkvermögen

## Zahlenreihen

*Bearbeitungszeit 10 Minuten*

Jede Zahlenreihe ist sinnvoll nach einer bestimmten Bildungsregel aufgebaut. Welche Zahl setzt die Reihe logisch fort?

### Hierzu ein Beispiel

***Aufgabe***

1)

| | | | | | |
|---|---|---|---|---|---|
| **1** | **2** | **3** | **4** | **5** | **?** |

**A.** 6
**B.** 7
**C.** 8
**D.** 9
**E.** Keine Antwort ist richtig.

***Antwort***

**A.** 6

Gesucht ist die 6: Jede Zahl ist um 1 größer als ihre Vorgängerin.

Bitte bearbeiten Sie nun die Aufgaben: Setzen Sie die Zahlenreihen sinnvoll fort, indem Sie jeweils den richtigen Lösungsbuchstaben markieren.

1)

| | | | | | |
|---|---|---|---|---|---|
| **8** | **6** | **18** | **16** | **48** | **?** |

**A.** 46
**B.** 138
**C.** 148
**D.** 32
**E.** Keine Antwort ist richtig.

2)

| | | | | | |
|---|---|---|---|---|---|
| 144 | 36 | 72 | 18 | 36 | ? |

A. 42
B. 56
C. 54
D. 9
E. Keine Antwort ist richtig.

3)

| | | | | | |
|---|---|---|---|---|---|
| 10 | 16 | 21 | 25 | 28 | ? |

A. 29
B. 31
C. 36
D. 30
E. Keine Antwort ist richtig.

4)

| | | | | |
|---|---|---|---|---|
| $\frac{10}{8}$ | $\frac{8}{7}$ | $\frac{6}{6}$ | $\frac{4}{5}$ | ? |

A. $\frac{2}{4}$
B. $\frac{4}{5}$
C. $\frac{3}{6}$
D. $\frac{6}{8}$
E. Keine Antwort ist richtig.

5)

| | | | | | | | | |
|---|---|---|---|---|---|---|---|---|
| 2 | 6 | 4 | 6 | 8 | 6 | 16 | 6 | ? |

A. 8
B. 16
C. 32
D. 64
E. Keine Antwort ist richtig.

6)

| | | | | | | | |
|---|---|---|---|---|---|---|---|
| 1 | 4 | 12 | 6 | 24 | 72 | 36 | ? |

A. 18
B. 24
C. 16
D. 144
E. Keine Antwort ist richtig.

7)

| | | | | | |
|---|---|---|---|---|---|
| 4 | 12 | 9 | 12 | 36 | ? |

A. 108
B. 39
C. 33
D. 30
E. Keine Antwort ist richtig.

8)

| | | | | | | | |
|---|---|---|---|---|---|---|---|
| **4** | **4** | **8** | **8** | **12** | **16** | **16** | **?** |

**A.** 15
**B.** 11
**C.** 32
**D.** 13
**E.** Keine Antwort ist richtig.

9)

| | | | | | | |
|---|---|---|---|---|---|---|
| **10** | **7** | **28** | **25** | **100** | **97** | **?** |

**A.** 350
**B.** 378
**C.** 399
**D.** 388
**E.** Keine Antwort ist richtig.

10)

| | | | | | |
|---|---|---|---|---|---|
| **126** | **1260** | **140** | **1120** | **160** | **?** |

**A.** 32
**B.** 800
**C.** 960
**D.** 1020
**E.** Keine Antwort ist richtig.

## Ein Element passt nicht hinein *Bearbeitungszeit 10 Minuten*

In jeder Reihe befindet sich ein Element, das dort nicht hineingehört – um welches es sich handelt, sollen Sie herausfinden. Bitte streichen Sie es durch.

### Hierzu ein Beispiel

***Aufgabe***

| | | | | |
|---|---|---|---|---|
| 1) | Aa | Bb | CC | Dd |

***Antwort***

~~CC~~

Es handelt sich um eine alphabetisch fortlaufende Reihe mit Buchstabenpaaren aus einem Groß- und einem Kleinbuchstaben. Das dritte Element passt nicht hinein; statt „CC“ müsste es „Cc“ heißen.

Bitte bearbeiten Sie nun die Aufgaben: Streichen Sie in jeder Reihe das Element durch, das dort nicht hineinpasst.

| | | | | | | | | | |
|---|---|---|---|---|---|---|---|---|---|
| 11) | S | RR | Q | P | O | NN | M | LL | K |
| 12) | F | G | G | G | H | H | I | I | J |
| 13) | Mo | Ma | Mi | Me | Mu | Mä | Ma | Me | Mi |
| 14) | 5 | u | 10 | p | 15 | s | 20 | f | 25 |
| 15) | 19 | 31 | 15 | 41 | 23 | 37 | 29 | 11 | 13 |

| | | | | | | | | | |
|---|---|---|---|---|---|---|---|---|---|
| 16) | 3 | 18 | 9 | 15 | 9 | 12 | 12 | 9 | 15 |
| 17) | 26 | v | 20 | q | 14 | k | 8 | e | 2 |
| 18) | vv | nn | pp | oo | rr | gg | qq | kk | cc |
| 19) | Z | A | Y | A | B | A | W | A | V |
| 20) | B | d | U | c | W | k | X | K | O |

## Sprachanalogien

*Bearbeitungszeit 5 Minuten*

**In diesem Abschnitt wird Ihre Fähigkeit zu logischem Denken im sprachlichen Bereich geprüft.**

Pro Aufgabe erhalten Sie zwei Wörter, die in einer bestimmten Beziehung zueinander stehen. Eine ähnliche Beziehung besteht zwischen einem dritten und vierten Wort. Das dritte Wort wird Ihnen vorgegeben, das vierte sollen Sie in den Antworten A bis E selbst ermitteln.

### Hierzu ein Beispiel

***Aufgabe***

**1)** **dick** : **dünn** wie **lang** : ?

**A.** hell
**B.** dunkel
**C.** schmal
**D.** kurz
**E.** schlank

***Antwort***

**D.** kurz

Gesucht wird ein Begriff, zu dem sich „lang" genauso verhält wie „dick" zu „dünn". Da „dick" das Gegenteil von „dünn" ist, muss nun ein Gegenbegriff zu „lang" gefunden werden. Von den Wahlwörtern kommt dafür nur „kurz" infrage; Lösungsbuchstabe ist daher das D.

Bitte bearbeiten Sie nun die Aufgaben: Vervollständigen Sie die Wortgleichung, indem Sie den richtigen Lösungsbuchstaben markieren.

**21)** **Abenddämmerung** : **Nacht** wie **Morgengrauen** : ?

**A.** Nachmittag
**B.** Mittag
**C.** Tag
**D.** Abend
**E.** Frühstück

**22)** **Deutschland** : **Bundespräsident** wie **England** : ?

**A.** Kanzler
**B.** König
**C.** Minister
**D.** Parlament
**E.** Kammer

23) **Zweig : Baum** wie **Arm : ?**

A. Europäer
B. Fisch
C. Busch
D. Maus
E. Mensch

24) **Nebel : Leben** wie **Lager : ?**

A. Halle
B. Tod
C. Schrank
D. Regal
E. Dunst

25) **Fahrrad : Schaltung** wie **Auto : ?**

A. Motor
B. Lichter
C. Getriebe
D. Reifen
E. Vorwärtsgang

26) **Obst : Gemüse** wie **Birne : ?**

A. Apfel
B. Pfirsich
C. Ananas
D. Mango
E. Kartoffel

27) **Kugel : Würfel** wie **Kreis : ?**

A. Quadrat
B. Rechteck
C. Zylinder
D. Viereck
E. Raute

28) **Instrument : Musik** wie **Buch : ?**

A. Dichter
B. Malerei
C. Literatur
D. Schiller
E. Papier

29) **Farbe : Blindheit** wie **Ton : ?**

A. Stumpfheit
B. Klang
C. Musik
D. Taubheit
E. Stummheit

30) **Sauerstoff : Mensch** wie **Stickstoff : ?**

A. Verbrennung
B. Tier
C. Pflanze
D. Reptil
E. Stoffwechsel

## Oberbegriffe

*Bearbeitungszeit 7½ Minuten*

Zu jeder Aufgabe erhalten Sie sechs Begriffe. Zwei davon können einem gemeinsamen Oberbegriff zugeordnet werden – bitte kreuzen Sie dieses Paar an. **Doch Vorsicht:** Wenn drei oder mehr Wörter zu einem Oberbegriff passen, dürfen Sie diese Gruppe nicht markieren.

### Hierzu ein Beispiel

***Aufgabe***

**1)**

| | |
|---|---|
| ☐ Koffer | ☐ Ohr |
| ☐ Auge | ☐ Nase |
| ☐ Rucksack | ☐ Wasser |

***Antwort***

| | |
|---|---|
| ☒ Koffer | ☐ Ohr |
| ☐ Auge | ☐ Nase |
| ☒ Rucksack | ☐ Wasser |

Der Koffer und der Rucksack lassen sich dem Oberbegriff „Gepäckstücke" zuordnen. Theoretisch könnten auch die Sinnesorgane Auge, Ohr und Nase eine Gruppe bilden; diese wäre jedoch zu umfangreich.

Bitte bearbeiten Sie nun die Aufgaben: Kreuzen Sie das Wortpaar an, das einem gemeinsamen Oberbegriff zugeordnet werden kann.

**31)**

| | |
|---|---|
| ☐ Nähmaschine | ☐ Bleistift |
| ☐ Stuhl | ☐ Brot |
| ☐ Glas | ☐ Schrank |

**32)**

| | |
|---|---|
| ☐ Wind | ☐ Hagel |
| ☐ Regen | ☐ Herbst |
| ☐ Wetter | ☐ Wolke |

**33)**

- [ ] Brandenburg
- [ ] Elbe
- [ ] Rhein
- [ ] Sylt
- [ ] Mittelmeer
- [ ] Schwarzwald

**34)**

- [ ] Amsel
- [ ] Fink
- [ ] Rotkehlchen
- [ ] Habicht
- [ ] Adler
- [ ] Schwalbe

**35)**

- [ ] Mode
- [ ] Jacke
- [ ] Größe
- [ ] Muster
- [ ] Handtasche
- [ ] Hose

**36)**

- [ ] Biografie
- [ ] Roman
- [ ] Papier
- [ ] Etikett
- [ ] Lesen
- [ ] Buchhandel

**37)**

- [ ] Tornado
- [ ] Kerze
- [ ] Polarlicht
- [ ] Merkur
- [ ] Blitz
- [ ] Sonne

**38)**

- [ ] Subjekt
- [ ] Titel
- [ ] Prädikat
- [ ] Präsens
- [ ] Objekt
- [ ] Grammatik

**39)**

- [ ] Fahrrad
- [ ] Vorfahrt
- [ ] Straße
- [ ] Unfall
- [ ] Lkw
- [ ] Reifen

**40)**

- [ ] Europa
- [ ] Argentinien
- [ ] Australien
- [ ] Globus
- [ ] Südafrika
- [ ] Indien

## Meinung oder Tatsache?

*Bearbeitungszeit 5 Minuten*

Handelt es sich bei der vorgestellten Aussage um eine Meinung oder um eine Tatsache?

### Hierzu ein Beispiel

***Aufgabe***

**1)** Alle Katzen sind schwarz.

☐ Meinung ☐ Tatsache

***Antwort***

☒ Meinung

Es handelt sich um eine subjektive Annahme, noch dazu um eine falsche: Es gibt schließlich auch Katzen mit anderen Fellfarben.

Bitte bearbeiten Sie nun die Aufgaben: Kreuzen Sie an, ob die vorgestellte Aussage eine Meinung oder eine Tatsache darstellt.

**41)** Ordnung ist das halbe Leben.

☐ Meinung ☐ Tatsache

**42)** Cristiano Ronaldo und Lionel Messi sind die besten Fußballer der Welt.

☐ Meinung ☐ Tatsache

**43)** Die Afrikaner leben in Armut.

☐ Meinung ☐ Tatsache

**44)** Jede Aufgabe ist zu lösen, wenn man sich anstrengt.

☐ Meinung ☐ Tatsache

**45)** Wer reich ist, ist auch gesund.

☐ Meinung ☐ Tatsache

**46)** Sir Winston Churchill war ein einflussreicher Politiker des 20. Jahrhunderts.

☐ Meinung ☐ Tatsache

**47)** Vitamin-C-Mangel kann schlimmstenfalls zum Tod führen.

☐ Meinung ☐ Tatsache

**48)** Der Mondstand hat Auswirkungen auf die Erde.

☐ Meinung ☐ Tatsache

**49)** Der Amazonas ist der wasserreichste Fluss der Erde.

☐ Meinung ☐ Tatsache

**50)** Es gibt nur einen Gott.

☐ Meinung ☐ Tatsache

## Schlussfolgerungen

*Bearbeitungszeit 10 Minuten*

Jede Aufgabe konfrontiert Sie mit mehreren Aussagen. Welche Schlussfolgerung lässt sich daraus ziehen? Ob die Aussagen in einem sinnvollen Bezug zur Realität stehen, ist hierbei vollkommen unerheblich.

**51)** Die Aussage lautet: „Rosen können schwimmen, weil sie Dornen haben. Tulpen haben keine Dornen." Daraus wird die Schlussfolgerung gezogen: „Tulpen können nicht schwimmen." Stimmt diese Behauptung?

☐ stimmt ☐ stimmt nicht

**52)** Die Aussage lautet: „Alle Bilder sind Flaschen. Die meisten Flaschen sind Dosen. Dosen kann man mieten. Bilder kann man sowohl kaufen als auch mieten, was bei Flaschen und Dosen nicht der Fall ist." Daraus wird die Schlussfolgerung gezogen: „Also kann man alle Flaschen mieten." Stimmt diese Behauptung?

☐ stimmt ☐ stimmt nicht

**53)** Die Aussage lautet: „Es gibt keine Socke, die kein Rad ist. Räder sind frisch. Frische Brötchen schmecken gut. Mit Rädern kann man kleine Brötchen backen." Daraus wird die Schlussfolgerung gezogen: „Mit allen Socken kann man kleine Brötchen backen." Stimmt diese Behauptung?

☐ stimmt ☐ stimmt nicht

**54)** Die Aussage lautet: „Alle Löwen sind Fische. Alle Fische können schwimmen." Daraus wird die Schlussfolgerung gezogen: „Alle Fische sind Löwen und können schwimmen." Stimmt diese Behauptung?

☐ stimmt ☐ stimmt nicht

**55)** Die Aussage lautet: „Manche Sportler sind Fußballer oder Tennisspieler. Fußballer sind häufiger verletzt als Tennisspieler." Daraus wird die Schlussfolgerung gezogen: „Also sind alle verletzten Sportler Fußballer oder Tennisspieler." Stimmt diese Behauptung?

☐ stimmt ☐ stimmt nicht

**56)** Die Aussage lautet: „Entweder arbeitet Peter oder er liest ein Buch. Peter liest gerne Geschichtsbücher, aber heute liest er kein Buch." Daraus wird die Schlussfolgerung gezogen: „Also arbeitet Peter heute." Stimmt diese Schlussfolgerung?

☐ stimmt ☐ stimmt nicht

**57)** Die Aussage lautet: „Alle Würfel sind rund. Einige Würfel sind grün. Alle grünen Würfel haben ein Loch." Daraus wird die Schlussfolgerung gezogen: „Also kann es Würfel geben, die weder grün sind noch ein Loch haben." Stimmt diese Behauptung?

☐ stimmt ☐ stimmt nicht

**58)** Die Aussage lautet: „Alle Bilder sind Gemälde. Gemälde sind schön. Einige Gemälde sind Kunst." Daraus wird die Schlussfolgerung gezogen: „Also sind alle Bilder schön und Kunst." Stimmt diese Behauptung?

☐ stimmt ☐ stimmt nicht

**59)** Die Aussage lautet: „Schuhe können lesen. Socken können nur schreiben. Hosen können beides." Daraus wird die Schlussfolgerung gezogen: „Also können die Socken von den Hosen nicht zum Lesen eingesetzt werden." Stimmt diese Behauptung?

☐ stimmt ☐ stimmt nicht

**60)** Die Aussage lautet: „Manche schlechten Schüler bekommen Strafarbeiten oder schlechte Noten. Klaus ist ein guter Schüler." Daraus wird die Schlussfolgerung gezogen: „Also bekommt Klaus keine Strafarbeiten oder schlechten Noten." Stimmt diese Behauptung?

☐ stimmt ☐ stimmt nicht

## Flussdiagramme

*Bearbeitungszeit 5 Minuten*

Flussdiagramme sind ein Mittel, um Vorgänge mit verschiedenen Verlaufsalternativen anschaulich abzubilden: So lassen sich verzweigte Abläufe planen, steuern und erklären.

### Hierzu ein Beispiel

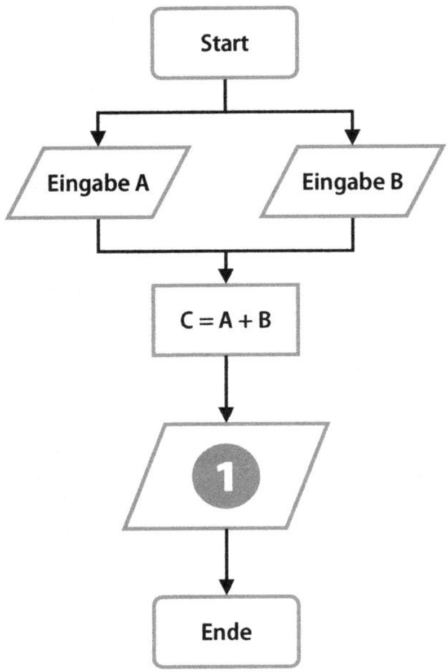


***Aufgabe***

1) Wofür steht die Zahl 1 im Flussdiagramm?

**A.** Ausgabe C
**B.** Ausgabe A
**C.** Ausgabe B
**D.** Eingabe A
**E.** Keine Antwort ist richtig.

***Antwort***

**A.** Ausgabe C

Im abgebildeten Prozess werden zwei Variablen A und B eingegeben und zum Ergebnis C addiert. Sinnvollerweise wird dieses Ergebnis anschließend ausgegeben, also z. B. auf einem Monitor angezeigt.

### Wie funktionieren Flussdiagramme?

Ein Flussdiagramm besteht aus verschiedenen Symbolen, die beschriftet und durch waagerechte oder senkrechte Verlaufspfeile miteinander verbunden sind. Die Symbole lassen sich grob in fünf Gruppen einordnen:

- **Rechtecke mit abgerundeten Ecken** stehen für Prozessbeginn und -ende.
- **Rauten** stellen Bedingungen dar.
- **Rechtecke** symbolisieren eigene, in sich geschlossene Unterprozesse.
- **Ovale** kennzeichnen Entscheidungen oder Konsequenzen.
- **Parallelogramme** stehen für prozessinterne Ein- und Ausgaben (Inputs/Outputs).

Altglasrecycling

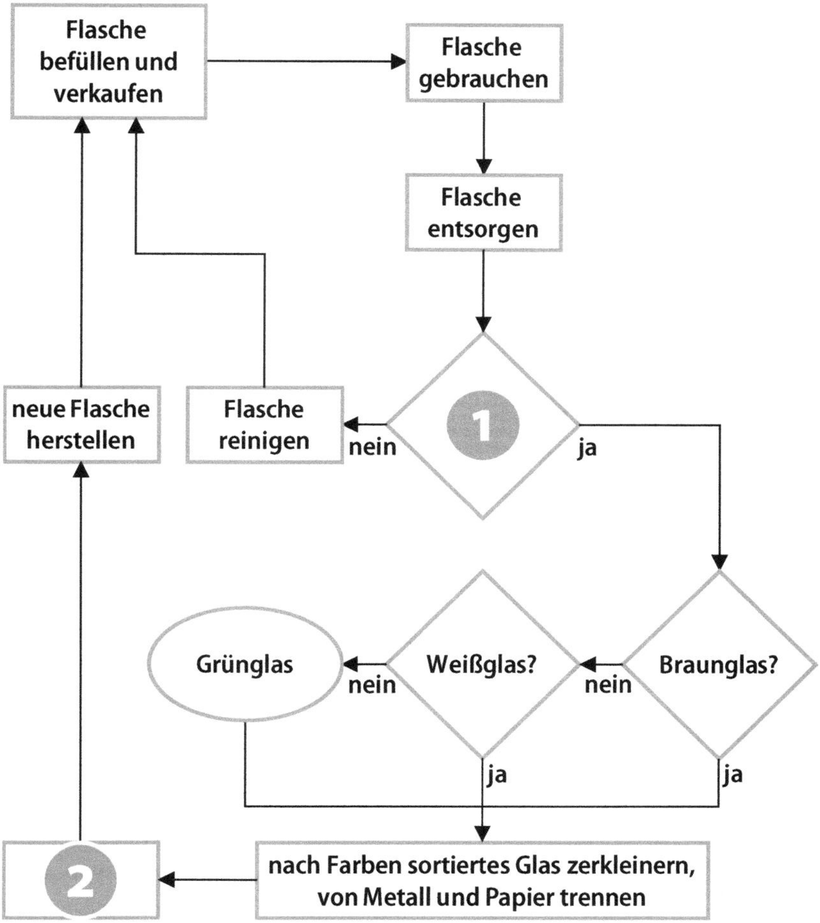

Bitte bearbeiten Sie nun die Aufgaben: Markieren Sie jeweils den Lösungsbuchstaben des richtigen Antwortvorschlags. Sie haben dafür **5 Minuten** Zeit.

**61)** Wofür steht die Zahl 1 im Flussdiagramm?

**A.** Mehrwegflasche
**B.** Vielwegflasche?
**C.** Einwegflasche?
**D.** Plastikflasche?
**E.** Metallflasche?

**62)** Welche Farbe(n) können Einwegflaschen haben, die nicht als grüne Flaschen erfasst werden?

**A.** Weiß
**B.** Braun
**C.** Weiß oder braun
**D.** Darüber gibt das Flussdiagramm keinen Aufschluss.
**E.** Altglas ist immer grün.

**63)** Wofür steht die Zahl 2 im Flussdiagramm?

**A.** Glas bedrucken
**B.** Glas wiederverwenden
**C.** Glas färben
**D.** Glas einschmelzen
**E.** Glas pressen

**64)** Bei welcher Station endet der Recycling-Kreislauf?

**A.** Neue Flaschen herstellen
**B.** Getränkefabrik
**C.** Flaschen abfüllen
**D.** Getränkehandel
**E.** Der Kreislauf hat kein Ende.

**65)** Welche Aussage zur Entsorgung von Mehrwegflaschen stimmt?

**A.** Einweg- und Mehrwegflaschen werden auf dem gleichen Weg entsorgt.
**B.** Mehrwegflaschen werden gereinigt, wieder befüllt und erneut verkauft.
**C.** Mehrwegflaschen werden nach Farben sortiert zerkleinert, eingeschmolzen und zu neuen Flaschen verarbeitet.
**D.** Über die Entsorgung von Mehrwegflaschen gibt das Diagramm keine Auskunft.
**E.** Keine Antwort ist richtig.

# Lösungen: Logisches Denkvermögen

1) A
2) D
3) D
4) A
5) C
6) D
7) C
8) C
9) D
10) C
11)
12)
13)
14)
15) siehe
16) Erklärung
17)
18)
19)
20)
21) C
22) B
23) E
24) D
25) C
26) E
27) A
28) C
29) D
30) C
31) Stuhl, Schrank
32) Regen, Hagel
33) Rhein, Elbe
34) Adler, Habicht
35) Jacke, Hose
36) Biografie, Roman
37) Merkur, Sonne
38) Prädikat, Titel
39) Fahrrad, Lkw
40) Europa, Australien
41) Meinung
42) Meinung
43) Meinung
44) Meinung
45) Meinung
46) Tatsache
47) Tatsache
48) Tatsache
49) Tatsache
50) Meinung
51) stimmt nicht
52) stimmt nicht
53) stimmt
54) stimmt nicht
55) stimmt nicht
56) stimmt
57) stimmt
58) stimmt nicht
59) stimmt
60) stimmt nicht
61) C
62) C
63) D
64) E
65) B

### *Zahlenreihen (Aufgaben 1–10)*

**Zu 1) A.** 46

$-2 \mid \times 3 \mid -2 \mid \times 3 \mid -2$

**Zu 2) D.** 9

$\div 4 \mid \times 2 \mid \div 4 \mid \times 2 \mid \div 4$

**Zu 3) D.** 30

$+6 \mid +5 \mid +4 \mid +3 \mid +2$

**Zu 4) A.** $\frac{2}{4}$

Bei jedem Schritt reduziert sich der Zähler um zwei und der Nenner um eins.

**Zu 5) C.** 32

$x \mid 6 \mid x \times 2 \mid 6 \mid x \times 2 \times 2 \mid 6 \mid x \times 2 \times 2 \times 2 \mid 6 \mid x \times 2 \times 2 \times 2 \times 2$

Behalten Sie die 6 bei und multiplizieren Sie die Vorläuferzahl bei jedem Schritt mit 2.

**Zu 6) D.** 144

$\times 4 \mid \times 3 \mid \div 2 \mid \times 4 \mid \times 3 \mid \div 2 \mid \times 4$

**Zu 7) C.** 33

$\times 3 \mid -3 \mid +3 \mid \times 3 \mid -3$

**Zu 8) C.** 32

$x \mid y \mid x+4 \mid y \times 2 \mid x+4+4 \mid y \times 2 \times 2 \mid x+4+4+4 \mid y \times 2 \times 2 \times 2$

**Zu 9) D.** 388

$-3 \mid \times 4 \mid -3 \mid \times 4 \mid -3 \mid \times 4$

**Zu 10) C.** 960

$\times 10 \mid \div 9 \mid \times 8 \mid \div 7 \mid \times 6$

***Ein Element passt nicht hinein (Aufgaben 11–20)***

| | | | | | | | | | |
|---|---|---|---|---|---|---|---|---|---|
| **Zu 11)** | **S** | **RR** | **Q** | ~~**P**~~ | **O** | **NN** | **M** | **LL** | **K** |

Die Reihe läuft alphabetisch rückwärts, wobei jeder zweite Buchstabe doppelt genannt wird. Anstelle des P müsste daher PP stehen.

| | | | | | | | | | |
|---|---|---|---|---|---|---|---|---|---|
| **Zu 12)** | **F** | ~~**G**~~ | **G** | **G** | **H** | **H** | **I** | **I** | **J** |

Die Reihe besteht aus jeweils doppelt angegebenen Buchstaben in alphabetischer Folge. Anstelle des ersten G müsste daher das wiederholte F stehen.

| | | | | | | | | | |
|---|---|---|---|---|---|---|---|---|---|
| **Zu 13)** | **Mo** | **Ma** | **Mi** | **Me** | **Mu** | ~~**Mä**~~ | **Ma** | **Me** | **Mi** |

Jedes Element besteht aus einem großen „M“ und einem kleinen Vokal – das sechste Element enthält stattdessen einen Umlaut und fällt daher aus der Reihe.

| | | | | | | | | | |
|---|---|---|---|---|---|---|---|---|---|
| **Zu 14)** | **5** | **u** | **10** | **p** | **15** | ~~**S**~~ | **20** | **f** | **25** |

Hier wechselt sich eine Zahlenfolge, die in Fünferschritten wächst, mit Kleinbuchstaben ab. Das sechste Element sprengt diese Reihe mit einem Großbuchstaben.

| | | | | | | | | | |
|---|---|---|---|---|---|---|---|---|---|
| **Zu 15)** | 19 | 31 | ~~15~~ | 41 | 23 | 37 | 29 | 11 | 13 |

Die Reihe besteht aus Primzahlen, also Zahlen, die nur durch 1 und sich selbst ohne Rest teilbar sind. Das dritte Element fällt daher aus der Reihe.

| | | | | | | | | | |
|---|---|---|---|---|---|---|---|---|---|
| **Zu 16)** | 3 | 18 | ~~9~~ | 15 | 9 | 12 | 12 | 9 | 15 |

Hier ist eine Zahlenfolge, die in Dreierschritten wächst, mit einer in Dreierschritten abnehmenden Folge verschränkt. Das dritte Element müsste also „6" heißen.

| | | | | | | | | | |
|---|---|---|---|---|---|---|---|---|---|
| **Zu 17)** | 26 | ~~v~~ | 20 | q | 14 | k | 8 | e | 2 |

Ersetzt man die Buchstaben durch ihren Stellenwert im Alphabet, erhält man eine Zahlenreihe, die in Dreierschritten abnimmt. Das zweite Element fällt aus der Reihe; statt „v" müsste es „w" heißen.

| | | | | | | | | | |
|---|---|---|---|---|---|---|---|---|---|
| **Zu 18)** | vv | nn | pp | ~~oo~~ | rr | gg | qq | kk | cc |

Die Reihe enthält lauter doppelte, kleingeschriebene Konsonanten – nur das vierte Element besteht aus Vokalen.

| | | | | | | | | | |
|---|---|---|---|---|---|---|---|---|---|
| **Zu 19)** | Z | A | Y | A | ~~B~~ | A | W | A | V |

Hier wechselt sich eine Buchstabenreihe, die alphabetisch rückwärts läuft (Z, Y, X …) mit dem Buchstaben A ab. Anstelle des B müsste daher ein X stehen.

| | | | | | | | | | |
|---|---|---|---|---|---|---|---|---|---|
| **Zu 20)** | B | d | U | c | W | k | X | ~~K~~ | O |

Hier wechseln sich groß- (B, U, W …) und kleingeschriebene Buchstaben (d, c, k …) ab, das K fällt daher aus der Reihe.

*Sprachanalogien (Aufgaben 21–30)*

**Zu 21) C.** Tag

Die Abenddämmerung geht der Nacht voraus, das Morgengrauen dem Tag.

**Zu 22) B.** König

In Deutschland ist der Bundespräsident der oberste Staatsrepräsentant, in England ist es der König oder die Königin.

**Zu 23) E.** Mensch

Der Zweig ist das am Baumstamm wachsende äußere Organ des Baumes, der Arm die äußere Extremität u. a. des menschlichen Körpers.

**Zu 24) D.** Regal

Liest man „Nebel" rückwärts, erhält man „Leben" – ebenso verhält es sich mit „Lager" und „Regal". Es handelt sich um Palindrome, das heißt um Begriffe, die vor- und rückwärts gelesen ein sinnvolles Wort ergeben.

**Zu 25) C.** Getriebe

Die Schaltung dient zum Gangwechsel bei Fahrrädern, bei Autos übernimmt das Getriebe diese Funktion.

**Zu 26) E.** Kartoffel

„Obst" und „Gemüse" sind die Sammelbegriffe, unter die sich „Birne" und „Kartoffel" einordnen lassen.

**Zu 27) A.** Quadrat

Der Querschnitt einer Kugel ist ein Kreis, der Querschnitt eines Würfels ein Quadrat.

**Zu 28) C.** Literatur

Ein Instrument fällt in den künstlerischen Bereich der Musik, ein Buch ist dem Genre Literatur zuzuordnen.

**Zu 29) D.** Taubheit

Blinde nehmen keine Licht- und Farbreize wahr; Taube hören keine Töne.

**Zu 30) C.** Pflanze

Sauerstoff ist eine Lebensgrundlage des Menschen, Stickstoff ein wichtiger Pflanzen-Nährstoff.

*Oberbegriffe (Aufgaben 31–40)*

**Zu 31) Stuhl, Schrank**

Der Stuhl und der Schrank lassen sich dem Oberbegriff „Möbelstücke" zuordnen.

**Zu 32) Regen, Hagel**

Der Regen und der Hagel lassen sich dem Oberbegriff „Niederschläge" zuordnen.

**Zu 33) Rhein, Elbe**

Der Rhein und die Elbe sind Flüsse, die durch Deutschland fließen.

**Zu 34) Adler, Habicht**

Der Adler und der Habicht lassen sich dem Oberbegriff „Greifvögel" zuordnen. Amsel, Rotkehlchen, Fink und Schwalbe könnten als Singvögel eine Gruppe bilden – diese wäre jedoch zu umfangreich.

**Zu 35) Jacke, Hose**

Jacke und Hose sind Kleidungsstücke.

**Zu 36) Biografie, Roman**

Die Biografie und der Roman sind literarische Gattungen.

**Zu 37) Merkur, Sonne**

Der Planet Merkur und die Sonne lassen sich dem Oberbegriff „Himmelskörper" zuordnen. Theoretisch könnten auch die Lichtquellen Sonne, Blitz, Kerze und Polarlicht oder die Wetterphänomene Tornado, Blitz und Polarlicht Gruppen bilden – beide wären jedoch zu umfangreich.

**Zu 38) Prädikat, Titel**

Das Prädikat und der Titel lassen sich dem Oberbegriff „Auszeichnungen" zuordnen. Der Begriff „Prädikat" könnte in anderer Bedeutung auch für einen Satzbaustein stehen und mit dem Subjekt und dem Objekt eine Gruppe bilden – diese wäre jedoch zu umfangreich.

**Zu 39) Fahrrad, Lkw**

Das Fahrrad und der Lkw sind Fahrzeuge.

**Zu 40) Europa, Australien**

Europa und Australien sind Kontinente. Theoretisch könnten auch die Länder Südafrika, Argentinien und Indien eine Gruppe bilden – diese wäre jedoch zu umfangreich.

*Meinung oder Tatsache? (Aufgaben 41–50)*

**Zu 41) Meinung**

Diese Aussage entbehrt jeder wissenschaftlichen Grundlage. Zwar lässt sich kaum bestreiten, dass Ordnung bisweilen das Leben erleichtert, aber daraus kann keine allgemeingültige Regel abgeleitet werden. Es handelt sich also um eine Meinung.

**Zu 42) Meinung**

Welche Kriterien einen Fußballer zum weltbesten seiner Zunft machen, darüber lässt sich streiten: sind es Tore, Torvorlagen, errungene Titel, spektakuläre Dribblings, gewonnene Zweikämpfe, besondere taktische Fähigkeiten oder etwas ganz anderes? Die Aussage gibt also eine Meinung wieder.

**Zu 43) Meinung**

Viele Menschen, die auf dem afrikanischen Kontinent geboren wurden oder leben, fristen ein Dasein in Armut. Doch das gilt sicher nicht für alle („die") Afrikaner. Diese Pauschalaussage stellt somit eine Meinung dar.

**Zu 44) Meinung**

Diese Aussage ist leicht zu widerlegen, indem man sich Aufgaben vorstellt, die grundsätzlich nicht zu bewältigen sind: Kein Mensch kann zum Beispiel ohne technische Hilfsmittel zum Mond fliegen. Es handelt sich hier also um eine Meinung.

**Zu 45) Meinung**

Wohlhabendere Menschen sind im Schnitt tatsächlich seltener krank und haben eine höhere Lebenserwartung. Das gilt aber nicht für jeden Einzelnen. Die Aussage ist zu pauschal, um eine Tatsache zu sein, und fällt somit in die Kategorie Meinung.

**Zu 46) Tatsache**

Diese Aussage wird durch die Geschichtswissenschaft gestützt. Als britischer Premierminister während des Zweiten Weltkriegs war Churchill an vielen bedeutenden Ereignissen seiner Zeit beteiligt.

**Zu 47) Tatsache**

Es handelt sich um eine Tatsache. Nimmt man zu wenig frisches Obst oder Gemüse zu sich, etwa infolge allgemeiner Unterernährung, kann der Mangel an Vitamin C (Ascorbinsäure) die Krankheit Skorbut auslösen. Sie schwächt den gesamten Körper und das Immunsystem und kann zum Tod durch Herzschwäche führen. In Europa war Skorbut zuletzt während der Weltkriege verbreitet; früher waren Seeleute auf längeren Seereisen oft davon betroffen.

**Zu 48) Tatsache**

Der Einfluss des Mondes auf die Erde und ihre Bewohner ist Gegenstand vieler pseudowissenschaftlicher Theorien, die sich nicht belegen lassen. Davon abgesehen gibt es jedoch auch eindeutig nachweisbare physikalische Auswirkungen: Der Mondstand ist zum Beispiel für Ebbe und Flut verantwortlich. Es handelt sich also um eine Tatsache.

**Zu 49) Tatsache**

Der Wasserreichtum des Amazonas wurde vielfach erforscht und belegt.

**Zu 50) Meinung**

Die Existenz Gottes ist eine Glaubensfrage, die sich nicht objektiv beantworten lässt. Hier handelt es sich um eine Meinung.

***Schlussfolgerungen (Aufgaben 51–60)***

**Zu 51) stimmt nicht**

Die Schlussfolgerung stimmt nicht: Möglicherweise bedienen sich Tulpen anderer Mittel und Techniken, um zu schwimmen.

**Zu 52) stimmt nicht**

Es stimmt, dass alle Bilder Flaschen sind (Satz 1) und dass man Bilder mieten kann (Satz 4). Dass alle Bilder Flaschen sind, heißt jedoch nicht, dass alle Flaschen Bilder sind. Es kann also auch Flaschen geben, die keine Bilder sind und möglicherweise nicht gemietet werden können. Dass die meisten Flaschen Dosen sind und Dosen gemietet werden können, bedeutet ebenfalls nicht, dass alle Flaschen Dosen sind und gemietet werden können. Die Schlussfolgerung ist also nicht zulässig.

**Zu 53) stimmt**

Wenn alle Socken Räder sind (Satz 1) und man mit allen Rädern kleine Brötchen backen kann (Satz 4), dann kann man auch mit allen Socken kleine Brötchen backen. Die übrigen Sätze lenken nur vom Wesentlichen ab – die Behauptung stimmt.

**Zu 54) stimmt nicht**

Wenn alle Löwen Fische sind, heißt das im Umkehrschluss nicht, dass die Gruppe der Fische ausschließlich aus Löwen besteht.

**Zu 55) stimmt nicht**

In Satz 1 wird lediglich festgestellt, dass manche Sportler Fußballer oder Tennisspieler sind, nicht etwa, dass alle Sportler eine der beiden Ballsportarten betreiben. Daher kann nicht gefolgert werden, dass alle verletzten Sportler Fußball oder Tennis spielen. Auch die zusätzliche Information, dass Fußballer häufiger verletzt sind als Tennisspieler, stützt diese Behauptung nicht.

**Zu 56) stimmt**

In Satz 1 wird festgestellt, dass Peter entweder gerade arbeitet oder ein Buch liest, eine dritte Möglichkeit des Zeitvertreibs kennt Peter anscheinend nicht. Da er – wie aus Satz 2 hervorgeht – heute kein Buch liest, muss er demnach arbeiten.

**Zu 57) stimmt**

Da in Satz 2 festgestellt wird, dass einige Würfel grün sind – das heißt, nicht alle –, kann es demnach auch Würfel in anderen Farben geben. Da nur ausgesagt wird, dass alle grünen Würfel ein Loch haben, bleibt unbekannt, ob die andersfarbigen Würfel ebenfalls ein Loch haben. Es kann also durchaus nicht-grüne Würfel ohne Loch geben: Die Schlussfolgerung ist korrekt.

**Zu 58) stimmt nicht**

Wenn alle Bilder Gemälde sind (Satz 1), dann sind alle Bilder auch schön (Satz 2). Insofern ist die Behauptung korrekt. Da jedoch nur einige Gemälde Kunst sind (Satz 3), müssen nicht alle Bilder Kunst sein.

**Zu 59) stimmt**

Socken können nicht lesen, sondern nur schreiben – daher können sie von den Hosen auch nicht zum Lesen eingesetzt werden. Die Behauptung stimmt.

**Zu 60) stimmt nicht**

Der in Satz 1 beschriebene Sachverhalt ist genau zu verstehen: Es ist nicht die Rede davon, dass ausschließlich schlechte Schüler Strafarbeiten oder schlechte Noten bekommen, sondern nur „manche". Daher kann es vorkommen, dass auch gute Schüler manchmal Strafarbeiten oder schlechte Noten bekommen. Also kann es auch Klaus treffen, obwohl er ein guter Schüler ist (Satz 2). Die Behauptung stimmt also nicht.

***Flussdiagramme (Aufgaben 61–65)***

**Zu 61) C.** Einwegflasche?

Vielwegflaschen gibt es nicht, und da es hier um eine Bedingung geht, scheidet auch Vorschlag A aus. Weil das Flussdiagramm einen geschlossenen Kreislauf des Glasrecyclings darstellt, haben Plastik- und Metallflaschen darin nichts verloren. Richtig ist Antwort C, zunächst muss zwischen Einweg- und Mehrwegflaschen unterschieden werden: Letztere werden gereinigt und wieder befüllt, Erstere werden zu neuen Flaschen verarbeitet.

**Zu 62) C.** Weiß oder braun

In die Kategorie „grün" fallen alle Flaschen, die nicht weiß oder braun sind. Auch blaue oder andersfarbige Flaschen gehören in den Grünglas-Container: Stellt man aus diesem Glasgemisch neue Flaschen her, bleibt der robuste Grünton trotzdem erhalten.

**Zu 63) D.** Glas einschmelzen

Nachdem das zerkleinerte Glas von Fremdstoffen befreit wurde, wird es eingeschmolzen, damit man daraus neue Flaschen herstellen kann.

**Zu 64) E.** Der Kreislauf hat kein Ende.

Der Sinn des Altglas-Recyclings besteht darin, die vorhandenen Rohstoffe immer weiter zu verwenden, statt sie zu verbrauchen. Benutzte Flaschen werden zu neuen verarbeitet oder gereinigt und neu befüllt, um wiederum in den Handel zu gelangen – ein Kreislauf ohne Ende.

**Zu 65) B.** Mehrwegflaschen werden gereinigt, wieder befüllt und erneut verkauft.

Die mit der Zahl 1 markierte Bedingung unterscheidet zwischen Ein- und Mehrwegflaschen: Einwegflaschen werden farblich sortiert gesammelt, zerkleinert, eingeschmolzen und zu neuen Flaschen verarbeitet. Mehrwegflaschen müssen nur gereinigt werden, ehe man sie erneut befüllen und verkaufen kann.

**Lösungshinweis**

Das Flussdiagramm veranschaulicht den Kreislauf des Altglas-Recyclings: Gebrauchte Einwegflaschen werden nach Farben getrennt sortiert, zerkleinert, von Fremdstoffen befreit, eingeschmolzen und schließlich zu neuen Flaschen verarbeitet. Mehrwegflaschen müssen nur gereinigt werden, damit man sie erneut nutzen kann.

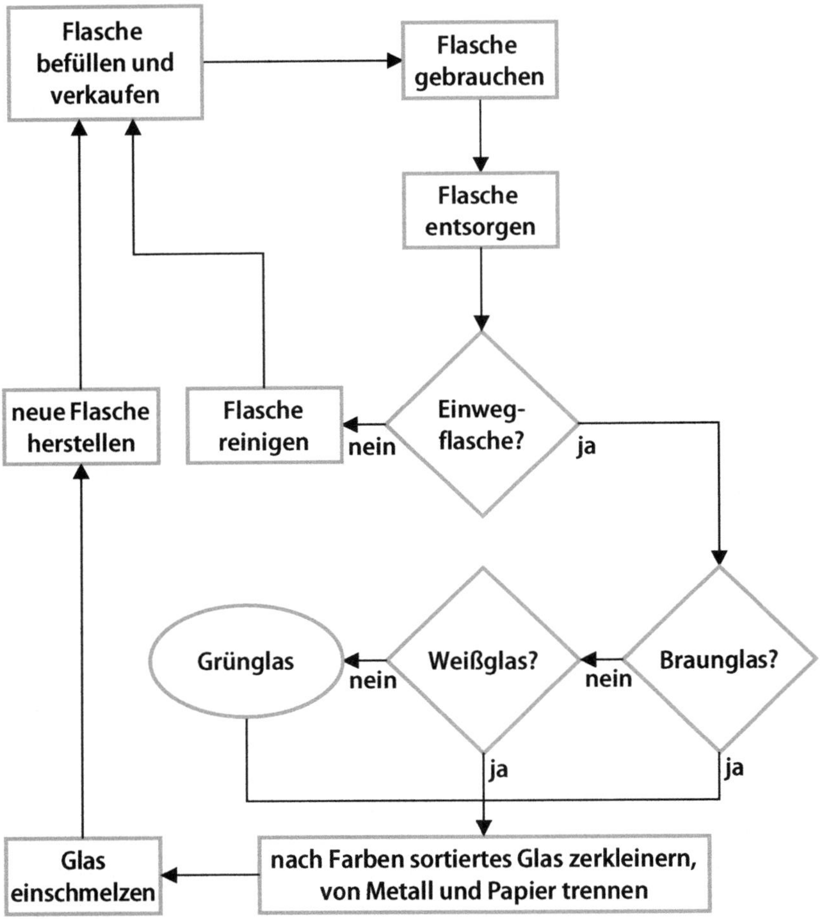
Flasche befüllen und verkaufen
Flasche gebrauchen
Flasche entsorgen
Einweg-flasche?
nein
ja
Flasche reinigen
neue Flasche herstellen
Braunglas?
nein
ja
Weißglas?
nein
ja
Grünglas
nach Farben sortiertes Glas zerkleinern, von Metall und Papier trennen
Glas einschmelzen

# Visuelles Denkvermögen

## Figurenreihen

*Bearbeitungszeit 10 Minuten*

Jede Figurenreihe ist so aufgebaut, dass sich ein logischer Zusammenhang zwischen den einzelnen Abbildungen ergibt. Welche der zur Auswahl gestellten Figuren setzt die Reihe fort?

### Hierzu ein Beispiel

***Aufgabe***

**1)**

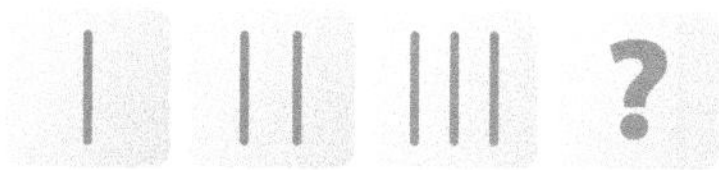

Welche Figur setzt die Reihe logisch fort?

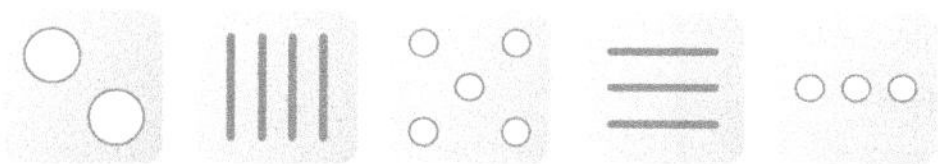

A B C D E

***Antwort***

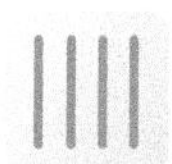

(B)

Die Abbildungen zeigen eine steigende Anzahl senkrechter Striche – Figur B setzt diese Reihe logisch fort.

Bitte bearbeiten Sie nun die Aufgaben: Markieren Sie jeweils den Lösungsbuchstaben des richtigen Antwortvorschlags. Sie haben dafür **10 Minuten** Zeit.

1)

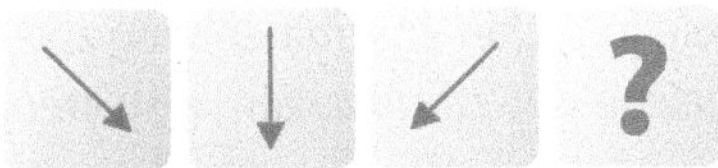


Welche Figur setzt die Reihe logisch fort?

A B C D E

2)

Welche Figur setzt die Reihe logisch fort?

A B C D E

3)

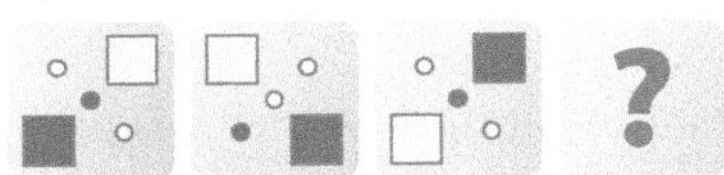


Welche Figur setzt die Reihe logisch fort?

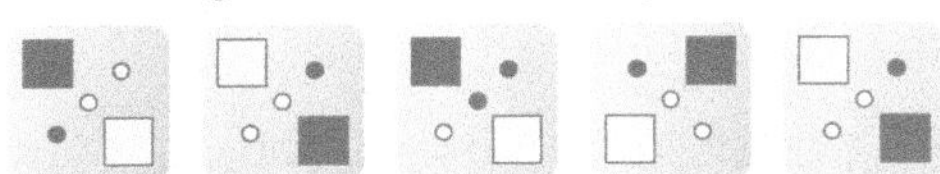

A B C D E

**4)**

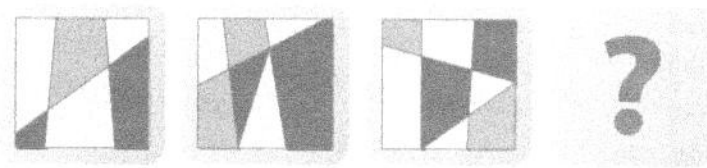

Welche Figur setzt die Reihe logisch fort?

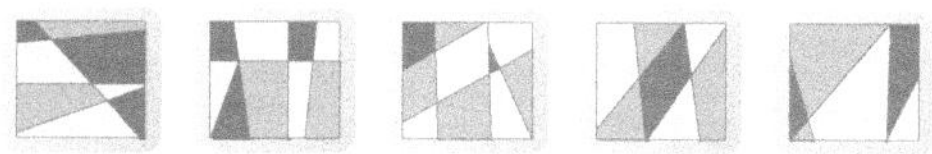

**A** **B** **C** **D** **E**

**5)**

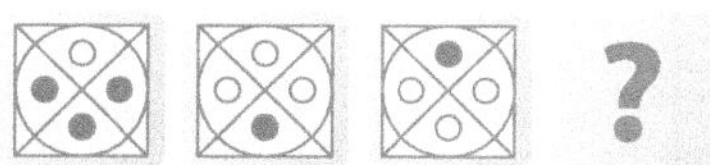

Welche Figur setzt die Reihe logisch fort?

**A** **B** **C** **D** **E**

**6)**

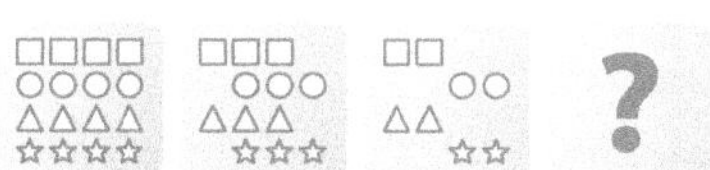

Welche Figur setzt die Reihe logisch fort?

**A** **B** **C** **D** **E**

**7)**

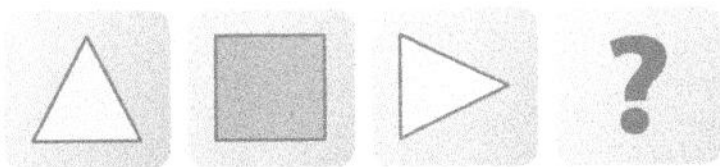

Welche Figur setzt die Reihe logisch fort?

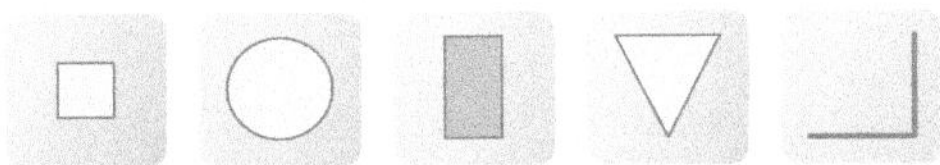

A B C D E

**8)**

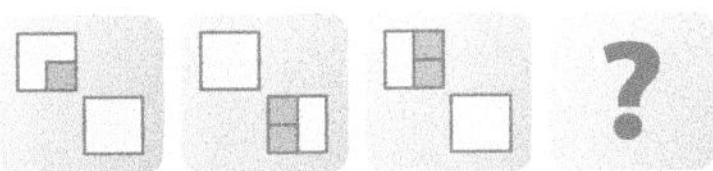

Welche Figur setzt die Reihe logisch fort?

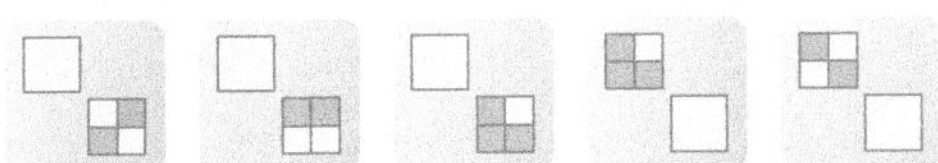

A B C D E

**9)**

Welche Figur setzt die Reihe logisch fort?

A B C D E

**10)**

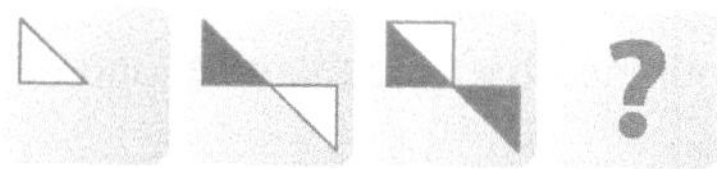

Welche Figur setzt die Reihe logisch fort?

A B C D E

## Figurenmatrizen

*Bearbeitungszeit 10 Minuten*

Finden Sie heraus, nach welcher Regel die Figurenmatrix aufgebaut ist, und ergänzen Sie die fehlende Figur.

### Hierzu ein Beispiel

***Aufgabe***

1)

Welche Figur ersetzt das Fragezeichen logisch?

A B C D E

***Antwort***

(A)

Die beiden linken Figuren einer Reihe überlagern sich rechts, wobei sie ihre Farben tauschen.

**Bearbeitungstipp**

Um die Bildungsregel einer Matrix herauszufinden, erforschen Sie am besten zuerst eine einzelne Reihe oder Spalte: Welche Zusammenhänge gibt es, wie unterscheiden sich die Figuren – und darin enthaltene Objekte – in ihrer Form, Farbe, Größe und Ausrichtung?

Wenn Sie in einer Reihe oder Spalte ein Schema erkannt haben, dann probieren Sie, ob es für die gesamte Matrix gilt.

Bitte bearbeiten Sie nun die Aufgaben: Markieren Sie den Lösungsbuchstaben der fehlenden Figur. Sie haben dafür **10 Minuten** Zeit.

**11)**

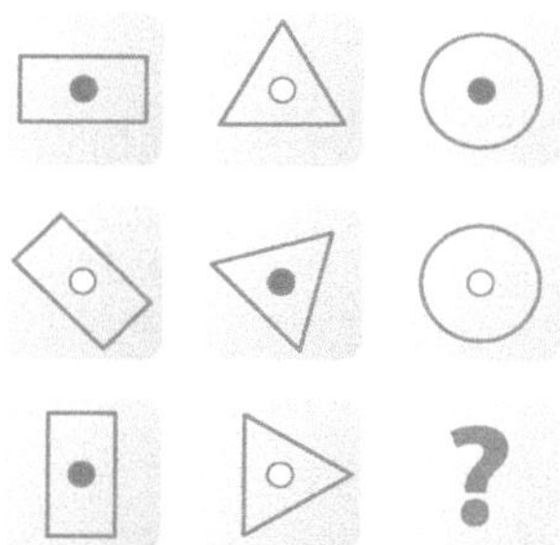

Welche Figur ersetzt das Fragezeichen logisch?

A B C D E

**12)**

Welche Figur ersetzt das Fragezeichen logisch?

A B C D E

**13)**

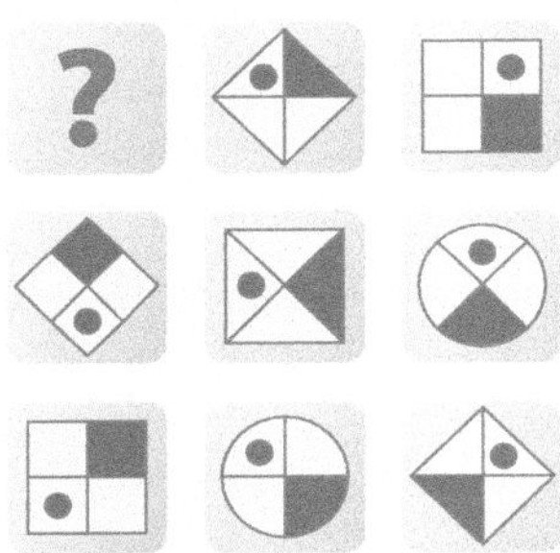

Welche Figur ersetzt das Fragezeichen logisch?

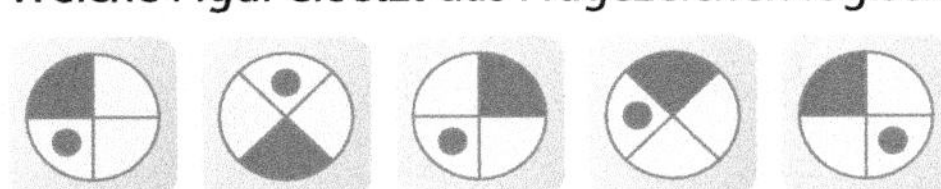

A B C D E

**14)**

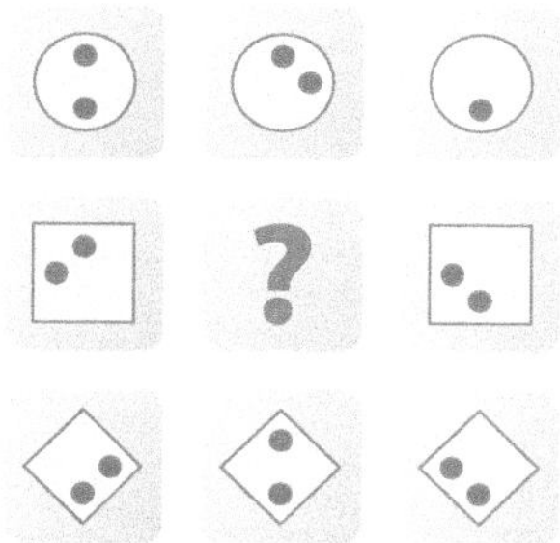

Welche Figur ersetzt das Fragezeichen logisch?

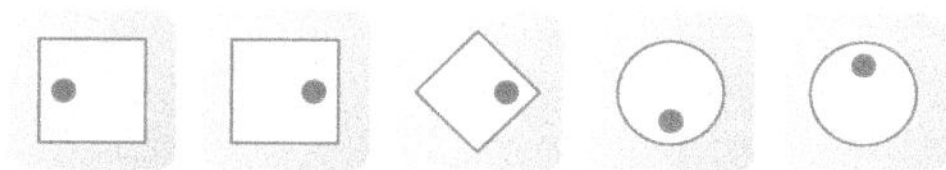

A B C D E

**15)**

Welche Figur ersetzt das Fragezeichen logisch?

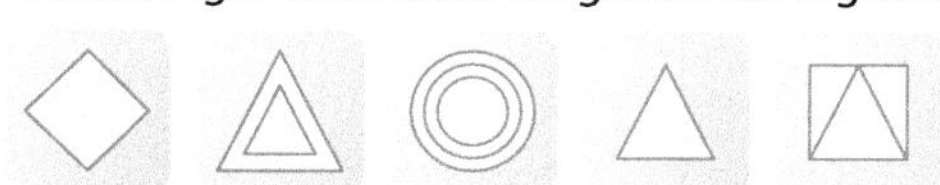

A B C D E

**16)**

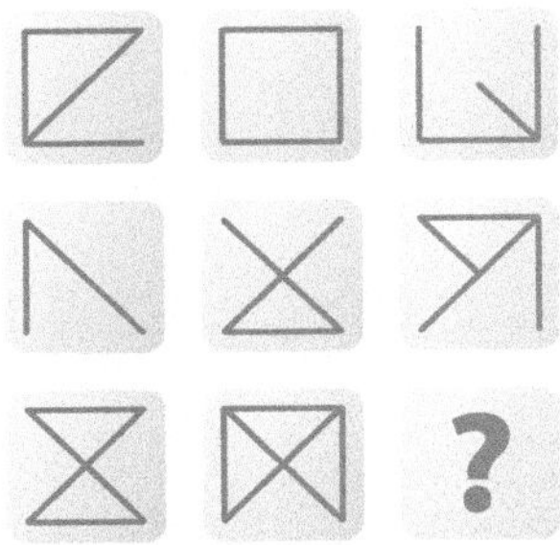

Welche Figur ersetzt das Fragezeichen logisch?

A B C D E

**17)**

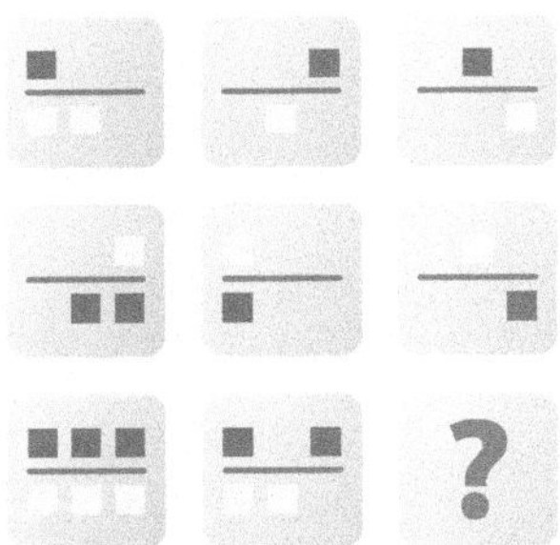

Welche Figur ersetzt das Fragezeichen logisch?

A B C D E

**18)**

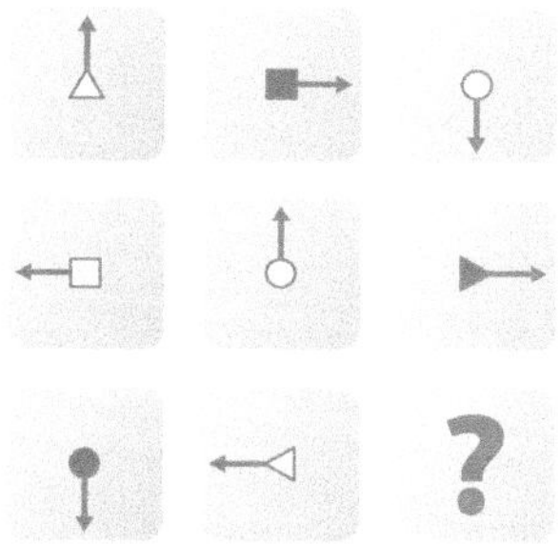

Welche Figur ersetzt das Fragezeichen logisch?

A B C D E

**19)**

Welche Figur ersetzt das Fragezeichen logisch?

A B C D E

**20)**

Welche Figur ersetzt das Fragezeichen logisch?

A B C D E

# Würfelaufgaben

*Bearbeitungszeit 10 Minuten*

**Zu jeder Aufgabe erhalten Sie einen Würfel, dessen Seiten unterschiedlich gemustert sind.**

Entscheiden Sie, welcher der abgebildeten Musterwürfel dem Aufgabenwürfel entspricht – dieser kann beliebig nach links oder rechts, nach vorne oder hinten, im oder gegen den Uhrzeigersinn gedreht bzw. gekippt werden.

## Hierzu ein Beispiel

***Aufgabe***

1) Ihnen wird ein Aufgabenwürfel vorgegeben.

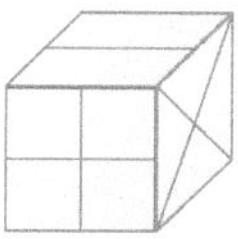

Welcher der Musterwürfel A bis E ist identisch mit dem Aufgabenwürfel?

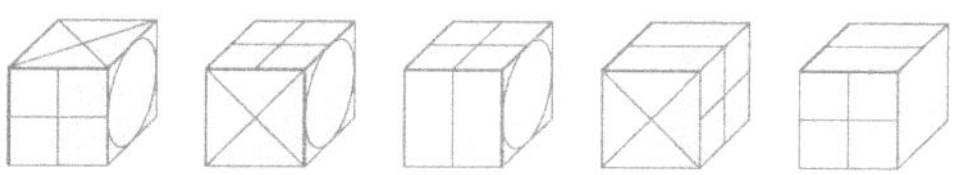

A B C D E

***Antwort***

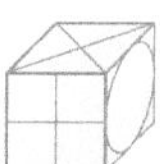

(A)

Kippen Sie den Aufgabenwürfel nach links.

Bitte bearbeiten Sie nun die Aufgaben: Markieren Sie jeweils den Lösungsbuchstaben des richtigen Antwortvorschlags. Sie haben dafür **10 Minuten** Zeit.

**21)** Ihnen wird ein Aufgabenwürfel vorgegeben.

Welcher der Musterwürfel A bis E ist identisch mit dem Aufgabenwürfel?

**A** **B** **C** **D** **E**

**22)** Ihnen wird ein Aufgabenwürfel vorgegeben.

Welcher der Musterwürfel A bis E ist identisch mit dem Aufgabenwürfel?

**A** **B** **C** **D** **E**

**23)** Ihnen wird ein Aufgabenwürfel vorgegeben.

Welcher der Musterwürfel A bis E ist identisch mit dem Aufgabenwürfel?

**A** **B** **C** **D** **E**

**24)** Ihnen wird ein Aufgabenwürfel vorgegeben.

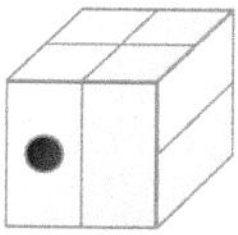

Welcher der Musterwürfel A bis E ist identisch mit dem Aufgabenwürfel?

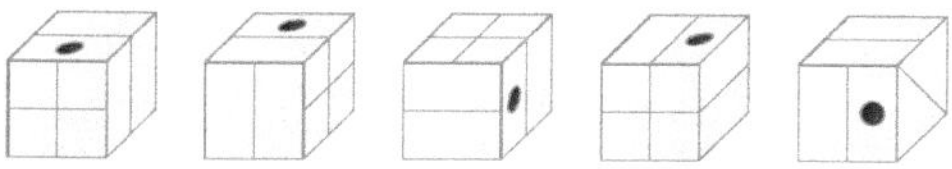

A B C D E

**25)** Ihnen wird ein Aufgabenwürfel vorgegeben.

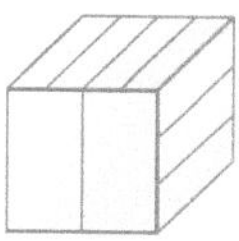

Welcher der Musterwürfel A bis E ist identisch mit dem Aufgabenwürfel?

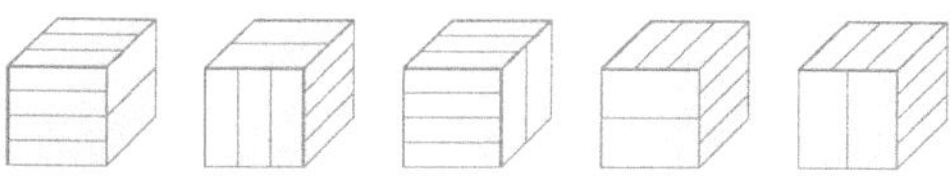

A B C D E

**26)** Ihnen wird ein Aufgabenwürfel vorgegeben.

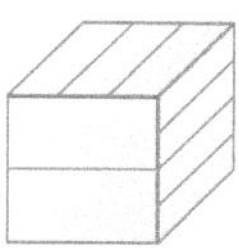

Welcher der Musterwürfel A bis E ist identisch mit dem Aufgabenwürfel?

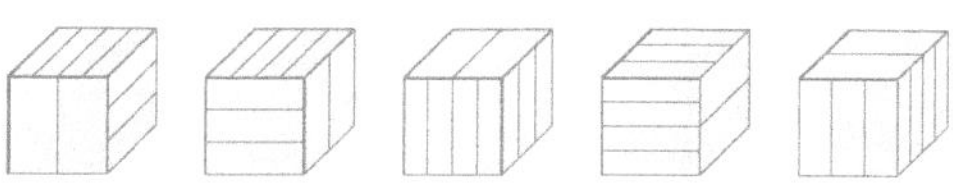

A B C D E

**27)** Ihnen wird ein Aufgabenwürfel vorgegeben.

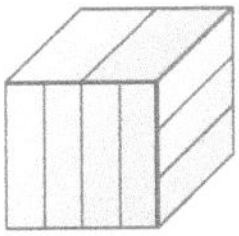

Welcher der Musterwürfel A bis E ist identisch mit dem Aufgabenwürfel?

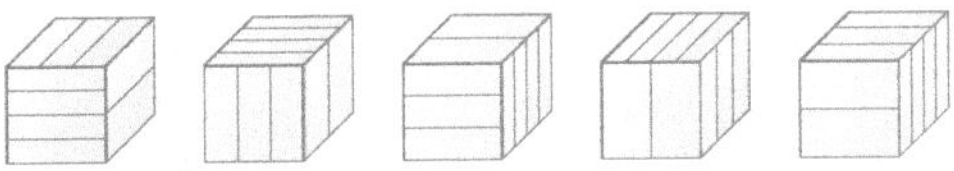

A B C D E

**28)** Ihnen wird ein Aufgabenwürfel vorgegeben.

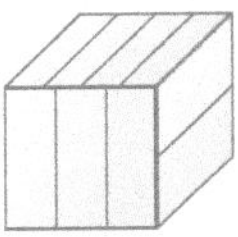

Welcher der Musterwürfel A bis E ist identisch mit dem Aufgabenwürfel?

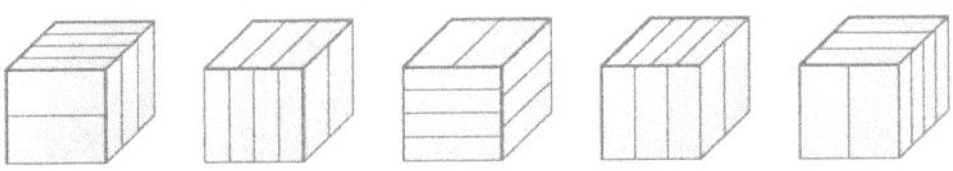

A B C D E

**29)** Ihnen wird ein Aufgabenwürfel vorgegeben.

Welcher der Musterwürfel A bis E ist identisch mit dem Aufgabenwürfel?

A B C D E

30) Ihnen wird ein Aufgabenwürfel vorgegeben.

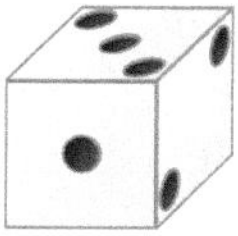

Welcher der Musterwürfel A bis E ist identisch mit dem Aufgabenwürfel?

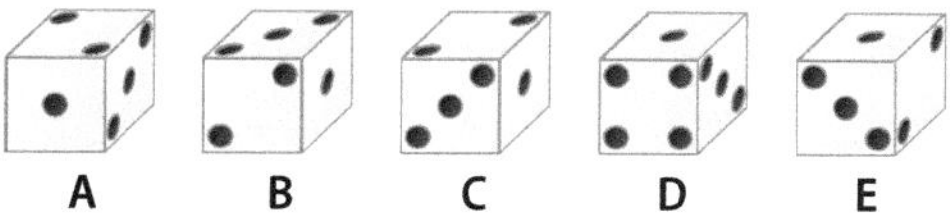

## Formenpuzzle

*Bearbeitungszeit 10 Minuten*

**In diesem Abschnitt wird Ihre visuelle Auffassungsgabe geprüft.**

Zu jeder Aufgabe erhalten Sie fünf Flächenformen. Welche Puzzleteile A–E lassen sich zu welcher Grundform zusammensetzen?

### Hierzu ein Beispiel

***Aufgabe***

1) Ihnen werden die Grundformen 1 bis 5 vorgegeben:

1 2 3 4 5

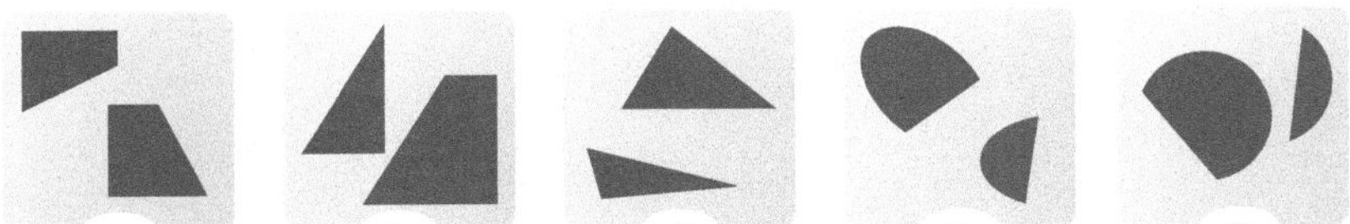

A B C D E

Ordnen Sie die Puzzleteile A bis E der entsprechenden Grundform zu.

**1.** ____ **2.** ____ **3.** ____ **4.** ____ **5.** ____

***Antwort***

**1.** C **2.** B **3.** A **4.** E **5.** D

Bitte bearbeiten Sie nun die Aufgaben: Tragen Sie jeweils die richtigen Buchstaben in die Lösungsfelder ein. Sie haben dafür **10 Minuten** Zeit.

**31)** Ihnen werden die Grundformen 1 bis 5 vorgegeben:

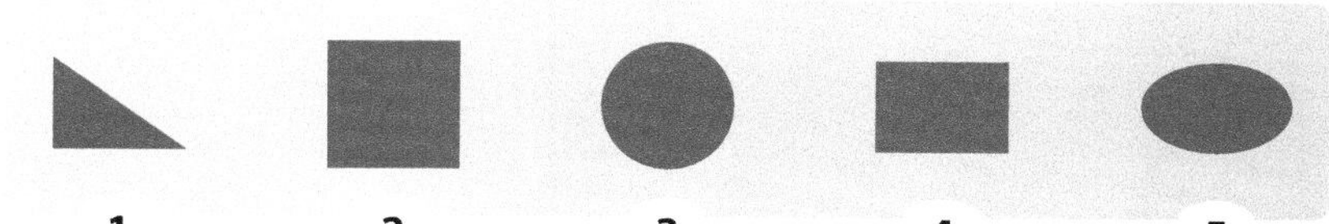

**1** **2** **3** **4** **5**

**A** **B** **C** **D** **E**

Ordnen Sie die Puzzleteile A bis E der entsprechenden Grundform zu.

**1.** ______ **2.** ______ **3.** ______ **4.** ______ **5.** ______

**32)** Ihnen werden die Grundformen 1 bis 5 vorgegeben:

**1** **2** **3** **4** **5**

**A** **B** **C** **D** **E**

Ordnen Sie die Puzzleteile A bis E der entsprechenden Grundform zu.

**1.** ______ **2.** ______ **3.** ______ **4.** ______ **5.** ______

33) Ihnen werden die Grundformen 1 bis 5 vorgegeben:

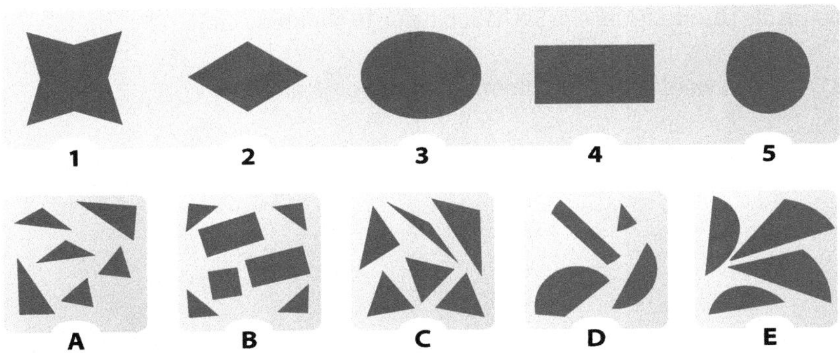


Ordnen Sie die Puzzleteile A bis E der entsprechenden Grundform zu.

1. ______ 2. ______ 3. ______ 4. ______ 5. ______

34) Ihnen werden die Grundformen 1 bis 5 vorgegeben:

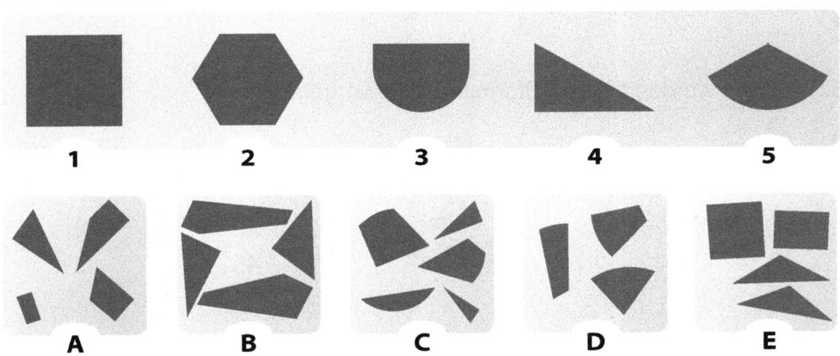


Ordnen Sie die Puzzleteile A bis E der entsprechenden Grundform zu.

1. ______ 2. ______ 3. ______ 4. ______ 5. ______

35) Ihnen werden die Grundformen 1 bis 5 vorgegeben:

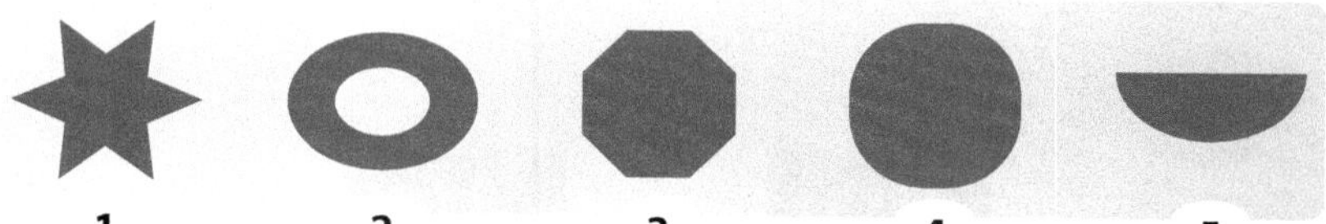

1 2 3 4 5

A B C D E

Ordnen Sie die Puzzleteile A bis E der entsprechenden Grundform zu.

1. ______ 2. ______ 3. ______ 4. ______ 5. ______

36) Ihnen werden die Grundformen 1 bis 5 vorgegeben:

1 2 3 4 5

A B C D E

Ordnen Sie die Puzzleteile A bis E der entsprechenden Grundform zu.

1. ______ 2. ______ 3. ______ 4. ______ 5. ______

**37)** Ihnen werden die Grundformen 1 bis 5 vorgegeben:

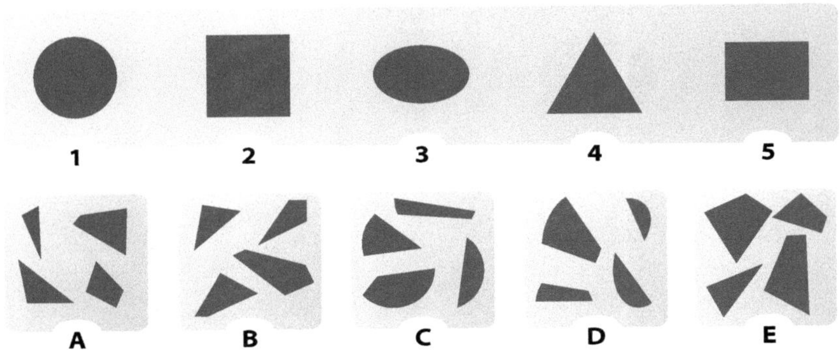


Ordnen Sie die Puzzleteile A bis E der entsprechenden Grundform zu.

**1.** ______ **2.** ______ **3.** ______ **4.** ______ **5.** ______

**38)** Ihnen werden die Grundformen 1 bis 5 vorgegeben:

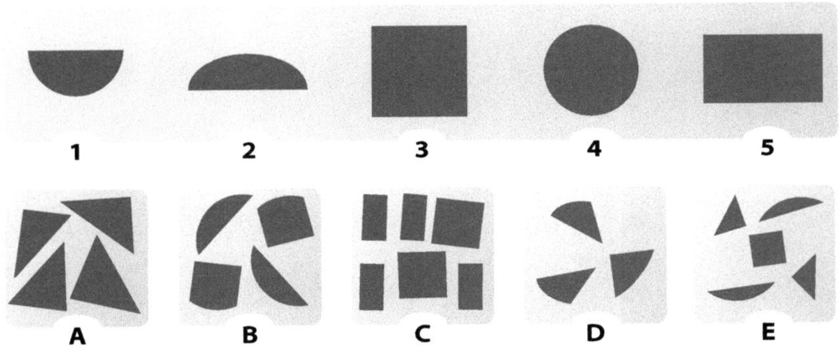


Ordnen Sie die Puzzleteile A bis E der entsprechenden Grundform zu.

**1.** ______ **2.** ______ **3.** ______ **4.** ______ **5.** ______

**39)** Ihnen werden die Grundformen 1 bis 5 vorgegeben:

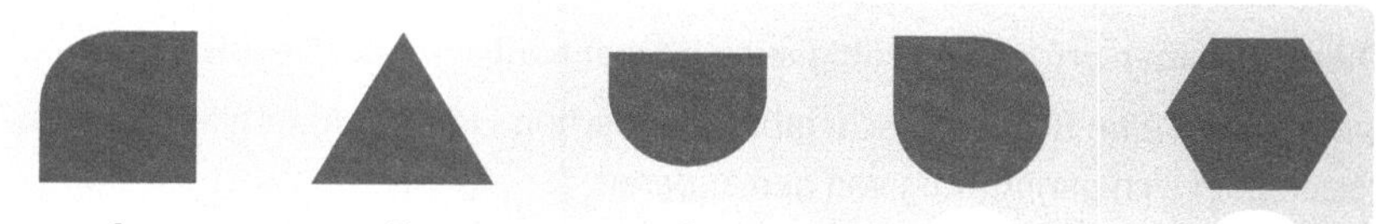

1 2 3 4 5

A B C D E

Ordnen Sie die Puzzleteile A bis E der entsprechenden Grundform zu.

1. ______ 2. ______ 3. ______ 4. ______ 5. ______

**40)** Ihnen werden die Grundformen 1 bis 5 vorgegeben:

1 2 3 4 5

A B C D E

Ordnen Sie die Puzzleteile A bis E der entsprechenden Grundform zu.

1. ______ 2. ______ 3. ______ 4. ______ 5. ______

## Fehlerhafte Figur erkennen *Bearbeitungszeit 2 × 1½ Minuten*

**Diese Aufgaben prüfen Ihre Fähigkeit zur Erkennung visueller Details.**

Sie erhalten eine Reihe mit scheinbar identischen Figuren. Aber eine Figur unterscheidet sich geringfügig von den anderen.

Beantworten Sie bitte die folgenden Aufgaben, indem Sie in jeder Reihe die fehlerhafte Figur erkennen und markieren.

### Block A: Käfer

Für diesen Block haben Sie **1½ Minuten** Zeit.

41)

A B C D E

42)

A B C D E

43)

A B C D E

44)

A B C D E

45)

A B C D E

### Block B: Abstrakt

Für diesen Block haben Sie **1½ Minuten** Zeit.

46)

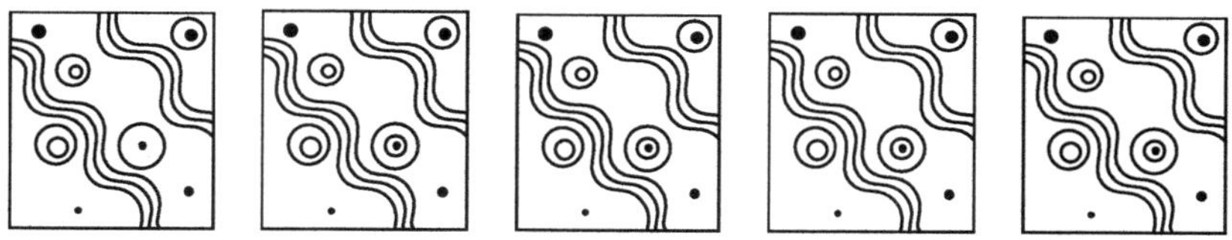

A B C D E

47)

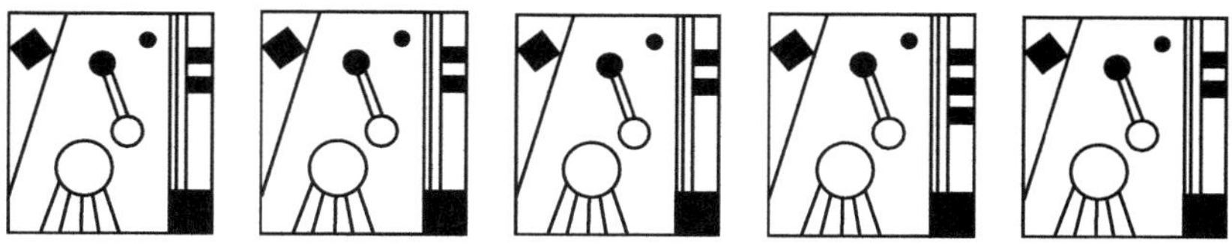

A B C D E

48)

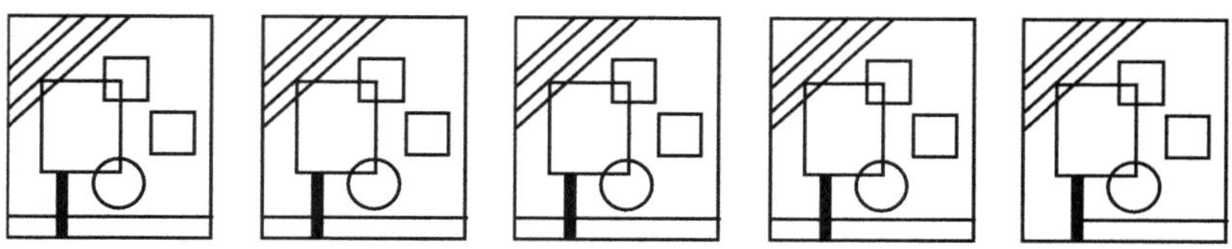

A B C D E

49)

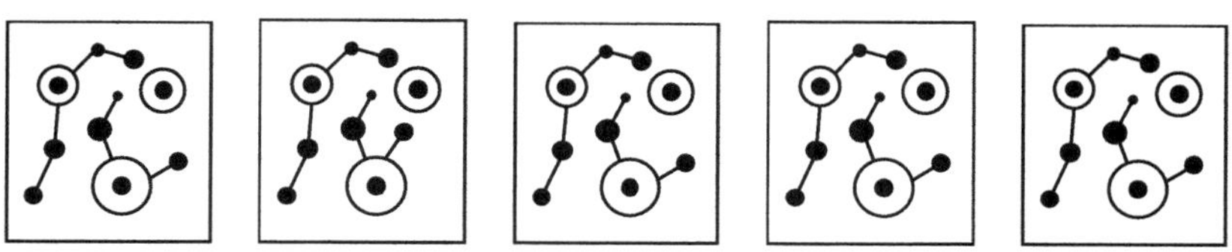

A B C D E

50) 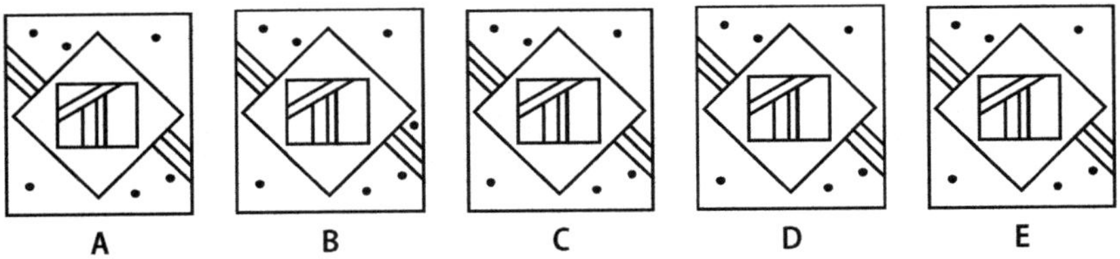

# Lösungen: Visuelles Denkvermögen

1) D
2) C
3) A
4) B
5) C
6) E
7) C
8) C
9) E
10) B
11) A
12) B
13) A
14) B
15) D
16) C
17) B
18) E
19) A
20) B
21) C
22) C
23) D
24) B
25) A
26) C
27) B
28) E
29) B
30) C
31) 1D | 2C | 3E | 4B | 5A
32) 1A | 2E | 3D | 4C | 5B
33) 1C | 2A | 3E | 4B | 5D
34) 1B | 2E | 3C | 4A | 5D
35) 1C | 2A | 3D | 4E | 5B
36) 1D | 2A | 3E | 4B | 5C
37) 1C | 2E | 3D | 4A | 5B
38) 1D | 2E | 3C | 4B | 5A
39) 1E | 2D | 3B | 4C | 5A
40) 1C | 2D | 3E | 4B | 5A
41) D
42) B
43) A
44) D
45) C
46) A
47) D
48) E
49) B
50) B

### *Figurenreihen (Aufgaben 1–10)*

**Zu 1) D.**

Der Pfeil dreht sich bei jedem Schritt um 45 Grad im Uhrzeigersinn.

**Zu 2) C.**

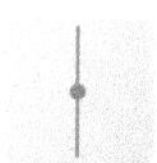

Die Kreise wandern vom einen Ende zum anderen und überlagern sich in der Mitte.

**Zu 3) A.**

Die Gruppe der Elemente dreht sich um 90° gegen den Uhrzeigersinn, wobei der schwarze Kreis zwischen der äußeren und der inneren Position hin- und herwandert.

**Zu 4) B.**

Die erste Figur verfügt über sechs gegeneinander abgegrenzte Flächen, die zweite über sieben und die dritte über acht – bei der vierten müssen es folglich neun Flächen sein.

**Zu 5) C.**

Jede Figur beinhaltet vier Punkte, wobei immer der jeweils obere bzw. untere Punkt farblich abweicht.

**Zu 6) E.**

Die Anzahl der Vierecke, Kreise, Dreiecke und Sterne nimmt von Schritt zu Schritt um eins ab. Dabei werden Vierecke und Dreiecke innerhalb der Abbildungen von rechts nach links, Kreise und Sterne von links nach rechts entfernt.

**Zu 7) C.**

Die Reihe besteht aus Dreiecken und Vierecken, die sich abwechseln, wobei alle Vierecke grau eingefärbt sind.

**Zu 8) C.**

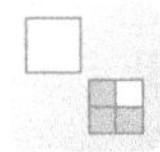

Das kleine dunkle Quadrat springt zwischen den weißen Quadraten hin und her und ändert darin mit jedem Sprung seine horizontale Ausrichtung. Darüber hinaus wird bei jedem Sprung in das untere mittelgroße Quadrat ein weiteres graues Quadrat hinzugefügt.

**Zu 9) E.**

Im letzten Schritt werden alle vorangegangenen Formen positionsgetreu aufeinandergelegt.

**Zu 10) B.**

Mit jeder Figur kommt ein neues weißes Dreieck hinzu; vorhandene Dreiecke färben sich dunkel.

*Figurenmatrizen (Aufgaben 11–20)*

**Zu 11) A.**

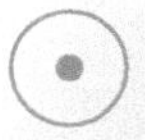

Die Figuren einer Spalte drehen sich von oben nach unten um jeweils 45° im Uhrzeigersinn. Schwarze und weiße Punkte wechseln sich ab. Es fehlt ein Kreis mit einem schwarzen Punkt – so wie Figur A.

**Zu 12) B.**

Betrachten Sie jede Reihe für sich: Die beiden linken Figuren werden rechts überlagert. Da in der betreffenden Reihe die Figuren links und rechts gleich sind, muss das fehlende Objekt ausschließlich Elemente der linken Figur enthalten – dafür kommt nur B infrage.

**Zu 13) A.**

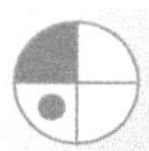

Betrachtet man eine Reihe von links nach rechts, wandern der Punkt und die schwarze Fläche schrittweise um 90° im Uhrzeigersinn durch das Linienkreuz. Gesucht wird also ein Kreis mit einer schwarzen Fläche links oben und einem Punkt links unten.

**Zu 14) B.**

Gehen Sie in den einzelnen Reihen von links nach rechts vor. In jeder Reihe kommt nur ein Objekttyp (Viereck, Raute, Kreis) vor. In den Objekten befinden sich zwei Punkte, die mit verschiedenen Geschwindigkeiten innerhalb des Objekts umlaufen: Ein Punkt wandert um 90° im Uhrzeigersinn, der andere um 180°.

**Zu 15) D.**

Die Objekte unterscheiden sich in ihrer Form (Kreis, Quadrat, Dreieck) und in der Anzahl ihrer Mäntel. In jeder Reihe und jeder Spalte haben alle Objekte eine unterschiedliche Form und Mantelzahl. Das fehlende Objekt ist ein Dreieck mit nur einem Mantel.

**Zu 16) C.**

Gehen Sie von oben nach unten vor: Die beiden oberen Figuren einer Spalte ergeben aufeinandergelegt das jeweils untere Objekt, wobei doppelt vorhandene Linien entfernt werden müssen.

**Zu 17) B.**

Betrachten Sie jede Spalte für sich: Das jeweils untere Objekt enthält genauso viele schwarze und weiße Quadrate wie die beiden anderen Objekte der Spalte zusammen. Schwarze Quadrate sind über dem „Bruchstrich" platziert, weiße Quadrate darunter – und ihre horizontale Lage wird beibehalten.

**Zu 18) E.**

Gehen Sie von oben nach unten vor. Der Pfeil wird mit jedem Schritt nach unten um 90° gegen den Uhrzeigersinn gedreht. So kommen nur die Antworten A und E in Betracht. Zudem darf in jeder Spalte nur ein schwarzes Objekt sein, sodass nur Antwort E als Lösung bleibt.

**Zu 19) A.**

Betrachten Sie jede Spalte für sich: Dreht man das jeweils obere Objekt um 90° gegen den Uhrzeigersinn, erhält man das mittlere Objekt. Wird dieses wiederum an einer waagerechten Achse gespiegelt, ergibt sich das jeweils untere Objekt.

**Zu 20) B.**

Gehen Sie in den einzelnen Reihen von links nach rechts vor. Wird das links stehende Objekt an einer senkrechten Achse gespiegelt, erhält man das Objekt der jeweils zweiten Spalte. Dreht man dieses wiederum um 90° gegen den Uhrzeigersinn, kommt man auf das Objekt der rechten Spalte.

***Würfelaufgaben (Aufgaben 21–30)***

**Zu 21) C.**

Kippen Sie den Aufgabenwürfel nach links und drehen Sie ihn um 90 Grad gegen den Uhrzeigersinn.

**Zu 22) C.**

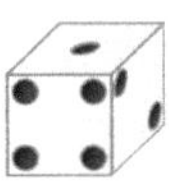

Kippen Sie den Aufgabenwürfel nach rechts und drehen Sie ihn um 90 Grad im Uhrzeigersinn.

**Zu 23) D.**

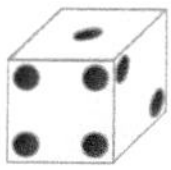

Kippen Sie den Aufgabenwürfel nach links und drehen Sie ihn um 90 Grad im Uhrzeigersinn.

**Zu 24) B.**

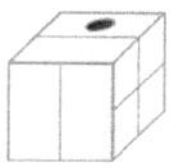

Kippen Sie den Aufgabenwürfel nach hinten und drehen Sie ihn um 90 Grad im Uhrzeigersinn.

**Zu 25) A.**

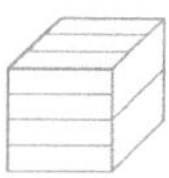

Drehen Sie den Aufgabenwürfel um 90 Grad gegen den Uhrzeigersinn und kippen Sie ihn nach vorne.

**Zu 26) C.**

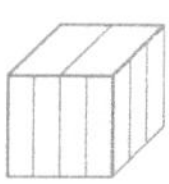

Kippen Sie den Aufgabenwürfel nach hinten und drehen Sie ihn um 90 Grad im Uhrzeigersinn.

**Zu 27) B.**

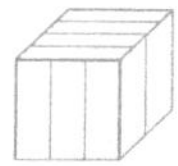

Drehen Sie den Aufgabenwürfel um 90 Grad im Uhrzeigersinn kippen Sie ihn nach rechts.

**Zu 28) E.**

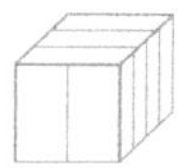

Kippen Sie den Aufgabenwürfel nach hinten und drehen Sie ihn um 90 Grad im Uhrzeigersinn.

**Zu 29) B.**

Kippen Sie den Aufgabenwürfel nach links und drehen Sie ihn um 90 Grad gegen den Uhrzeigersinn.

**Zu 30) C.**

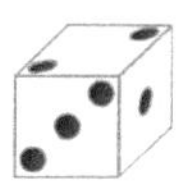

Kippen Sie den Aufgabenwürfel nach links und drehen Sie ihn um 90 Grad gegen den Uhrzeigersinn.

***Formenpuzzle (Aufgaben 31–40)***

**Zu 31) 1D | 2C | 3E | 4B | 5A**

**Zu 32) 1A | 2E | 3D | 4C | 5B**

**Zu 33) 1C | 2A | 3E | 4B | 5D**

**Zu 34) 1B | 2E | 3C | 4A | 5D**

**Zu 35) 1C | 2A | 3D | 4E | 5B**

**Zu 36) 1D | 2A | 3E | 4B | 5C**

**Zu 37)** **1C | 2E | 3D | 4A | 5B**

**Zu 38)** **1D | 2E | 3C | 4B | 5A**

**Zu 39)** **1E | 2D | 3B | 4C | 5A**

**Zu 40)** **1C | 2D | 3E | 4B | 5A**

***Fehlerhafte Figur erkennen (Aufgaben 41–50)***

Block A: Käfer

**Zu 41)** **D.**

**Zu 42)** **B.**

**Zu 43)** **A.**

**Zu 44)** **D.**

**Zu 45)** **C.**

Block B: Abstrakt

**Zu 46)** **A.**

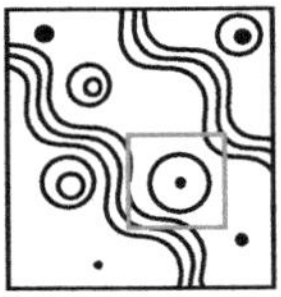

**Zu 47)** **D.**

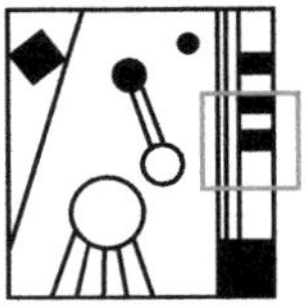

**Zu 48)** **E.**

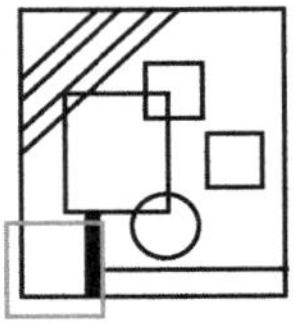

**Zu 49) B.**

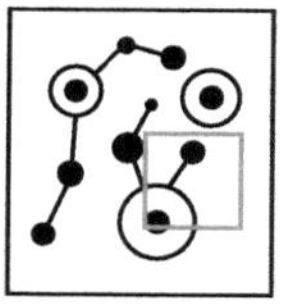

**Zu 50) B.**

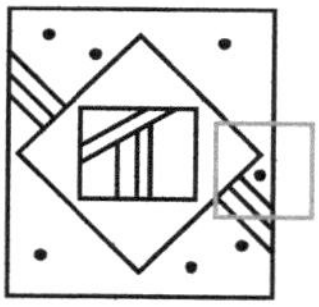

# Konzentration und Merkfähigkeit

## „b/d/p/q"-Test

*Bearbeitungszeit 2 Minuten*

**In diesem Abschnitt werden Ihre Schnelligkeit und Genauigkeit geprüft.**

Sie erhalten in jeder Buchstabenzeile bis zu vier Buchstaben, nämlich „p", „b", „d" und „q". Ihre Aufgabe lautet, in jeder Buchstabenzeile den Buchstaben „q" zu finden und die Anzahl gefundener „q"s in der rechten Spalte einzutragen.

### Hierzu ein Beispiel

***Aufgabe***

**1)** p b d q p b d q p b d q p b d q p b d q ____

***Antwort***

**1)** p b d q p b d q p b d q p b d q p b d q 5

Bitte beginnen Sie nun mit der Bearbeitung: Notieren Sie die Zahl der pro Zeile gefundenen „q"s in der rechten Spalte. Sie haben dafür **2 Minuten** Zeit.

**1)** p p q b p q p b q p p q b q p d p q p q ____

**2)** p p b d p p q p d q p q d q p b p q p q ____

**3)** p b p q p d d p q p b p q d q p d p q p ____

**4)** p d p b p q p p b p q p q q p d q p q q ____

**5)** p d q p d q p b q p q b q d q p q d q p ____

**6)** d p p d p b b p d p q p q q q p q p q q ____

**7)** b p d q p q p d p p q d q q p b q p q q ____

**8)** d p d p p q p q b q q p b d p p q p d p ____

| | | | | | | | | | | | | | | | | | | | | | |
|---|---|---|---|---|---|---|---|---|---|---|---|---|---|---|---|---|---|---|---|---|---|
| **9)** | p | p | q | q | d | q | q | p | q | p | d | p | b | p | q | b | p | d | p | d | ____ |
| **10)** | p | d | d | p | q | p | b | q | p | b | q | p | q | p | b | p | q | p | q | b | ____ |
| **11)** | p | p | d | p | d | p | q | p | q | p | d | p | q | q | b | p | b | p | q | q | ____ |
| **12)** | p | q | q | p | q | p | d | p | d | p | p | d | q | p | p | d | p | b | q | p | ____ |
| **13)** | p | b | p | d | d | p | d | p | p | q | p | d | p | q | p | b | p | b | p | q | ____ |
| **14)** | p | b | b | p | d | p | d | p | p | q | d | q | p | q | q | d | p | q | p | q | ____ |
| **15)** | p | p | d | p | b | p | b | b | p | d | p | p | q | q | p | d | d | p | q | q | ____ |
| **16)** | p | d | p | b | q | p | b | q | p | q | p | b | q | q | p | d | d | p | q | q | ____ |
| **17)** | p | p | q | p | q | p | q | b | p | q | q | d | q | p | q | d | q | p | q | p | ____ |
| **18)** | p | p | b | b | p | d | q | p | q | q | q | p | d | d | p | b | q | p | b | p | ____ |
| **19)** | p | p | p | b | p | b | d | p | d | p | q | p | b | p | q | p | q | b | p | p | ____ |
| **20)** | p | p | b | p | b | p | d | q | p | q | p | p | q | q | p | d | b | p | q | q | ____ |
| **21)** | p | p | b | q | p | b | q | p | q | q | p | q | p | d | p | d | p | q | p | p | ____ |
| **22)** | p | p | q | q | p | b | q | q | p | b | q | q | p | d | d | p | q | q | p | p | ____ |
| **23)** | p | p | p | b | p | b | p | q | b | q | p | q | d | q | p | d | p | q | p | q | ____ |
| **24)** | p | d | p | b | p | d | p | p | b | p | p | q | q | q | p | b | p | q | q | q | ____ |
| **25)** | b | p | b | p | d | p | d | p | d | p | p | b | p | q | q | p | p | b | d | q | ____ |
| **26)** | p | b | p | b | b | p | p | d | q | p | q | b | q | q | p | d | q | p | q | q | ____ |
| **27)** | p | d | p | b | p | p | b | p | q | p | q | p | q | p | d | p | q | p | q | p | ____ |
| **28)** | q | p | q | q | p | p | q | p | p | q | p | p | p | q | p | p | p | p | p | q | ____ |

**29)** p q p d p d p b b p q p q p b d q p q p ____

**30)** p q p q b q p b p d q d q q p b q p q q ____

**31)** p p b d d q b q p q p d q p d b p p q p ____

**32)** p p p p d b d p b q p b q q q p b p q q ____

**33)** p p p b p b d p d p p d p p q p d p p p ____

**34)** q p q q q q p d p q p p p q p p d b b q ____

**35)** p q q p p q q p d q p q p d b b p q p p ____

**36)** p d p q q p q q q p b d p p q p b d d p ____

**37)** q q q p q p q d q d q b q p b p q p q p ____

**38)** p q p p q q p p q p q p b p q b q p b p ____

**39)** p p q q q p p q p b p b d d q p p d p p ____

**40)** p p q p p p p p b d b p b p q p d d p p ____

## Adressen überprüfen *Bearbeitungszeit 5 Minuten*

**Beim Abschreiben einer Adressdatei haben sich einige Fehler eingeschlichen.**

Vergleichen Sie die Abschrift in der jeweils unteren Zeile mit den Originalangaben darüber, finden Sie alle Fehler und notieren Sie deren Anzahl in der rechten Spalte. Zeichendreher – beispielsweise von „13" zu „31" – zählen doppelt.

| | Name | Vorname | Straße | Ort | Fehler |
|---|---|---|---|---|---|
| 41) | Adam | Agnes | Alte Dorfstr. 1 | 24217 Schönberg | |
| | Adem | Agnes | alte Dorfstr. 1 | 25217 Schönberg | ______ |
| 42) | Knautz | Alexander | Am Schlitz 1 | 25358 Horst | |
| | Knauts | Alexandar | Am schlitz 1 | 25354 Horst | ______ |
| 43) | Ahrens | Alice | Am Winkel 1 | 25980 Sylt-Ost | |
| | Ahrans | Alise | Am Winkel 1 | 25980 Sylt-Ost | ______ |
| 44) | Walter | Mike | Am Berge 1 | 26121 Oldenburg | |
| | Walter | Mike | Am Berge 1 | 26111 Oldenburg | ______ |
| 45) | Ahring | Thomas | Am Busch 1 | 26419 Schortens | |
| | Ahring | Thomes | Am Busch 2 | 26418 Schortems | ______ |
| 46) | Aichinger | Beate | Am Dorfteich 2 | 60386 Frankfurt | |
| | Aichinger | Beete | Am Dorfdeich 2 | 60383 Frankfurt | ______ |
| 47) | Altenkamp | Brigitte | Am Teich 2 | 28816 Stuhr | |
| | Altenkamp | Brigitte | Am Teich 4 | 28816 Stuhl | ______ |
| 48) | Andreas | Brune | Bellerwiese 3 | 29581 Gerdau | |
| | Andreas | Brune | Bellerwiese 3 | 29591 Gerdau | ______ |
| 49) | Kraus | Bruno | Bonmannstr. 3 | 40789 Mannheim | |
| | Kraus | Bruno | BonmannStr. 3 | 41780 Mannhaim | ______ |
| 50) | Appen | Claudia | Hauptstraße 54 | 40878 Ratingen | |
| | Appin | Claudio | Hauptstrase 54 | 40868 Ratingen | ______ |
| 51) | Arnold | Claus | Brückerfeldstr. 4 | 41462 Neuss | |
| | Arnolt | ClauS | Bruckerfeldstr. 4 | 41462 Neuss | ______ |

| | | | | | |
|---|---|---|---|---|---|
| **52)** | Bauer | Daniela | Dinzling 5 | 44879 Bochum | |
| | Bauer | Daniala | Dinzleng 5 | 46879 Bochum | ______ |
| **53)** | Meyer | Dominik | Drachenfelsstr. 5 | 45127 Essen | |
| | Meyer | Domenik | Drachenfeltstr. 5 | 45122 Essen | ______ |
| **54)** | Münch | Elfie | Ferdinandstr. 6 | 45357 Essen | |
| | Munch | Elfia | Ferdinantstr. 6 | 45347 Essen | ______ |
| **55)** | Schuster | Erika | Kaimstr. 7 | 46049 Oberhausen | |
| | Schuster | Erika | KaimStr. 7 | 46049 Oberhausen | ______ |
| **56)** | Perle | Lisa | Franzstr. 7 | 47533 Kleve | |
| | Perle | Lise | Fransstr. 7 | 47633 Kleve | ______ |
| **57)** | Berke | Frank | Friedrichstr. 7 | 49214 Rothenfelde | |
| | Berki | Frang | Friedrichstr. 7 | 49214 Rothenfelse | ______ |
| **58)** | Binkel | Friedrich | Gerhardstr. 8 | 50939 Köln | |
| | Binkle | Friedrich | Gerhartstr. 8 | 50939 Köln | ______ |
| **59)** | Ernst | Fritz | Grundstr. 8 | 53179 Bonn | |
| | Ernst | Fritz | Grunbstr. 8 | 53179 Bonu | ______ |
| **60)** | Eva | Germanus | Hauptstr. 9 | 53332 Bornheim | |
| | Ewa | Germanns | Hauptstr. 9 | 53333 Bornheim | ______ |
| **61)** | Fahle | Hannelore | Hermannstr. 9 | 53343 Wachtberg | |
| | Fahla | Hannalore | Hermannstr. 9 | 53343 Wachtberg | ______ |
| **62)** | Großmann | Hartwig | Herringastr. 10 | 53343 Wachtberg | |
| | Großmann | Hartweg | Herringestr. 10 | 53343 Wachtberg | ______ |
| **63)** | Groß | Heike | Höchte 10 | 53518 Leimbach | |
| | Groß | Heiko | Höchte 10 | 53518 Leimbach | ______ |
| **64)** | Hansen | Sabine | Höhenstr. 11 | 53520 Kaltenborn | |
| | Hansen | Sabina | Hölenstr. 11 | 53520 Kaltenborn | ______ |
| **65)** | Würzburger | Helga | Höhenstr. 12 | 53913 Swisttal | |
| | Würzburger | Helga | Höhenstr. 12 | 53913 Swisstal | ______ |

## Begriffe wiedererkennen *Einprägezeit 4 Minuten*

**Bitte merken Sie sich die vorgegebenen Begriffe, um sie anschließend in einer nach Kategorien sortierten Begriffstabelle wiederfinden zu können.**

Zum Einprägen haben Sie **4 Minuten** Zeit. Hierbei dürfen Sie sich keine Notizen machen.

**Begriffe**

| | | |
|---|---|---|
| Hannah | Libelle | graublau |
| Handball | Winter | Kreditkarte |
| Freude | Dachdecker | Hamster |
| Fiat | Kempten | Gesamtschule |
| Birke | Sakko | Pappe |
| Dreizehn | Meyer | Kuh |
| Italien | Gerbera | |

! *Hinweis*

Bei dieser Aufgabe ist keine Unterbrechung notwendig, bitte beginnen Sie direkt mit der Bearbeitung!

## Begriffe wiedererkennen

*Bearbeitungszeit 5 Minuten*

**Welche Begriffe lagen Ihnen soeben vor?**

Beginnen Sie bitte jetzt mit den Aufgaben und kreuzen Sie jeweils den richtigen Lösungsbuchstaben an.

**66)** Zahlen:

**A.** Dreizehn **B.** Sieben **C.** Neunzehn **D.** Acht

**67)** Sportarten:

**A.** Reiten **B.** Leichtathletik **C.** Handball **D.** Pilates

**68)** Insekten:

**A.** Mücke **B.** Libelle **C.** Heuschrecke **D.** Biene

**69)** Berufe:

**A.** Dachdecker **B.** Maurer **C.** Grafiker **D.** Buchhändler

**70)** Kleidungsstücke:

**A.** Bluse **B.** Hose **C.** Rock **D.** Sakko

**71)** Blumen:

**A.** Geranie **B.** Lilie **C.** Erika **D.** Gerbera

**72)** Zahlungsarten:

**A.** Überweisung **B.** Rechnung **C.** Kreditkarte **D.** Vorkasse

**73)** Schulformen:

**A.** Grundschule **B.** Gesamtschule **C.** Gymnasium **D.** Hauptschule

**74)** Nutztiere:

**A.** Huhn **B.** Rind **C.** Schwein **D.** Kuh

**75)** Vornamen:

**A.** Johanna **B.** Julia **C.** Hannah **D.** Franziska

**76)** Emotionen:

| | | | |
|---|---|---|---|
| **A.** Freude | **B.** Trauer | **C.** Mitleid | **D.** Angst |

**77)** Bäume:

| | | | |
|---|---|---|---|
| **A.** Fichte | **B.** Ahorn | **C.** Apfelbaum | **D.** Birke |

**78)** Reiseziele:

| | | | |
|---|---|---|---|
| **A.** Spanien | **B.** Italien | **C.** USA | **D.** Deutschland |

**79)** Jahreszeiten:

| | | | |
|---|---|---|---|
| **A.** Sommer | **B.** Frühling | **C.** Winter | **D.** Herbst |

**80)** Augenfarben:

| | | | |
|---|---|---|---|
| **A.** grünbraun | **B.** graublau | **C.** blau | **D.** blaugrau |

**81)** Werkstoffe:

| | | | |
|---|---|---|---|
| **A.** Pappe | **B.** Holz | **C.** Glas | **D.** Metall |

**82)** Automarke:

| | | | |
|---|---|---|---|
| **A.** BMW | **B.** Peugeot | **C.** Fiat | **D.** VW |

**83)** Städte:

| | | | |
|---|---|---|---|
| **A.** Kempten | **B.** Freiburg | **C.** Kempen | **D.** Erfurt |

**84)** Namen:

| | | | |
|---|---|---|---|
| **A.** Meyer | **B.** Mayer | **C.** Meier | **D.** Müller |

**85)** Haustiere:

| | | | |
|---|---|---|---|
| **A.** Hund | **B.** Katze | **C.** Kaninchen | **D.** Hamster |

## Figurenpaare einprägen

*Einprägezeit 10 Minuten*

**Unten finden Sie einen Block mit 15 Figurenpaaren. Bitte merken Sie sich, welche zwei Figuren jeweils zusammengehören.**

Anschließend erhalten Sie einzelne Figuren und müssen dazu den richtigen Partner bestimmen.

Zum Einprägen haben Sie **10 Minuten** Zeit. Hierbei dürfen Sie sich keine Notizen machen.

Figurenpaare

! *Hinweis*

Bei dieser Aufgabe ist keine Unterbrechung notwendig, bitte beginnen Sie direkt mit der Bearbeitung!

Decken Sie dafür diese Seite ab.

## Figurenpaare einprägen

*Bearbeitungszeit 5 Minuten*

Bitte stellen Sie das ursprüngliche Figurenpaar wieder her, indem Sie den Lösungsbuchstaben der jeweils passenden Figur markieren.

**86)** Welche Figur vervollständigt das Figurenpaar?

A B C D E

**87)** Welche Figur vervollständigt das Figurenpaar?

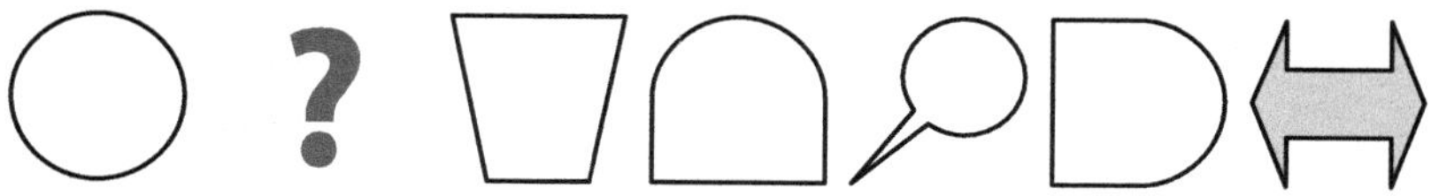

A B C D E

**88)** Welche Figur vervollständigt das Figurenpaar?

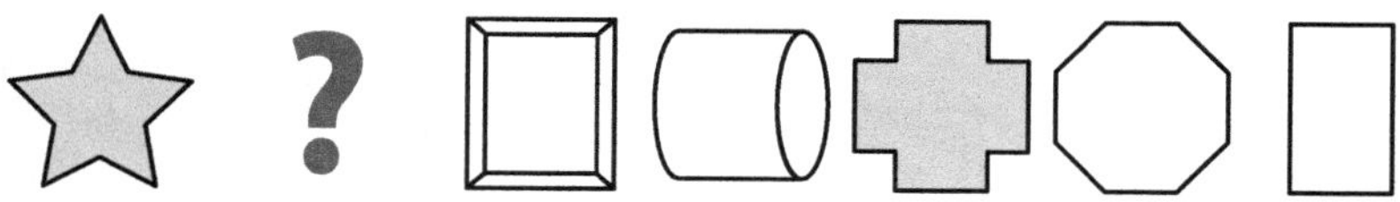

A B C D E

**89)** Welche Figur vervollständigt das Figurenpaar?

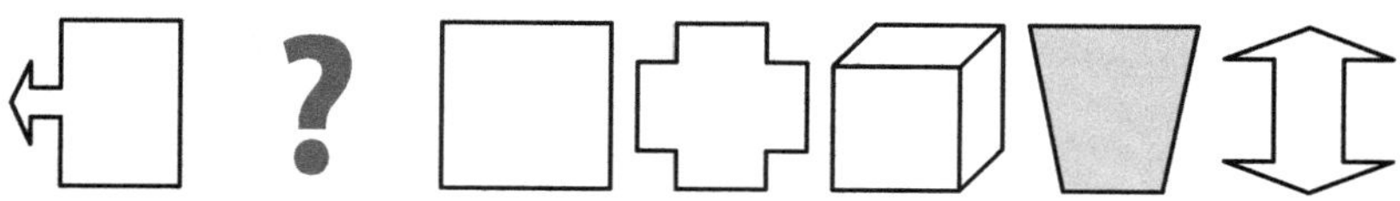

A B C D E

**90)** Welche Figur vervollständigt das Figurenpaar?

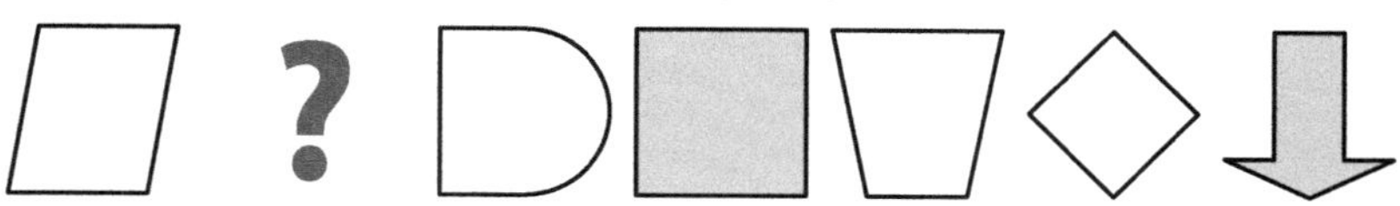

A B C D E

**91)** Welche Figur vervollständigt das Figurenpaar?

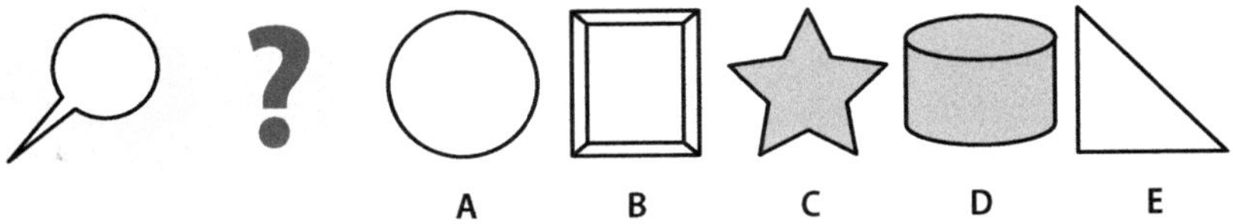


**92)** Welche Figur vervollständigt das Figurenpaar?

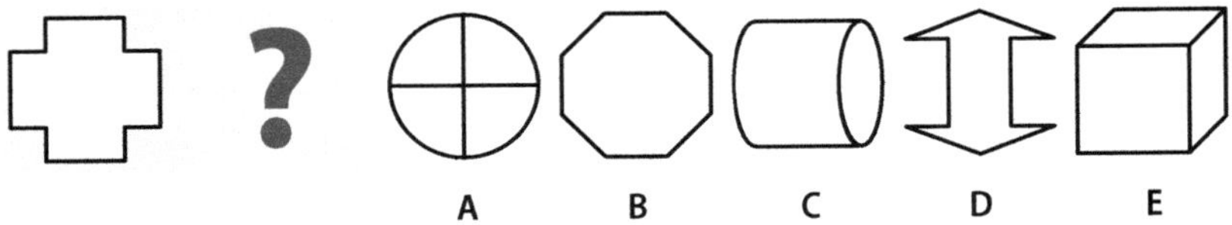


**93)** Welche Figur vervollständigt das Figurenpaar?

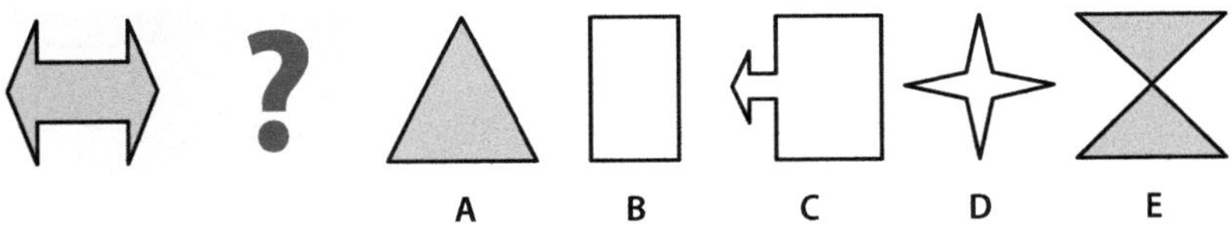


**94)** Welche Figur vervollständigt das Figurenpaar?

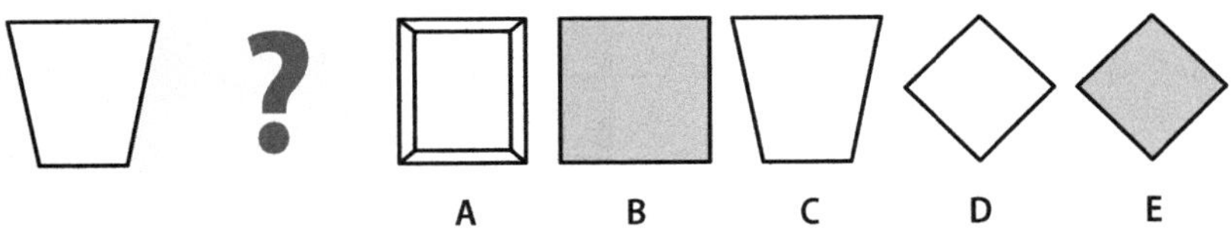


**95)** Welche Figur vervollständigt das Figurenpaar?

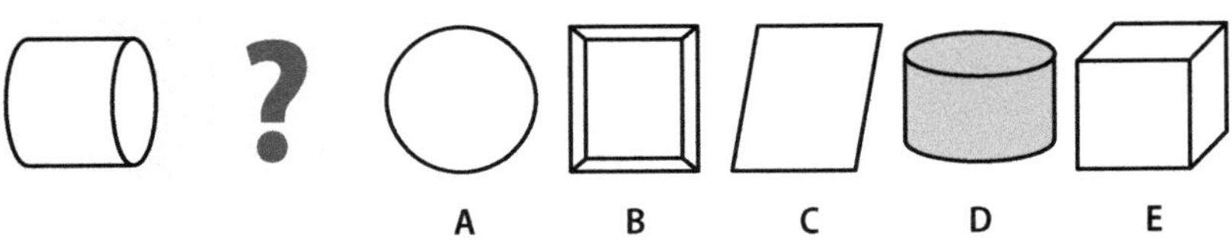

**96)** Welche Figur vervollständigt das Figurenpaar?

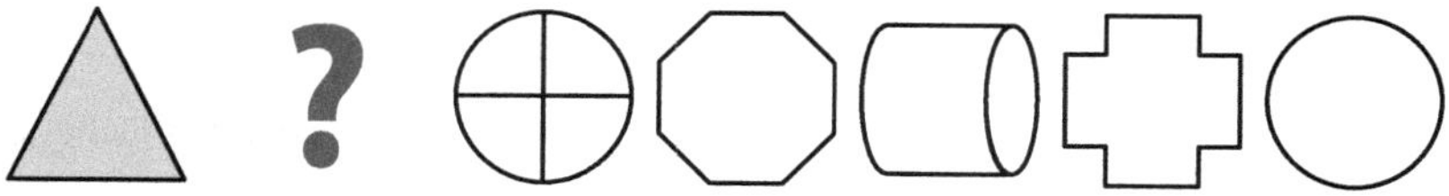

A B C D E

**97)** Welche Figur vervollständigt das Figurenpaar?

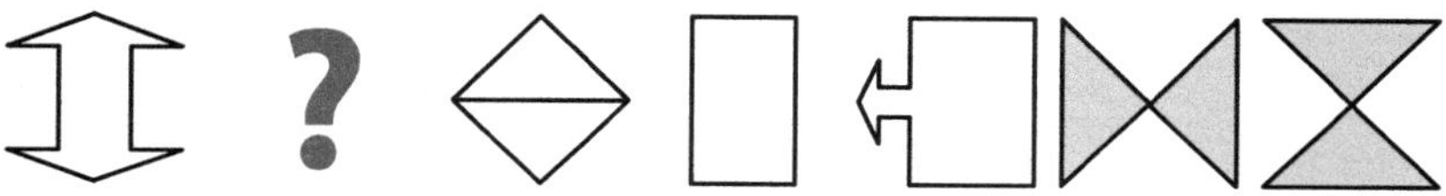

A B C D E

**98)** Welche Figur vervollständigt das Figurenpaar?

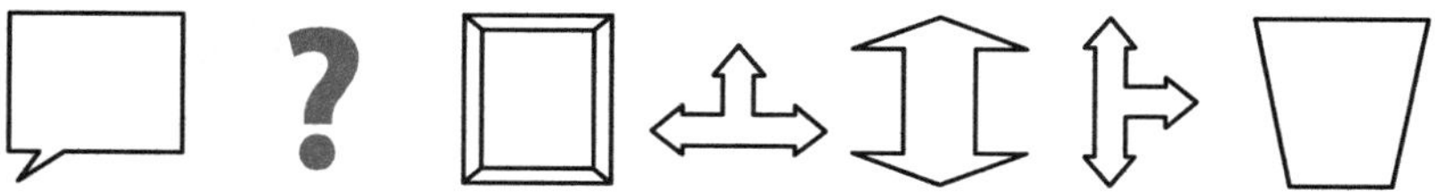

A B C D E

**99)** Welche Figur vervollständigt das Figurenpaar?

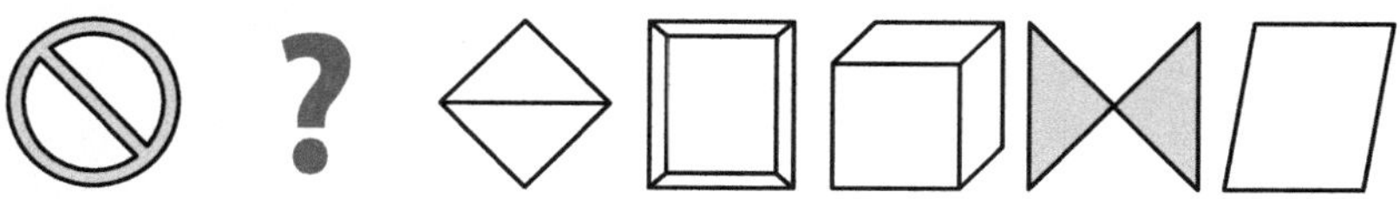

A B C D E

**100)** Welche Figur vervollständigt das Figurenpaar?

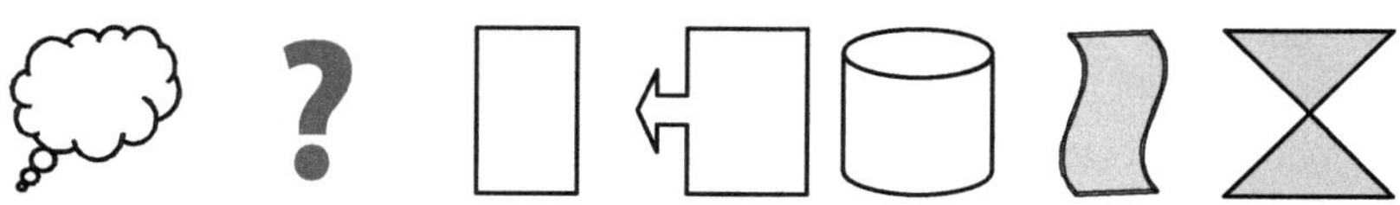

A B C D E

## Lebensläufe einprägen

*Einprägezeit 10 Minuten*

**Prägen Sie sich die folgenden beiden Biografien gut ein.**

Sie haben dafür **10 Minuten** Zeit. Hierbei dürfen Sie sich keine Notizen machen.

**Biografie 1**

| | |
|---|---|
| Familienname: | Klingelhöfer |
| Vorname: | Christian Marc |
| Geburtsdatum: | 14.03.1984 |
| Geburtsort: | Marburg |
| Beruf: | Software-Entwickler |

Christian Klingelhöfer wurde am 14. März 1984 in Marburg als erster Sohn von Günther und Brigitte Klingelhöfer geboren. Mit seinem kleinen Bruder Patrick und seiner drei Jahre älteren Schwester Melanie verbrachte er seine Kindheit im Marburger Stadtteil Wehrda, wo er die Gutenberg-Grundschule besuchte und 1993 den Schulwettbewerb im Fach Mathematik gewann. In der Oberstufe belegte er den Physik-Leistungskurs und engagierte sich in der Theater AG der Herz-Jesu-Gemeinde. Nach dem Grundwehrdienst, den er in Rotenburg an der Fulda als Panzergrenadier ableistete, entschloss er sich zu einem Informatikstudium. Christians Eltern hatten sich für ihn eher ein Medizinstudium vorgestellt. 2004 zog Christian nach München, wo er an der Technischen Universität das Studium bei Prof. Dr. Paulo Conti aufnahm. Während des Studiums lernte er seine Kommilitonen Esra und Jérôme kennen, mit denen er nach dem Studium in Berlin „Gamific" gründete, eine Entwicklungsfirma für Online-Games. Bereits ein Jahr nach seiner Gründung gewann das Unternehmen 2013 den zweiten Platz beim Gründerpreis der IT-Zeitschrift „PC+Me".

**Biografie 2**

| | |
|---|---|
| Familienname: | Arnold |
| Vorname: | Celina |
| Geburtsdatum: | 20.12.1998 |
| Geburtsort: | Lohr am Main |
| Beruf: | Auszubildende |

Celina Arnold, geboren am 20. Dezember 1998 in Lohr am Main, zog nach Aschaffenburg, als sie vier Jahre alt war. Ein Jahr später begann sie das Voltigieren auf dem schwarz und weiß gescheckten Pony Rudi, das ihre Eltern Anja und Thomas ihr zum Geburtstag geschenkt hatten. Auf den Pferden Gigolo, Cajus und Pie-O-My gewann sie zwischen 2009 und 2013 dreimal den zweiten, einmal den ersten und einmal den dritten Platz im Springreiten bei verschiedenen lokalen Turnieren und konnte damit den Reitverein „Grüne Weide Aschaffenburg" erfolgreich repräsentieren. Die Realschule schloss sie erfolgreich mit der mittleren Reife ab. Ihre Ausbildung zur Pferdewirtin konnte Celina 2014 aufgrund eines Wirbelsäulenschadens leider nicht beginnen. Nach einer fünfmonatigen Neuorientierungsphase fand sie eine Ausbildungsstelle zur Tiermedizinischen Fachangestellten in der Pferdeklinik Niedernberg. Celina konnte die Klinikleiterin Frau Dr. Kirsten Wellenkieper mit ihrem Fachwissen und ihren herausragenden Noten in Biologie, Mathematik und Deutsch überzeugen. Mit ihrem Freund Lukas, mit dem sie seit anderthalb Jahren zusammen ist, wohnt Celina in einer Zwei-Zimmer-Wohnung im Aschaffenburger Stadtteil Damm.

! *Hinweis*

Nachdem Sie sich die Lebensläufe eingeprägt haben, sollten Sie sich 5 Minuten mit etwas anderem beschäftigen, bevor Sie die dazugehörigen Fragen aus dem Gedächtnis beantworten.

## Lebensläufe einprägen

*Bearbeitungszeit 5 Minuten*

**Soeben lagen Ihnen zwei Lebensläufe vor, die Sie sich einprägen sollten.**

Bitte beginnen Sie nun mit der Bearbeitung: Markieren Sie jeweils den Lösungsbuchstaben des richtigen Antwortvorschlags.

**101)** Wie lautet der zweite Vorname von Christian Klingelhöfer?

**A.** Marcos
**B.** Marc
**C.** Marcus
**D.** Mark
**E.** Marco

**102)** Welchen Leistungskurs belegte Christian Klingelhöfer?

**A.** Biologie-Leistungskurs
**B.** Informatik-Leistungskurs
**C.** Mathematik-Leistungskurs
**D.** Physik-Leistungskurs
**E.** Chemie-Leistungskurs

**103)** Welchen Platz gewann Christian Klingelhöfers Software-Unternehmen beim Gründerpreis?

**A.** Den fünften Platz
**B.** Den vierten Platz
**C.** Den zweiten Platz
**D.** Den ersten Platz
**E.** Den dritten Platz

**104)** In welchem Jahr gewann Christian Klingelhöfer den Schulwettbewerb in Mathematik?

**A.** 1992
**B.** 1993
**C.** 1995
**D.** 1994
**E.** 1991

**105)** Als was leistete Christian Klingelhöfer seinen Grundwehrdienst ab?

**A.** Als Panzerkanonier
**B.** Als Panzerpionier
**C.** Als Panzerschütze
**D.** Als Panzerfunker
**E.** Als Panzergrenadier

**106)** Wie heißt Celina Arnolds Mutter?

**A.** Sonja
**B.** Tanja
**C.** Petra
**D.** Anja
**E.** Katja

**107)** Wann wurde Celina Arnold geboren?

**A.** 20.01.1998
**B.** 20.11.1998
**C.** 21.11.1998
**D.** 20.12.1998
**E.** 21.12.1998

**108)** Wie heißen die Pferde, auf denen Celina Arnold an mehreren Turnieren teilnahm?

**A.** Gigolo, Cajus und Pie-O-My
**B.** Gigolo, Filou und Pie-O-My
**C.** Majola, Cajus und Gigolo
**D.** Gigolo, Acapulco und Zsa Zsa
**E.** Pie-O-My, Zou Zou und Cajus

**109)** Wann schloss Celina Arnold die Realschule ab?

**A.** 2012
**B.** Das wird im Text nicht erwähnt.
**C.** 2013
**D.** 2014
**E.** 2015

**110)** Wie heißt der Reitverein, in dem Celina Arnold Mitglied ist?

**A.** „Grüner Wald Aschaffenburg"
**B.** „Grüner Acker Aschaffenburg"
**C.** „Grüne Weide Aschaffenburg"
**D.** „Grüne Aue Aschaffenburg"
**E.** „Grüne Wiese Aschaffenburg"

## Rechnen mit Hindernis

*Bearbeitungszeit 5 Minuten*

**Nun lösen Sie pro Aufgabe zwei einfache Rechnungen und führen anschließend – je nach Ergebnis – eine bestimmte Rechenoperation durch.**

Ist das Ergebnis der oberen Rechenzeile größer als jenes der unteren Zeile, so muss das untere Teilergebnis vom oberen abgezogen werden. Ansonsten müssen beide Teilergebnisse addiert werden.

### Hierzu ein Beispiel

*Aufgabe*

**1)** 5 + 5 − 1
2 + 2 − 3
=

*Antwort*

**1)** = 8

5 + 5 − 1 = 9 (größeres Ergebnis)

2 + 2 − 3 = 1 (kleineres Ergebnis)

9 − 1 = 8 (größeres Ergebnis – kleineres Ergebnis)

*Aufgabe*

**2)** 2 + 2 − 3
5 + 5 − 1
=

*Antwort*

**2)** = 10

2 + 2 − 3 = 1 (kleineres Ergebnis)

5 + 5 − 1 = 9 (größeres Ergebnis)

9 + 1 = 10 (größeres Ergebnis + kleineres Ergebnis)

Beginnen Sie bitte jetzt mit den Aufgaben: Berechnen Sie jeweils die richtige Lösung. Sie haben dafür **5 Minuten** Zeit.

**111)** 17 − 18 + 19
6 − 17 + 12
=

**112)** 14 − 19 + 16
12 − 16 + 9
=

**113)** 16 – 29 + 27
24 + 6 – 22
=

**114)** 25 – 17 + 8
21 – 29 + 14
=

**115)** 7 + 4 – 3
14 + 8 – 2
=

**116)** 9 + 11 – 7
18 + 7 – 4
=

**117)** 17 + 9 – 12
11 – 4 + 21
=

**118)** 14 + 17 – 20
18 + 14 – 17
=

**119)** 22 + 17 + 15
24 + 9 – 17
=

**120)** 15 – 22 – 3
19 – 24 – 16
=

**121)** 21 + 15 – 19
18 + 11 – 6
=

**122)** 15 + 19 + 12
18 + 21 + 19
=

**123)** 4 + 18 + 7
15 + 12 + 7
=

**124)** 11 + 14 – 9
18 – 16 + 9
=

**125)** 12 – 18 + 6
14 + 9 – 14
=

**126)** 18 – 23 + 19
16 + 12 + 3
=

127) 16 – 19 – 6
14 – 18 + 11
=

128) 14 – 8 – 7
15 – 18 + 2
=

129) 14 + 6 – 28
18 + 14 – 9
=

130) 1 – 17 + 4
3 – 21 + 3
=

131) 15 + 18 – 3
12 + 8 – 5
=

132) 12 + 17 – 7
11 + 14 – 5
=

133) 16 + 13 – 9
14 + 3 – 2
=

134) 22 + 17 – 19
15 + 19 – 14
=

135) 17 + 13 – 16
14 + 17 – 9
=

136) 14 + 18 + 17
15 + 14 + 7
=

137) 18 + 17 – 6
8 + 19 – 9
=

138) 15 + 7 – 11
6 + 9 – 19
=

139) 24 + 17 – 21
17 + 21 – 28
=

140) 23 + 19 – 12
14 + 17 – 9
=

**141)** 18 + 16 + 8
14 + 13 − 7
=

**142)** 16 + 26 − 12
11 + 4 + 7
=

**143)** 21 + 14 − 3
16 + 15 − 9
=

**144)** 14 + 16 − 6
11 + 6 − 3
=

**145)** 28 + 19 − 7
14 + 13 + 8
=

**146)** 1 − 17 + 4
3 − 21 + 3
=

**147)** 22 + 17 + 15
24 + 9 − 17
=

**148)** 15 − 22 − 3
19 − 24 − 16
=

**149)** 21 + 15 − 19
18 + 11 − 6
=

**150)** 15 + 19 + 12
18 + 21 + 19
=

## Schlüssel finden

*Bearbeitungszeit 5 Minuten*

Die abgebildeten Schlüssel haben unterschiedlich viele Zacken. Bitte markieren Sie alle Schlüssel mit genau einem oder zwei Zacken. Wie lang die Zacken sind – und ob sie eher spitz oder breit zulaufen – spielt keine Rolle.

### Hierzu ein Beispiel

***Aufgabe***

1) 

***Antwort***

1) 

Bitte beginnen Sie nun mit der Bearbeitung: Markieren Sie die gesuchten Schlüssel.

151) 

152) 

153) 

154) 

155) 

156) 

157) 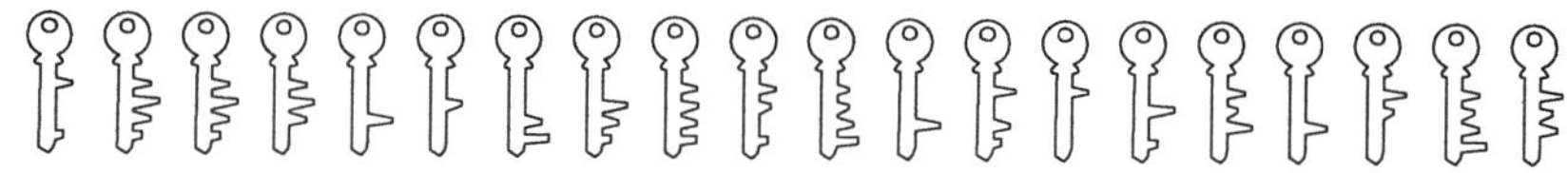

158) 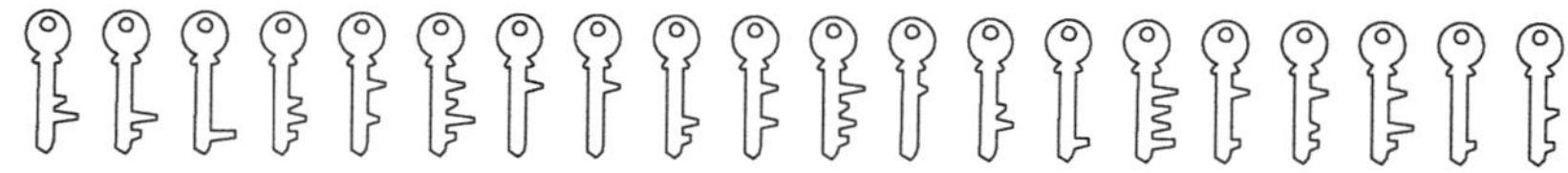

159) 

160) 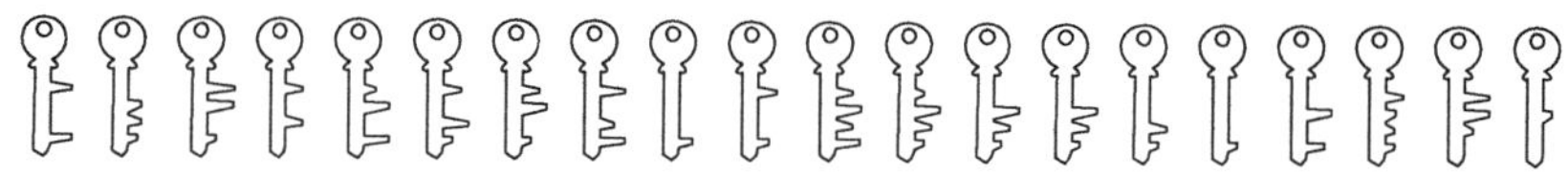

161) 

162) 

163) 

164) 

165) 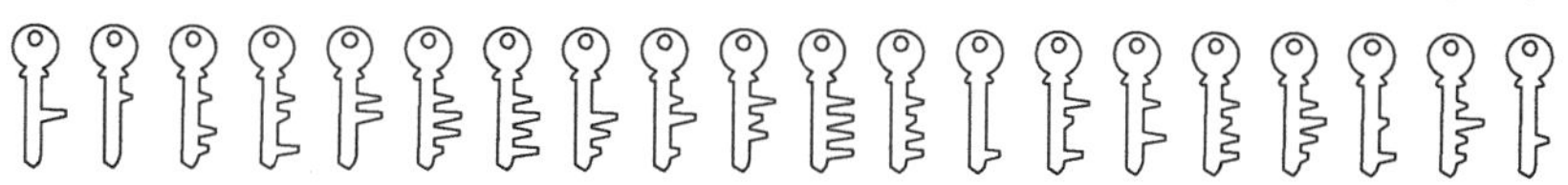

166) 

167) 

168) 

169) 

170) 

171) 

172) 

173) 

174) 

175) 

176) 

177) 

178) 

179) 

180) 

# Lösungen: Konzentration und Merkfähigkeit

**1)** 7
**2)** 6
**3)** 5
**4)** 7
**5)** 8
**6)** 7
**7)** 8
**8)** 5
**9)** 6
**10)** 6
**11)** 6
**12)** 5
**13)** 3
**14)** 6
**15)** 4
**16)** 7
**17)** 9
**18)** 5
**19)** 3
**20)** 6
**21)** 6
**22)** 8
**23)** 6
**24)** 6
**25)** 3
**26)** 7
**27)** 5
**28)** 7
**29)** 5
**30)** 9
**31)** 5
**32)** 6
**33)** 1
**34)** 8
**35)** 7
**36)** 6
**37)** 10
**38)** 7
**39)** 5
**40)** 2
**41)** 3
**42)** 4
**43)** 2
**44)** 1
**45)** 4
**46)** 3
**47)** 2
**48)** 1
**49)** 4
**50)** 4
**51)** 3
**52)** 3
**53)** 3
**54)** 4
**55)** 1
**56)** 3
**57)** 3
**58)** 3
**59)** 2
**60)** 3
**61)** 2
**62)** 2
**63)** 1
**64)** 2
**65)** 1
**66)** A
**67)** C
**68)** B
**69)** A
**70)** D
**71)** D
**72)** C
**73)** B
**74)** D
**75)** C
**76)** A
**77)** D
**78)** B
**79)** C
**80)** B
**81)** A
**82)** C
**83)** A
**84)** A
**85)** D
**86)** D
**87)** D
**88)** E
**89)** C
**90)** E

| | | |
|---|---|---|
| **91)** D | **121)** 40 | **151)** 7 |
| **92)** A | **122)** 104 | **152)** 5 |
| **93)** D | **123)** 63 | **153)** 10 |
| **94)** D | **124)** 5 | **154)** 9 |
| **95)** B | **125)** 9 | **155)** 9 |
| **96)** B | **126)** 45 | **156)** 11 |
| **97)** E | **127)** −2 | **157)** 9 |
| **98)** B | **128)** −2 | **158)** 14 |
| **99)** A | **129)** 15 | **159)** 6 |
| **100)** D | **130)** 3 | **160)** 8 |
| **101)** B | **131)** 15 | **161)** 8 |
| **102)** D | **132)** 2 | **162)** 7 |
| **103)** C | **133)** 5 | **163)** 9 |
| **104)** B | **134)** 40 | **164)** 8 |
| **105)** E | **135)** 36 | **165)** 7 |
| **106)** D | **136)** 13 | **166)** 7 |
| **107)** D | **137)** 11 | **167)** 5 |
| **108)** A | **138)** 15 | **168)** 6 |
| **109)** B | **139)** 10 | **169)** 8 |
| **110)** C | **140)** 8 | **170)** 6 |
| **111)** 17 | **141)** 22 | **171)** 7 |
| **112)** 6 | **142)** 8 | **172)** 8 |
| **113)** 6 | **143)** 10 | **173)** 7 |
| **114)** 10 | **144)** 10 | **174)** 8 |
| **115)** 28 | **145)** 5 | **175)** 6 |
| **116)** 34 | **146)** 3 | **176)** 8 |
| **117)** 42 | **147)** 38 | **177)** 8 |
| **118)** 26 | **148)** 11 | **178)** 9 |
| **119)** 38 | **149)** 40 | **179)** 10 |
| **120)** 11 | **150)** 104 | **180)** 5 |

## *„b/d/p/q"-Test (Aufgaben 1–40)*

| | | | | | | | | | | | | | | | | | | | | | |
|---|---|---|---|---|---|---|---|---|---|---|---|---|---|---|---|---|---|---|---|---|---|
| **Zu 1)** | p | p | ***q*** | b | p | ***q*** | p | b | ***q*** | p | p | ***q*** | b | ***q*** | p | d | p | ***q*** | p | ***q*** | ***7*** |
| **Zu 2)** | p | p | b | d | p | p | ***q*** | p | d | ***q*** | p | ***q*** | d | ***q*** | p | b | p | ***q*** | p | ***q*** | ***6*** |
| **Zu 3)** | p | b | p | ***q*** | p | d | d | p | ***q*** | p | b | p | ***q*** | d | ***q*** | p | d | p | ***q*** | p | ***5*** |
| **Zu 4)** | p | d | p | b | p | ***q*** | p | p | b | p | ***q*** | p | ***q*** | ***q*** | p | d | ***q*** | p | ***q*** | ***q*** | ***7*** |
| **Zu 5)** | p | d | ***q*** | p | d | ***q*** | p | b | ***q*** | p | ***q*** | b | ***q*** | d | ***q*** | p | ***q*** | d | ***q*** | p | ***8*** |
| **Zu 6)** | d | p | p | d | p | b | b | p | d | p | ***q*** | p | ***q*** | ***q*** | ***q*** | p | ***q*** | p | ***q*** | ***q*** | ***7*** |
| **Zu 7)** | b | p | d | ***q*** | p | ***q*** | p | d | p | p | ***q*** | d | ***q*** | ***q*** | p | b | ***q*** | p | ***q*** | ***q*** | ***8*** |
| **Zu 8)** | d | p | d | p | p | ***q*** | p | ***q*** | b | ***q*** | ***q*** | p | b | d | p | p | ***q*** | p | d | p | ***5*** |
| **Zu 9)** | p | p | ***q*** | ***q*** | d | ***q*** | ***q*** | p | ***q*** | p | d | p | b | p | ***q*** | b | p | d | p | d | ***6*** |
| **Zu 10)** | p | d | d | p | ***q*** | p | b | ***q*** | p | b | ***q*** | p | ***q*** | p | b | p | ***q*** | p | ***q*** | b | ***6*** |
| **Zu 11)** | p | p | d | p | d | p | ***q*** | p | ***q*** | p | d | p | ***q*** | ***q*** | b | p | b | p | ***q*** | ***q*** | ***6*** |
| **Zu 12)** | p | ***q*** | ***q*** | p | ***q*** | p | d | p | d | p | p | d | ***q*** | p | p | d | p | b | ***q*** | p | ***5*** |
| **Zu 13)** | p | b | p | d | d | p | d | p | p | ***q*** | p | d | p | ***q*** | p | b | p | b | p | ***q*** | ***3*** |
| **Zu 14)** | p | b | b | p | d | p | d | p | p | ***q*** | d | ***q*** | p | ***q*** | ***q*** | d | p | ***q*** | p | ***q*** | ***6*** |
| **Zu 15)** | p | p | d | p | b | p | b | b | p | d | p | p | ***q*** | ***q*** | p | d | d | p | ***q*** | ***q*** | ***4*** |
| **Zu 16)** | p | d | p | b | ***q*** | p | b | ***q*** | p | ***q*** | p | b | ***q*** | ***q*** | p | d | d | p | ***q*** | ***q*** | ***7*** |
| **Zu 17)** | p | p | ***q*** | p | ***q*** | p | ***q*** | b | p | ***q*** | ***q*** | d | ***q*** | p | ***q*** | d | ***q*** | p | ***q*** | p | ***9*** |
| **Zu 18)** | p | p | b | b | p | d | ***q*** | p | ***q*** | ***q*** | ***q*** | p | d | d | p | b | ***q*** | p | b | p | ***5*** |
| **Zu 19)** | p | p | p | b | p | b | d | p | d | p | ***q*** | p | b | p | ***q*** | p | ***q*** | b | p | p | ***3*** |
| **Zu 20)** | p | p | b | p | b | p | d | ***q*** | p | ***q*** | p | p | ***q*** | ***q*** | p | d | b | p | ***q*** | ***q*** | ***6*** |
| **Zu 21)** | p | p | b | ***q*** | p | b | ***q*** | p | ***q*** | ***q*** | p | ***q*** | p | d | p | d | p | ***q*** | p | p | ***6*** |
| **Zu 22)** | p | p | ***q*** | ***q*** | p | b | ***q*** | ***q*** | p | b | ***q*** | ***q*** | p | d | d | p | ***q*** | ***q*** | p | p | ***8*** |
| **Zu 23)** | p | p | p | b | p | b | p | ***q*** | b | ***q*** | p | ***q*** | d | ***q*** | p | d | p | ***q*** | p | ***q*** | ***6*** |
| **Zu 24)** | p | d | p | b | p | d | p | p | b | p | p | ***q*** | ***q*** | ***q*** | p | b | p | ***q*** | ***q*** | ***q*** | ***6*** |
| **Zu 25)** | b | p | b | p | d | p | d | p | d | p | p | b | p | ***q*** | ***q*** | p | p | b | d | ***q*** | ***3*** |

| | | | | | | | | | | | | | | | | | | | | | |
|---|---|---|---|---|---|---|---|---|---|---|---|---|---|---|---|---|---|---|---|---|---|
| **Zu 26)** | p | b | p | b | b | p | p | d | q | p | q | b | q | q | p | d | q | p | q | q | *7* |
| **Zu 27)** | p | d | p | b | p | p | b | p | q | p | q | p | q | p | d | p | q | p | q | p | *5* |
| **Zu 28)** | q | p | q | q | p | p | q | p | p | q | p | p | p | q | p | p | p | p | p | q | *7* |
| **Zu 29)** | p | q | p | d | p | d | p | b | b | p | q | p | q | p | b | d | q | p | q | p | *5* |
| **Zu 30)** | p | q | p | q | b | q | p | b | p | d | q | d | q | q | p | b | q | p | q | q | *9* |
| **Zu 31)** | p | p | b | d | d | q | b | q | p | q | p | d | q | p | d | b | p | p | q | p | *5* |
| **Zu 32)** | p | p | p | p | d | b | d | p | b | q | p | b | q | q | q | p | b | p | q | q | *6* |
| **Zu 33)** | p | p | p | b | p | b | d | p | d | p | p | d | p | p | q | p | d | p | p | p | *1* |
| **Zu 34)** | q | p | q | q | q | q | p | d | p | q | p | p | p | q | p | p | d | b | b | q | *8* |
| **Zu 35)** | p | q | q | p | p | q | q | p | d | q | p | q | p | d | b | b | p | q | p | p | *7* |
| **Zu 36)** | p | d | p | q | q | p | q | q | q | p | b | d | p | p | q | p | b | d | d | p | *6* |
| **Zu 37)** | q | q | q | p | q | p | q | d | q | d | q | b | q | p | b | p | q | p | q | p | *10* |
| **Zu 38)** | p | q | p | p | q | q | p | p | q | p | q | p | b | p | q | b | q | p | b | p | *7* |
| **Zu 39)** | p | p | q | q | q | p | p | q | p | b | p | b | d | d | q | p | p | d | p | p | *5* |
| **Zu 40)** | p | p | q | p | p | p | p | p | b | d | b | p | b | p | q | p | d | d | p | p | *2* |

### *Adressen überprüfen (Aufgaben 41–65)*

| | Name | Vorname | Straße | Ort | |
|---|---|---|---|---|---|
| **Zu 41)** | Adam | Agnes | Alte Dorfstr. 1 | 24217 Schönberg | *3* |
| | Adem | Agnes | alte Dorfstr. 1 | 25217 Schönberg | |
| **Zu 42)** | Knautz | Alexander | Am Schlitz 1 | 25358 Horst | *4* |
| | Knauts | Alexandar | Am schlitz 1 | 25354 Horst | |
| **Zu 43)** | Ahrens | Alice | Am Winkel 1 | 25980 Sylt-Ost | *2* |
| | Ahrans | Alise | Am Winkel 1 | 25980 Sylt-Ost | |
| **Zu 44)** | Walter | Mike | Am Berge 1 | 26121 Oldenburg | *1* |
| | Walter | Mike | Am Berge 1 | 26111 Oldenburg | |
| **Zu 45)** | Ahring | Thomas | Am Busch 1 | 26419 Schortens | *4* |
| | Ahring | Thomes | Am Busch 2 | 26418 Schortems | |

| | | | | | |
|---|---|---|---|---|---|
| **Zu 46)** | Aichinger | Beate | Am Dorfteich 2 | 60386 Frankfurt | *3* |
| | Aichinger | Be**e**te | Am Dorf**d**eich 2 | 6038**3** Frankfurt | |
| **Zu 47)** | Altenkamp | Brigitte | Am Teich 2 | 28816 Stuhr | *2* |
| | Altenkamp | Brigitte | Am Teich **4** | 28816 Stuh**l** | |
| **Zu 48)** | Andreas | Brune | Bellerwiese 3 | 29581 Gerdau | *1* |
| | Andreas | Brune | Bellerwiese 3 | 295**9**1 Gerdau | |
| **Zu 49)** | Kraus | Bruno | Bonmannstr. 3 | 40789 Mannheim | *4* |
| | Kraus | Bruno | Bonmann**S**tr. 3 | 4**1**78**0** Mannh**a**im | |
| **Zu 50)** | Appen | Claudia | Hauptstraße 54 | 40878 Ratingen | *4* |
| | Upp**i**n | Claudi**o** | Hauptstra**s**e 54 | 408**6**8 Ratingen | |
| **Zu 51)** | Arnold | Claus | Brückerfeldstr. 4 | 41462 Neuss | *3* |
| | Arnol**t** | Clau**S** | Br**u**ckerfeldstr. 4 | 41462 Neuss | |
| **Zu 52)** | Bauer | Daniela | Dinzling 5 | 44879 Bochum | *3* |
| | Bauer | Dani**a**la | Dinzl**e**ng 5 | 4**6**879 Bochum | |
| **Zu 53)** | Meyer | Dominik | Drachenfelsstr. 5 | 45127 Essen | *3* |
| | Meyer | Dom**e**nik | Drachenfel**t**str. 5 | 4512**2** Essen | |
| **Zu 54)** | Münch | Elfie | Ferdinandstr. 6 | 45357 Essen | *4* |
| | M**u**nch | Elfi**a** | Ferdinan**t**str. 6 | 453**4**7 Essen | |
| **Zu 55)** | Schuster | Erika | Kaimstr. 7 | 46049 Oberhausen | *1* |
| | Schuster | Erika | Kaim**S**tr. 7 | 46049 Oberhausen | |
| **Zu 56)** | Perle | Lisa | Franzstr. 7 | 47533 Kleve | *3* |
| | Perle | Lis**e** | Fran**s**str. 7 | 47**6**33 Kleve | |
| **Zu 57)** | Berke | Frank | Friedrichstr. 7 | 49214 Rothenfelde | *3* |
| | Berk**i** | Fran**g** | Friedrichstr. 7 | 49214 Rothenfel**s**e | |
| **Zu 58)** | Binkel | Friedrich | Gerhardstr. 8 | 50939 Köln | *3* |
| | Bink**le** | Friedrich | Gerhar**t**str. 8 | 50939 Köln | |
| **Zu 59)** | Ernst | Fritz | Grundstr. 8 | 53179 Bonn | *2* |
| | Ernst | Fritz | Grun**b**str. 8 | 53179 Bon**u** | |

| | | | | | |
|---|---|---|---|---|---|
| **Zu 60)** | Eva | Germanus | Hauptstr. 9 | 53332 Bornheim | 3 |
| | Ewa | Germanns | Hauptstr. 9 | 53333 Bornheim | |
| **Zu 61)** | Fahle | Hannelore | Hermannstr. 9 | 53343 Wachtberg | 2 |
| | Fahla | Hannalore | Hermannstr. 9 | 53343 Wachtberg | |
| **Zu 62)** | Großmann | Hartwig | Herringastr. 10 | 53343 Wachtberg | 2 |
| | Großmann | Hartweg | Herringestr. 10 | 53343 Wachtberg | |
| **Zu 63)** | Groß | Heike | Höchte 10 | 53518 Leimbach | 1 |
| | Groß | Heiko | Höchte 10 | 53518 Leimbach | |
| **Zu 64)** | Hansen | Sabine | Höhenstr. 11 | 53520 Kaltenborn | 2 |
| | Hansen | Sabina | Hölenstr. 11 | 53520 Kaltenborn | |
| **Zu 65)** | Würzburger | Helga | Höhenstr. 12 | 53913 Swisttal | 1 |
| | Würzburger | Helga | Höhenstr. 12 | 53913 Swisstal | |

***Begriffe wiedererkennen (Aufgaben 66–85)***

**Zu 66)** Zahlen – **A.** Dreizehn

**Zu 67)** Sportarten – **C.** Handball

**Zu 68)** Insekten – **B.** Libelle

**Zu 69)** Berufe – **A.** Dachdecker

**Zu 70)** Kleidungsstücke – **D.** Sakko

**Zu 71)** Blumen – **D.** Gerbera

**Zu 72)** Zahlungsarten – **C.** Kreditkarte

**Zu 73)** Schulformen – **B.** Gesamtschule

**Zu 74)** Nutztiere – **D.** Kuh

**Zu 75)** Vornamen – **C.** Hannah

**Zu 76)** Emotionen – **A.** Freude

**Zu 77)** Bäume – **D.** Birke

**Zu 78)** Reiseziele – **B.** Italien

**Zu 79)** Jahreszeiten – **C.** Winter

**Zu 80)** Augenfarben – **B.** graublau

**Zu 81)** Werkstoffe – **A.** Pappe

**Zu 82)** Automarke – **C.** Fiat

**Zu 83)** Städte – **A.** Kempten

**Zu 84)** Namen – **A.** Meyer

**Zu 85)** Haustiere – **D.** Hamster

### *Figurenpaare einprägen (Aufgaben 86–100)*

**Zu 86)** D.

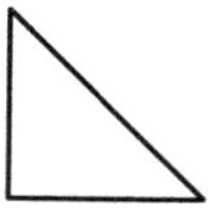

**Zu 87)** D.

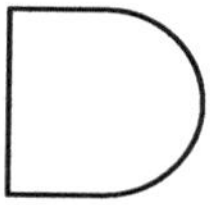

**Zu 88)** E.

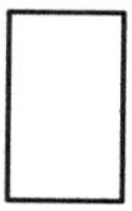

**Zu 89)** C.

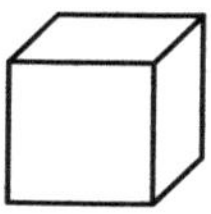

**Zu 90)** E.

**Zu 91)** D.

**Zu 92)** A.

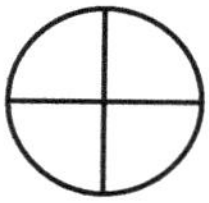

**Zu 93)** D.

**Zu 94)** D.

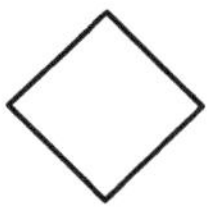

**Zu 95)** B.

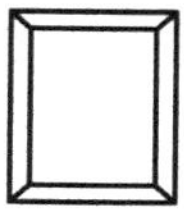

**Zu 96)** B.

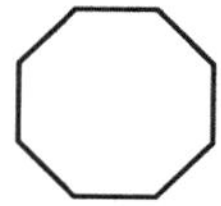

**Zu 97)** E.

**Zu 98)** B.

**Zu 99)** A.

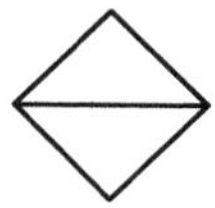

**Zu 100)** D.

### *Lebensläufe einprägen (Aufgaben 101–110)*

**Zu 101) B.** Marc

**Zu 102) D.** Physik-Leistungskurs

**Zu 103) C.** Den zweiten Platz

**Zu 104) B.** 1993

**Zu 105) E.** Als Panzergrenadier

**Zu 106) D.** Anja

**Zu 107) D.** 20.12.1998

**Zu 108) A.** Gigolo, Cajus und Pie-O-My

**Zu 109) B.** Das wird im Text nicht erwähnt.

**Zu 110)** **C.** Grüne Weide
Aschaffenburg

***Rechnen mit Hindernis (Aufgaben 111–150)***

**Zu 111)** 18 − 1 = ***17***

**Zu 112)** 11 − 5 = ***6***

**Zu 113)** 14 − 8 = ***6***

**Zu 114)** 16 − 6 = ***10***

**Zu 115)** 8 + 20 = ***28***

**Zu 116)** 13 + 21 = ***34***

**Zu 117)** 14 + 28 = ***42***

**Zu 118)** 11 + 15 = ***26***

**Zu 119)** 54 − 16 = ***38***

**Zu 120)** −10 − (−21) = ***11***

**Zu 121)** 17 + 23 = ***40***

**Zu 122)** 46 + 58 = ***104***

**Zu 123)** 29 + 34 = ***63***

**Zu 124)** 16 − 11 = ***5***

**Zu 125)** 0 + 9 = ***9***

**Zu 126)** 14 + 31 = ***45***

**Zu 127)** −9 + 7 = ***−2***

**Zu 128)** −1 + (−1) = ***−2***

**Zu 129)** −8 + 23 = ***15***

**Zu 130)** −12 − (−15) = ***3***

**Zu 131)** 30 − 15 = ***15***

**Zu 132)** 22 − 20 = ***2***

**Zu 133)** 20 − 15 = ***5***

**Zu 134)** 20 + 20 = ***40***

**Zu 135)** 14 + 22 = ***36***

**Zu 136)** 49 − 36 = ***13***

**Zu 137)** 29 − 18 = ***11***

**Zu 138)** 11 − (−4) = ***15***

**Zu 139)** 20 − 10 = ***10***

**Zu 140)** 30 − 22 = ***8***

**Zu 141)** 42 − 20 = ***22***

**Zu 142)** 30 − 22 = ***8***

**Zu 143)** 32 − 22 = ***10***

**Zu 144)** 24 − 14 = ***10***

**Zu 145)** 40 − 35 = ***5***

**Zu 146)** −12 − (−15) = ***3***

**Zu 147)** 54 − 16 = ***38***

**Zu 148)** −10 − (−21) = ***11***

**Zu 149)** 17 + 23 = ***40***

**Zu 150)** 46 + 58 = ***104***

## *Schlüssel finden (Aufgaben 151–180)*

**Zu 151)**

**Zu 152)**

**Zu 153)**

**Zu 154)**
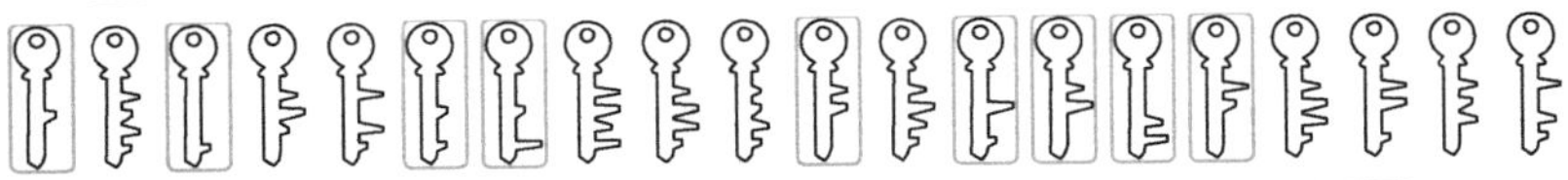

**Zu 155)**
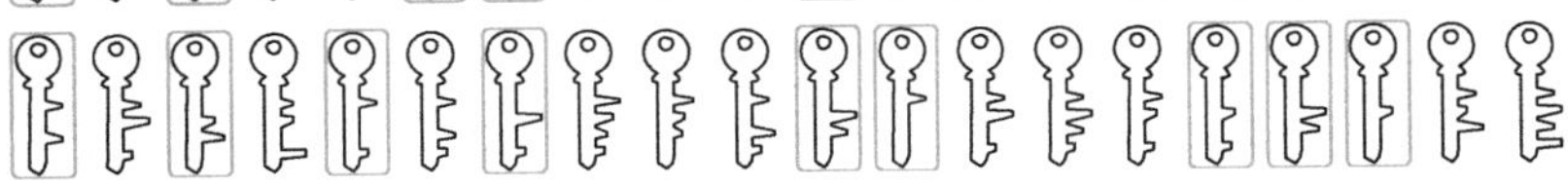

**Zu 156)**

**Zu 157)**

**Zu 158)**

**Zu 159)**

**Zu 160)**

**Zu 161)**

**Zu 162)**

**Zu 163)**

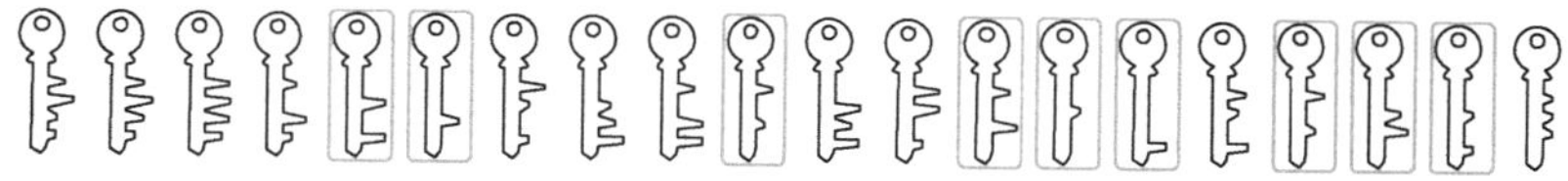

**Zu 164)**

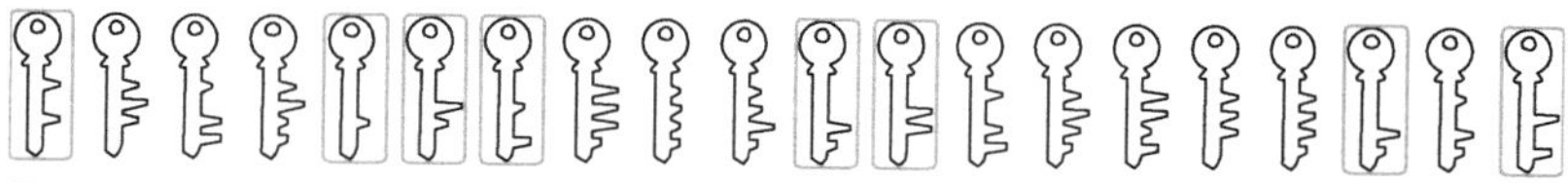

**Zu 165)**

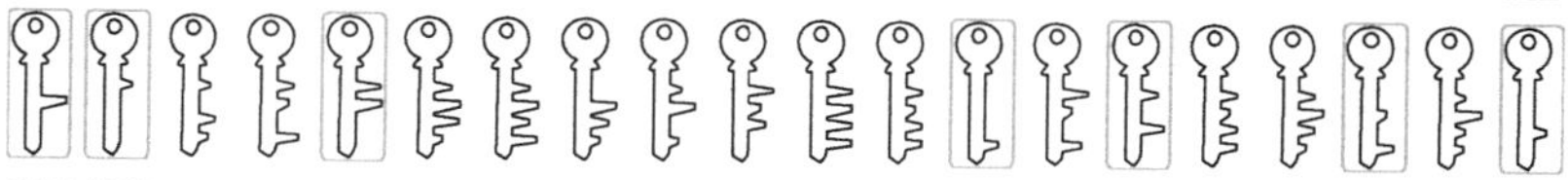

**Zu 166)**

**Zu 167)**

**Zu 168)**

**Zu 169)**

**Zu 170)**

**Zu 171)**

**Zu 172)**

**Zu 173)**

**Zu 174)**

**Zu 175)**

**Zu 176)**

**Zu 177)**

**Zu 178)**

**Zu 179)**

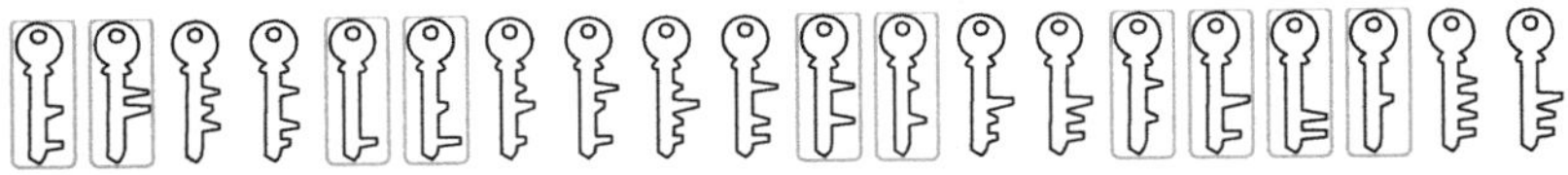

**Zu 180)**

# Psychologischer Test

Mancherorts nutzen die Personaler spezielle psychologische Testverfahren, um der Persönlichkeit eines Bewerbers nachzuspüren. Anhand der Ergebnisse wollen die Prüfer ein unverwechselbares Bewerberprofil erstellen, das heißt eine Art individuellen charakterlichen Fingerabdruck.

Dass viele Experten derartige Verfahren für fragwürdig halten, steht auf einem anderen Blatt. Wie soll es möglich sein, vielschichtige menschliche Charakterzüge mithilfe standardisierter Fragenkataloge abzubilden? Um einen psychologischen Test kommen Sie aber manchmal einfach nicht herum. Intime Details zum Privatbereich muss dabei jedoch keiner verraten: Es dürfen nur Eigenschaften getestet werden, die für die fragliche Stelle wirklich von Belang sind.

**Im Justizvollzug braucht man Bewerber, die ...**

- leistungsbereit und verantwortungsbewusst sind.
- gern und gut im Team arbeiten.
- pragmatisch und flexibel sind.
- Entscheidungen treffen und durchsetzen können.
- körperlich und geistig belastbar sind.
- Probleme erkennen und zielgerichtet lösen.
- gewissenhaft und zuverlässig sind.

## Die Vorbereitung

Da der psychologische Typentest auf individuelle Eigenschaften abzielt, gibt es keine eindeutig guten oder schlechten Lösungen. Zwar liegt die „richtige" Antwort bisweilen ziemlich nahe, etwa wenn es ums Teamverhalten geht: Wer möchte schon gern Kollegen haben, die die Arbeit ständig auf andere abwälzen und bei Kritik gleich eingeschnappt sind? Doch oft muss man sich zwischen zwei positiv besetzten Merkmalen entscheiden, beispielsweise Gewissenhaftigkeit und Flexibilität.

Manche raten, völlig unvorbereitet in den Test zu gehen und sich ganz auf die eigene Spontaneität zu verlassen – eine riskante Empfehlung: Erst die bewusste Auseinandersetzung mit dem Testverfahren ermöglicht differenzierte Antworten, und gerade an die ausgefallenen Fragetechniken sollte man sich erst einmal gewöhnen. Zudem setzt ein überzeugender Auftritt voraus, souverän mit den eigenen Stärken und Schwächen umgehen zu können.

**Worauf kommt es im Persönlichkeitstest an?**

Machen Sie sich vorher klar, worin die **berufsrelevanten Schlüsselqualifikationen** bestehen: Warum sind gerade Sie für diesen Beruf geeignet?

Zeichnen Sie **kein maßlos positives** Bild von sich: Auf die Fähigkeit zur realistischen Selbstkritik legen die Personalverantwortlichen großen Wert.

Schärfen Sie Ihre Sinne für die **Untertöne einer Frage**: Nicht immer ist auf den ersten Blick klar, welche Eigenschaften gerade im Fokus stehen.

**Betonen Sie Ihr Profil mit Bedacht**: Wer stets den Mittelweg wählt, verrät zu wenig von sich, zu viele „extreme" Antworten wirken übertrieben und unreflektiert.

Manche Fragen wiederholen sich an verschiedenen Stellen in abgewandelter Formulierung: Auf diese Weise möchte man herausfinden, ob ein Kandidat ehrlich antwortet oder das Testverfahren mit strategischem Kalkül zu manipulieren versucht. Wenn Sie eine Frage nicht richtig einschätzen können, antworten Sie am besten gemäßigt.

Denken Sie daran, dass man Sie eventuell in einem späteren Einzelgespräch mit Ihren Angaben im Persönlichkeitstest konfrontiert. Außerdem können Kompetenzen wie Kommunikationsvermögen, Konfliktfähigkeit oder Teamfähigkeit noch einmal in einem späteren Assessment Center geprüft werden. Die Personaler achten dann genau darauf, ob sich Ihr Auftritt mit den Resultaten des Persönlichkeitstests deckt.

## Die Testsimulation

*Bearbeitungszeit 40 Minuten*

Auf den nächsten Seiten können Sie sich mit einem typischen psychologischen Testverfahren vertraut machen. Dabei bewerten Sie anhand einer Punkteskala, wie sehr Sie sich mit verschiedenen Aussagen identifizieren können.

Die Skala reicht von:

☹ = stimme überhaupt nicht zu (hier Punktwert „1“) bis

☺ = stimme voll und ganz zu (hier Punktwert „5“)

Kreuzen Sie an, an welcher Stelle der Skala Sie sich am ehesten wiederfinden. Tragen Sie die entsprechende Punktzahl rechts unter „Ihr Wert“ ein.

### Hierzu ein Beispiel

***Aufgabe***

☹ **1** **2** **3** **4** **5** ☺ Ihr Wert: ______

Wenn Sie völlig zustimmen:

Ihr Wert: 5

**Achtung**

Es gibt Aufgaben mit umgekehrter Punkteskala, bei denen „stimme überhaupt nicht zu“ ☹ mit 5 Punkten und „stimme voll und ganz zu“ ☺ mit einem Punkt bewertet wird.

Wir empfehlen, die Aufgaben der Reihe nach zu bearbeiten – Sie können jedoch auch anders vorgehen, wenn Sie möchten. Zählen Sie zum Schluss die Punkte jeder Aufgabengruppe zusammen und lesen Sie in der Auswertung nach, was das Ergebnis über Sie offenbaren soll. Nehmen Sie dies bitte nur bedingt ernst. Nicht vergessen: Solche Tests bieten keine hundertprozentige Treffsicherheit, ihre Aussagekraft ist beschränkt.

## Kontaktfähigkeit

Fällt es Ihnen leicht, mit fremden Menschen ins Gespräch zu kommen? Oder halten Sie sich lieber zurück? Können Sie sich einbringen, sich verständlich machen? Auf gute Beziehungen zu Ihren Kollegen sind Sie im Dienstalltag immer angewiesen. Darüber hinaus müssen Sie in der Lage sein, sicher und souverän auf völlig Unbekannte zuzugehen.

**1)** Ich sitze im Zug mit einem Unbekannten. Da ich neugierig bin, fange ich ein Gespräch an, um mehr über ihn zu erfahren.

☹ **1** **2** **3** **4** **5** ☺ Ihr Wert: ______

**2)** Manchmal sagen Leute, dass ich arrogant und unnahbar wirke.

☹ **5** **4** **3** **2** **1** ☺ Ihr Wert: ______

**3)** Ich treffe mich lieber mit Freunden, anstatt nur Mails und Chat-Nachrichten zu schreiben.

☹ **1** **2** **3** **4** **5** ☺ Ihr Wert: ______

**4)** Mein bester Freund unterstellt mir, dass ich seine Freunde meide und nicht akzeptiere.

☹ **5** **4** **3** **2** **1** ☺ Ihr Wert: ______

**5)** Ich habe ein großes Netzwerk an Bekannten und bin daher immer über alles informiert.

☹ **1** **2** **3** **4** **5** ☺ Ihr Wert: ______

**6)** Wenn viele unbekannte Leute um mich sind, fühle ich mich schnell unwohl.

☹ **5** **4** **3** **2** **1** ☺ Ihr Wert: ______

7) Ich verbringe meine Abende gern gemütlich vor dem Fernseher oder dem PC.

☹ 5 4 3 2 1 ☺ Ihr Wert: ______

8) Auf Partys lerne ich innerhalb kurzer Zeit viele neue Leute kennen, da ich auf andere Menschen zugehe.

☹ 1 2 3 4 5 ☺ Ihr Wert: ______

9) In einer großen Runde halte ich mich eher zurück.

☹ 5 4 3 2 1 ☺ Ihr Wert: ______

10) Ich fühle mich nie einsam.

☹ 1 2 3 4 5 ☺ Ihr Wert: ______

**Gesamtwert Kontaktfähigkeit:** ______

## Teamfähigkeit

Teamfähig zu sein heißt, produktiv mit anderen Menschen zusammenarbeiten zu können. Eine Gruppe ist mehr als nur die Summe ihrer Mitglieder – wenn alle an einem Strang ziehen. Die verschiedenen Temperamente und Fähigkeiten unter einen Hut zu bringen und sie sinnvoll einzubinden, ist die wichtigste Grundlage erfolgreichen Teamworks. Gelingt das nicht, hat man anstelle von Teamplayern am Ende nur einen versprengten Haufen von Einzelgängern.

11) Teamarbeit ist nur dann sinnvoll, wenn man mit guten Leuten zusammenarbeitet.

☹ 5 4 3 2 1 ☺ Ihr Wert: ______

12) Die Kooperation mit anderen Menschen motiviert mich.

☹ 1 2 3 4 5 ☺ Ihr Wert: ______

**13)** Ich arbeite gern alleine, so habe ich die beste Kontrolle über das Ergebnis.

☹ **5** **4** **3** **2** **1** ☺ Ihr Wert: ______

**14)** Teamarbeit setzt voraus, Kompromisse eingehen zu können.

☹ **1** **2** **3** **4** **5** ☺ Ihr Wert: ______

**15)** Viele meiner Freunde und Bekannten fragen mich nach Unterstützung. Ich helfe oft und gern.

☹ **1** **2** **3** **4** **5** ☺ Ihr Wert: ______

**16)** Meistens sind meine Vorschläge die besten, da ich gut organisiert bin.

☹ **5** **4** **3** **2** **1** ☺ Ihr Wert: ______

**17)** Ich ärgere mich nicht, wenn sich andere mit ihren Vorschlägen durchsetzen.

☹ **1** **2** **3** **4** **5** ☺ Ihr Wert: ______

**18)** In Gruppendiskussionen bringe ich mich besonders stark ein und stehe meist im Mittelpunkt.

☹ **5** **4** **3** **2** **1** ☺ Ihr Wert: ______

**19)** Die Zusammenarbeit mit anderen ist meist anstrengend.

☹ **5** **4** **3** **2** **1** ☺ Ihr Wert: ______

**20)** Ich habe keine Angst davor, dass andere mich nicht mögen.

☹ **1** **2** **3** **4** **5** ☺ Ihr Wert: ______

**Gesamtwert Teamfähigkeit:** ______

## Konfliktfähigkeit

Meinungsverschiedenheiten sind im Berufsleben nichts Seltenes. Und auch nichts besonders Schlimmes: Denn nur wenn existierende Probleme offen auf den Tisch kommen, lassen sich tragfähige Lösungen finden. Es geht also nicht um Rechthaberei, sondern um ein gemeinsames Ziel, dem sich letztendlich alle unterordnen müssen. Das erfordert Sachlichkeit, Vernunft und Kompromissbereitschaft.

21) Wenn ein Team gut funktioniert, gibt es keine Konflikte.

☹ 5 4 3 2 1 ☺ Ihr Wert: ______

22) Wenn jemand mich kritisiert, dann kritisiere ich ihn auch.

☹ 5 4 3 2 1 ☺ Ihr Wert: ______

23) Ich gerate selten in Konfliktsituationen.

☹ 5 4 3 2 1 ☺ Ihr Wert: ______

24) Wenn Bekannte sich in Angelegenheiten einmischen, die sie nichts angehen, ziehe ich mich zurück und meide den Kontakt mit ihnen.

☹ 5 4 3 2 1 ☺ Ihr Wert: ______

25) Probleme löst man nie dadurch, dass man sie unter den Teppich kehrt.

☹ 1 2 3 4 5 ☺ Ihr Wert: ______

26) Wenn ich kritisiert werde, überlege ich zuerst, ob das stimmt.

☹ 1 2 3 4 5 ☺ Ihr Wert: ______

27) Mein Nachbar ist gereizt und schreit mich lautstark an. Ich gehe ruhig in meine Wohnung und denke mir meinen Teil.

☹ 5 4 3 2 1 ☺ Ihr Wert: ______

28) Wenn mir zu Hause etwas nicht passt, dann mache ich keinen Hehl daraus.

☹ 1 2 3 4 5 ☺ Ihr Wert: ______

29) „Der Klügere gibt nach" – diesen Spruch habe ich noch nie verstanden.

☹ 1 2 3 4 5 ☺ Ihr Wert: ______

30) Meinungsverschiedenheiten können produktiv sein.

☹ 1 2 3 4 5 ☺ Ihr Wert: ______

**Gesamtwert Konfliktfähigkeit:** ______

## Durchsetzungsfähigkeit

Sturheit, Rücksichtslosigkeit, Ellenbogenmentalität – im Extremfall wird aus Durchsetzungsvermögen blanker Egoismus. Ohne die Fähigkeit, sich zu behaupten, käme man andererseits auch nicht weit; das Resultat wären ziellose Debatten, die niemanden weiterbringen. Für leitende Positionen braucht man erst recht Entscheidungsstärke und Führungsqualitäten.

31) Wenn ich mir ein Ziel in den Kopf gesetzt habe, versuche ich es mit allen Mitteln zu erreichen.

☹ 1 2 3 4 5 ☺ Ihr Wert: ______

32) Wenn mir das Essen im Restaurant nicht schmeckt, reklamiere ich das sofort und frage nach Alternativen.

☹ 1 2 3 4 5 ☺ Ihr Wert: ______

33) Von gelegentlichen Misserfolgen lasse ich mich nicht entmutigen.

☹ 1 2 3 4 5 ☺ Ihr Wert: ______

34) Ich habe mir schon oft Ziele gesetzt und sie nicht erreicht.

☹ 5 4 3 2 1 ☺ Ihr Wert: ______

35) Ich entschuldige mich häufig für Sachen, die gar nicht mein Fehler sind.

☹ 5 4 3 2 1 ☺ Ihr Wert: ______

36) Mir egal, wie viele Gegenmeinungen es gibt – ich werde die Kritiker überzeugen.

☹ 1 2 3 4 5 ☺ Ihr Wert: ______

37) Wenn man mit höhergestellten Personen spricht, sollte man Meinungsverschiedenheiten lieber unter den Teppich kehren.

☹ 5 4 3 2 1 ☺ Ihr Wert: ______

38) Viele behaupten, ich sei ein sturer Dickkopf. Mir macht das nichts aus.

☹ 1 2 3 4 5 ☺ Ihr Wert: ______

39) Durch Kompromisse kommt man eher ans Ziel als mit der „Kopf durch die Wand"-Methode.

☹ 5 4 3 2 1 ☺ Ihr Wert: ______

40) Eine gute, harmonische Arbeitsatmosphäre ist sehr wichtig.

☹ 5 4 3 2 1 ☺ Ihr Wert: ______

**Gesamtwert Durchsetzungsfähigkeit:** ______

## Gewissenhaftigkeit

Gewissenhaftigkeit hat viele Namen: zum Beispiel Ordnung, Disziplin, Pünktlichkeit und Pflichtbewusstsein. Mit zuverlässigen, aufrechten Menschen arbeitet man gern zusammen. Aber auch die Gewissenhaftigkeit hat ihre Schattenseiten: Manchmal ist eben Spontaneität gefragt, das schnelle Umschalten auf andere Methoden, das Ausweichen zu alternativen Lösungswegen. Penible Perfektionisten, die jeden Schritt im Voraus planen, haben es dann schwer.

**41)** Es kommt oft vor, dass ich eine Sache nicht zu Ende bringe, weil ständig etwas dazwischenkommt.

☹ **5** **4** **3** **2** **1** ☺ Ihr Wert: ______

**42)** Dinge zu planen und zu organisieren ist die Voraussetzung dafür, dass alles richtig funktioniert.

☹ **1** **2** **3** **4** **5** ☺ Ihr Wert: ______

**43)** Ich halte meine Termine immer ein, egal was passiert.

☹ **1** **2** **3** **4** **5** ☺ Ihr Wert: ______

**44)** Wenn ich an einem Problem festhänge, nehme ich eine andere Aufgabe in Angriff.

☹ **5** **4** **3** **2** **1** ☺ Ihr Wert: ______

**45)** Ich versuche immer, Aufgaben perfekt zu lösen – selbst wenn es etwas länger dauert.

☹ **1** **2** **3** **4** **5** ☺ Ihr Wert: ______

**46)** Ich denke auch in der Freizeit oft an die Arbeit, kann nur schwer abschalten.

☹ **1** **2** **3** **4** **5** ☺ Ihr Wert: ______

**47)** In kreativem Durcheinander kann ich gut arbeiten.

☹ **5** **4** **3** **2** **1** ☺ Ihr Wert: ______

**48)** Meine Freunde schätzen an mir, dass ich so zuverlässig bin.

☹ **1** **2** **3** **4** **5** ☺ Ihr Wert: ______

**49)** Es kommt öfter vor, dass ich Sachen verlege und dann vergesse, wo sie sind.

☹ **5** **4** **3** **2** **1** ☺ Ihr Wert: ______

**50)** Es macht mir gar nichts aus, von einem Plan abzuweichen.

☹ **5** **4** **3** **2** **1** ☺ Ihr Wert: ______

**Gesamtwert Gewissenhaftigkeit:** ______

## Belastbarkeit

Ohne physische und psychische Robustheit lässt sich der Dienst kaum auf Dauer bewältigen. Körperliche und geistige Stabilität sind Grundvoraussetzungen, um den hohen Anforderungen standzuhalten und angespannte Situationen mit kühlem Kopf zu meistern. Nur wer belastbar ist, bleibt langfristig leistungsfähig – ansonsten drohen Ärger und Frustration.

**51)** Wenn auf der Arbeit viel los ist, schlafe ich immer schlecht ein.

☹ **5** **4** **3** **2** **1** ☺ Ihr Wert: ______

**52)** Ich treibe regelmäßig Sport.

☹ **1** **2** **3** **4** **5** ☺ Ihr Wert: ______

**53)** Prüfungssituationen sind mir unangenehm, auch wenn ich das nötige Wissen habe.

☹ **5** **4** **3** **2** **1** ☺ Ihr Wert: ______

54) Wenn es sein musste, habe ich für Klassenarbeiten auch bis spät in die Nacht gelernt.

☹ 1 2 3 4 5 ☺ Ihr Wert: ______

55) Der Mensch ist nur dann glücklich, wenn er genügend Freizeit hat.

☹ 5 4 3 2 1 ☺ Ihr Wert: ______

56) Es dauert, so lange es dauert: Für wichtige Dinge muss man seinen persönlichen Kalender entsprechend anpassen.

☹ 1 2 3 4 5 ☺ Ihr Wert: ______

57) Ich arbeite Aufgaben konzentriert nacheinander ab. Wenn etwas dazwischenkommt, schiebe ich das erst mal auf die lange Bank.

☹ 5 4 3 2 1 ☺ Ihr Wert: ______

58) Von der Gereiztheit anderer lasse ich mich schnell anstecken.

☹ 5 4 3 2 1 ☺ Ihr Wert: ______

59) Um meine Zukunft mache ich mir keine Sorgen.

☹ 1 2 3 4 5 ☺ Ihr Wert: ______

60) Körperliche Anstrengungen stecke ich problemlos weg.

☹ 1 2 3 4 5 ☺ Ihr Wert: ______

**Gesamtwert Belastbarkeit:** ______

## Flexibilität

Im Berufsalltag lauern die unterschiedlichsten Herausforderungen: Abwechslung steht auf der Tagesordnung. Jeder Einsatz ist anders, viele Vorgänge laufen parallel ab – und das erfordert Flexibilität. Gedankliche Beweglichkeit ist unentbehrlich, um sich schnell an verschiedene Umstände anpassen und angemessen handeln zu können.

61) Ich mag es, wenn Arbeitsabläufe sich wiederholen.

☹ 5 4 3 2 1 ☺ Ihr Wert: ______

62) Mein Büro wird zu klein. Ich rücke meinen Schreibtisch einfach von der Wand in die Mitte des Raums, um dadurch Platz zu gewinnen.

☹ 1 2 3 4 5 ☺ Ihr Wert: ______

63) Beständigkeit ist wichtiger, als immer mit dem Trend zu gehen.

☹ 5 4 3 2 1 ☺ Ihr Wert: ______

64) Ich überlege häufig, wie ich eine Aufgabe mit neuen Methoden und Techniken besser bewältigen kann.

☹ 1 2 3 4 5 ☺ Ihr Wert: ______

65) Auf Veränderungen muss man so schnell wie möglich reagieren.

☹ 1 2 3 4 5 ☺ Ihr Wert: ______

66) Besser eine Sache gut machen statt viele Dinge so lala erledigen.

☹ 5 4 3 2 1 ☺ Ihr Wert: ______

67) Wenn alles so läuft wie immer, wird mir schnell langweilig.

☹ 1 2 3 4 5 ☺ Ihr Wert: ______

68) Wer viele unterschiedliche Felder beackert, weiß nicht, was er will.

☹ 5 4 3 2 1 ☺ Ihr Wert: ______

69) Um böse Überraschungen zu vermeiden, plane ich gern alles bis ins Detail.

☹ 5 4 3 2 1 ☺ Ihr Wert: ______

70) Mehrere Wege führen zum Ziel. Man muss sich nicht auf einen festlegen.

☹ 1 2 3 4 5 ☺ Ihr Wert: ______

**Gesamtwert Flexibilität:** ______

## Motivation

Desinteresse, Trägheit, Bequemlichkeit – wo sich der Schlendrian einschleicht, ist an Professionalität nicht zu denken. Das Gegenmittel heißt Motivation: Wer leistungswillig ist, entwickelt neue Ideen, übernimmt Verantwortung, reißt andere mit und bringt sich ein, ohne dass es jemand ausdrücklich verlangen muss. Das sieht jeder Vorgesetzte gern, solange es nicht in hektischen Aktionismus mündet.

71) Bei der Wahl meines Arbeitsplatzes achte ich vor allem auf Sicherheit und eine gute Bezahlung.

☹ 5 4 3 2 1 ☺ Ihr Wert: ______

72) Ich arbeite nicht gern an Projekten, deren Früchte ich erst im Nachhinein ernte.

☹ 5 4 3 2 1 ☺ Ihr Wert: ______

73) Durch Fleiß und Einsatzbereitschaft habe ich schon oft andere hinter mir gelassen, die es eigentlich leichter hatten als ich.

☹ 1 2 3 4 5 ☺ Ihr Wert: ______

**74)** Ich denke nicht gern über Dinge nach, für die keine Notwendigkeit besteht.

☹ 5 4 3 2 1 ☺ Ihr Wert: ______

**75)** In meinem Freundeskreis bin meist ich es, der Treffen organisiert und Partys veranstaltet.

☹ 1 2 3 4 5 ☺ Ihr Wert: ______

**76)** Es kommt auf jeden Einzelnen an, wenn eine Gesellschaft funktionieren soll.

☹ 1 2 3 4 5 ☺ Ihr Wert: ______

**77)** Ich warte lieber ab, wie sich etwas entwickelt, bevor ich überhastet eingreife.

☹ 5 4 3 2 1 ☺ Ihr Wert: ______

**78)** Andere Menschen von etwas zu überzeugen, liegt mir nicht so.

☹ 5 4 3 2 1 ☺ Ihr Wert: ______

**79)** Ich übernehme gern Verantwortung, auch bei schwierigen Entscheidungen.

☹ 1 2 3 4 5 ☺ Ihr Wert: ______

**80)** Ich bin bekannt dafür, dass ich immer den ersten Schritt mache.

☹ 1 2 3 4 5 ☺ Ihr Wert: ______

**Gesamtwert Motivation:** ______

## Einfühlungsvermögen

Ein wichtiger Aspekt der sozialen Intelligenz: nachvollziehen zu können, was andere gerade fühlen oder meinen. Denn die gleiche Sprache zu sprechen, heißt noch nicht, einander wirklich zu verstehen. Nur wer sich in die Lage seines Gegenübers hineinversetzen und dessen Stimmung richtig einschätzen kann, ist dazu fähig, situationsgemäß und zielgerichtet zu handeln.

**81)** Wenn es Freunden schlecht geht, merke ich das sofort, auch wenn sie es nicht sagen.

☹ **1** **2** **3** **4** **5** ☺ Ihr Wert: ______

**82)** In schwierigen Situationen tappe ich nie in Fettnäpfchen.

☹ **1** **2** **3** **4** **5** ☺ Ihr Wert: ______

**83)** Man muss nicht das Privatleben seiner Kollegen kennen, um mit ihnen gut arbeiten zu können.

☹ **5** **4** **3** **2** **1** ☺ Ihr Wert: ______

**84)** Professionalität heißt, auf Emotionen keine Rücksicht zu nehmen.

☹ **5** **4** **3** **2** **1** ☺ Ihr Wert: ______

**85)** Ich nehme die Dinge, wie sie kommen. Wieso sollte ich lange darüber nachdenken, wer warum wie entschieden hat?

☹ **5** **4** **3** **2** **1** ☺ Ihr Wert: ______

**86)** Ich ärgere mich oft über Leute, die mich einfach nicht verstehen.

☹ **5** **4** **3** **2** **1** ☺ Ihr Wert: ______

**87)** Die Sorgen und Probleme anderer gehen mir oft ziemlich nahe.

☹ **1** **2** **3** **4** **5** ☺ Ihr Wert: ______

**88)** Bevor man sich ein Urteil bildet, sollte man sich immer fragen, was man selbst in so einer Lage getan hätte.

☹ **1** **2** **3** **4** **5** ☺ Ihr Wert: ______

**89)** Wenn jemand etwas Peinliches sagt, gelingt es mir oft, die Situation zu retten.

☹ **1** **2** **3** **4** **5** ☺ Ihr Wert: ______

**90)** Häufig weiß ich nicht, welche Erwartungen andere an mich haben.

☹ **5** **4** **3** **2** **1** ☺ Ihr Wert: ______

**Gesamtwert Einfühlungsvermögen:** ______

## Die Auswertung

Im psychologischen Test gibt es keine eindeutig richtigen oder falschen Antworten: Schließlich geht es hier darum, wie Sie Ihre Persönlichkeit, Ihren Charakter einschätzen. Im Folgenden finden Sie einige Stichpunkte, wie Ihre Ergebnisse interpretiert werden könnten.

### Kontaktfähigkeit

**mehr als 40 Punkte:** Sie sind extrem kontaktfreudig und gewinnen die Sympathien schnell für sich. Passen Sie aber auf, nicht zu offen und leutselig zu erscheinen: Der Beruf erfordert auch Seriosität und Verantwortungsbewusstsein.

**25–40 Punkte:** Sie können von sich aus auf andere Menschen zugehen und finden zu ihnen in der Regel einen guten Draht. Dabei sind Sie angenehm unaufdringlich. Bleiben Sie am Ball und lassen Sie sich nicht ins Abseits drängen, so sammeln Sie jede Menge Pluspunkte.

**weniger als 25 Punkte:** Auch wenn es Überwindung kosten kann, Kontakte zu knüpfen: Mit zu viel Zurückhaltung findet man in neuen Umgebungen nur langsam Anschluss. Das macht es schwer, sich produktiv ins Team einzubringen und Fremden gegenüber souverän aufzutreten.

### Teamfähigkeit

**mehr als 40 Punkte:** Sie sind das Musterbeispiel eines Mannschaftsspielers. In der Kooperation mit anderen blühen Sie auf, nehmen die eigenen Interessen auch gern mal zurück. Solange Ihre Selbstständigkeit nicht darunter leidet, sind Sie auf einem guten Weg.

**25–40 Punkte:** Eigensinn und Teamgeist halten sich bei Ihnen die Waage. Damit sind Sie im Kollegenkreis grundsätzlich gern gesehen. Es gelingt Ihnen, Teil eines Kollektivs zu sein und die Gruppendynamik zu stärken, ohne dadurch an Profil zu verlieren.

**weniger als 25 Punkte:** Sie spielen lieber Golf als Fußball, richtig? Die Kooperation mit anderen liegt Ihnen anscheinend nicht so gut. Denken Sie daran: Sie sind Teil eines großen Orchesters, das nur dann gut klingt, wenn alle harmonieren. Nehmen Sie Ihre Kollegen ernst, hören Sie ihnen zu und bringen Sie sich ein – davon profitieren alle.

### Konfliktfähigkeit

**mehr als 40 Punkte:** Sie weichen keinem Konflikt aus und sprechen schonungslos an, was Ihnen nicht gefällt. Gut so – solange Sie das vernünftig, selbstkritisch und zielgerichtet tun. Sonst können Sie eventuell als streitsüchtiger Zeitgenosse gelten, der aus jeder Mücke einen Elefanten macht.

**25–40 Punkte:** Probleme sind dazu da, um gelöst zu werden – das könnte Ihr Motto sein. Obwohl Ihnen Harmonie wichtig ist, reden Sie auch mal Tacheles und tragen so dazu bei, strittige Situationen konstruktiv und sachlich zu lösen.

**weniger als 25 Punkte:** Meinungsverschiedenheiten gehen Sie gern aus dem Weg, Ärger schlucken Sie am liebsten herunter. Wenn hinter der heilen Fassade in Wahrheit tiefe Gräben klaffen, hilft das weder der Gesundheit noch Ihrer Arbeitsleistung. Sehen Sie Konflikte als Chance, Sachfragen zu klären und den eigenen Standpunkt weiterzuentwickeln.

### Durchsetzungsfähigkeit

**mehr als 40 Punkte:** Wo ein Wille ist, da ist für Sie auch ein Weg. Sie haben ein stabiles Rückgrat und bleiben sich auch dann treu, wenn es Widerstände gibt. Den schmalen Grat zur Rücksichtslosigkeit sollten Sie dabei nicht überschreiten.

**25–40 Punkte:** Wenn es nötig ist, sprechen Sie auch mal ein Machtwort. Doch Sie wissen ebenfalls, dass man mit Absprachen und Kompromissen manchmal mehr erreicht. Damit kommen Sie bei anderen im Allgemeinen gut an, ohne sich die Butter vom Brot nehmen zu lassen.

**weniger als 25 Punkte:** Kooperation und Teambewusstsein müssen niemanden in die Selbstaufgabe treiben. Stellen Sie Ihr Ego nicht hinten an und treten sie entschlossener für das ein, was Sie für richtig halten. Das fördert die Zufriedenheit im Beruf und ist in manchen Positionen schlicht alternativlos.

### Gewissenhaftigkeit

**mehr als 40 Punkte:** Auf Sie kann man sich wirklich verlassen. Wer mit Ihnen etwas abspricht, muss keine Bedenken haben, und Sie wissen genau, welche Dienstvorschrift wann anzuwenden ist. Was aber, wenn plötzliche Veränderungen flexible Reaktionen erfordern?

**25–40 Punkte:** Sie halten sich an Absprachen und arbeiten verlässlich, ohne gleich ein Erbsenzähler zu sein. Sie haben es gern, wenn alles seinen gewohnten Gang geht, kommen aber nicht ins Straucheln, wenn etwas Unvorhergesehenes geschieht.

**weniger als 25 Punkte:** Termine, Ordnung, Disziplin – all das steht bei Ihnen eher im Hintergrund. Sie brauchen die Abwechslung und lassen es gern locker angehen. Das erschwert die Zusammenarbeit. Zuverlässigkeit gilt als berufliche Kernkompetenz und setzt nur eines voraus: sich an Vorgaben und Abmachungen zu halten.

**Belastbarkeit**

**mehr als 40 Punkte:** Auch unter hohem Druck arbeiten Sie nüchtern und solide. Dass Sie so schnell nichts umhaut, wissen Ihre Kollegen und Vorgesetzten sehr zu schätzen. In einer stürmischen Brandung sind Sie ein fester Fels – aber kennen hoffentlich auch Ihre eigenen Grenzen.

**25–40 Punkte:** Sie glauben an Ihre Fähigkeiten und erreichen auch unter ungünstigen Bedingungen gute Ergebnisse. Manchen Herausforderungen stellen Sie sich mit Bedenken, weil Sie wissen, was auf Sie zukommt. Mit einem realistischen Blick auf Ihr Leistungsvermögen trauen Sie sich jedoch zu Recht einiges zu.

**weniger als 25 Punkte:** Dass Sie eine Situation auch unter großer Anspannung im Griff haben, davon hängt im Einsatz unter Umständen viel ab. Ihre Kollegen verlassen sich auf Sie und Ihre Fähigkeit, konzentriert zu bleiben, den Überblick zu behalten und nicht emotional oder hektisch zu reagieren.

**Flexibilität**

**mehr als 40 Punkte:** Ihnen macht es nichts aus, wenn sich eine Vorschrift ändert, wenn neue PC-Software eingeführt wird oder wenn man Sie von einem Einsatz unversehens zu einem anderen beordert. Aber Hand aufs Herz: Können Sie auch stereotype Aufträge zuverlässig und akkurat abarbeiten?

**25–40 Punkte:** Sie verbinden Disziplin und Ordnungssinn mit der Fähigkeit, sich rasch auf neue Gegebenheiten einzustellen. Das macht Sie zu einem gefragten Mitarbeiter, der sich in schwierigen Situationen meist zu helfen weiß und dabei die einschlägigen Vorgaben beachtet.

**weniger als 25 Punkte:** Was Sie gewohnt sind, daran halten Sie fest. Sie sind eher der gewissenhafte Typ, der seine Arbeit gern vollständig überblickt und von A bis Z durchorganisiert. Doch es gibt nicht für alles eine perfekte Vorbereitung, hin und wieder ist einfach eine gute Portion Pragmatismus gefragt.

### Motivation

**mehr als 40 Punkte:** Dienst nach Vorschrift ist Ihnen zu wenig. Sie sind bereit, die Initiative zu übernehmen, handeln entschlossen und schrecken vor Verantwortung nicht zurück. Sie haben Ihre Berufswahl aus Überzeugung getroffen, und das merkt man Ihnen an. Behalten Sie in Ihrer Aktivität stets ein klares Ziel vor Augen.

**25–40 Punkte:** Wenn es etwas zu tun gibt, erledigen Sie es schnell und zuverlässig. Schwerer fällt es Ihnen, aus eigenem Antrieb aktiv zu werden. Trauen Sie sich mehr zu, dann sind Kollegen und Vorgesetzte noch zufriedener.

**weniger als 25 Punkte:** Wer ohne klare Ansagen schwer auf Trab kommt, sorgt für Verunsicherung: Macht die Arbeit keinen Spaß, werden die Aufgaben und Ziele nicht als sinnvoll angesehen, stimmt die Atmosphäre im Team nicht? Überzeugen Sie Ihre Kritiker durch Leistung.

### Einfühlungsvermögen

**mehr als 40 Punkte:** Sie wissen genau, was in anderen gerade vorgeht. Im Kollegenkreis treffen Sie stets den richtigen Ton, und wer Hilfe sucht, kann sich bei Ihnen glücklich schätzen. Ihr Mitgefühl macht es Ihnen aber manchmal schwer, sich durchzusetzen.

**25–40 Punkte:** Die Welt mit den Augen eines anderen zu sehen, ist für Sie nicht immer leicht. Trotzdem können Sie nachvollziehen, dass Menschen stimmungsabhängig sind, und nehmen Rücksicht auf individuelle Befindlichkeiten.

**weniger als 25 Punkte:** Besonders sensibel sind Sie anscheinend nicht – positiv ausgedrückt: Sie sind psychisch ungeheuer robust. Doch vergessen Sie nicht: Der Ton macht die Musik. Respektieren Sie die persönlichen Stimmungslagen Ihres Umfelds, das erleichtert nicht zuletzt auch Ihnen selbst das Leben.

# Anhang

## Tabelle: Maße und Einheiten

| Einheit | Einheitenzeichen | Umrechnung |
|---|---|---|
| | **Länge** | |
| Kilometer | km | 1 km = 1.000 m |
| Meter | m | 1 m = 10 dm = 100 cm |
| Dezimeter | dm | 1 dm = 10 cm = 100 mm |
| Zentimeter | cm | 1 cm = 10 mm |
| Millimeter | mm | 1 mm = 1.000 µm |
| Mikrometer | µm | |
| | **Fläche** | |
| Quadratkilometer | $km^2$ | 1 $km^2$ = 100 ha |
| Hektar | ha | 1 ha = 100 a |
| Ar | a | 1 a = 100 $m^2$ |
| Quadratmeter | $m^2$ | 1 $m^2$ = 100 $dm^2$ |
| Quadratdezimeter | $dm^2$ | 1 $dm^2$ = 100 $cm^2$ |
| Quadratzentimeter | $cm^2$ | 1 $cm^2$ = 100 $mm^2$ |
| Quadratmillimeter | $mm^2$ | |
| | **Volumen** | |
| Kubikkilometer | $km^3$ | 1 $km^3$ = 1.000.000.000 $m^3$ |
| Kubikmeter | $m^3$ | 1 $m^3$ = 1.000 $dm^3$ |
| Kubikdezimeter | $dm^3$ | 1 $dm^3$ = 1.000 $cm^3$ |
| Kubikzentimeter | $cm^3$ | 1 $cm^3$ = 1.000 $mm^3$ |
| Kubikmillimeter | $mm^3$ | |

| | | |
|---|---|---|
| Hektoliter | hl | 1 hl = 100 l |
| Liter | l | 1 l = 10 dl |
| Deziliter | dl | 1 dl = 10 cl |
| Zentiliter | cl | 1 cl = 10 ml |
| Milliliter | ml | 1 ml = 1.000 µl |
| Mikroliter | µl | |

**Masse**

| | | |
|---|---|---|
| Tonne | t | 1 t = 20 ztr = 1.000 kg |
| Zentner | ztr | 1 ztr = 50 kg |
| Kilogramm | kg | 1 kg = 1.000 g |
| Pfund | pf | 1 pf = 500 g |
| Gramm | g | 1 g = 1.000 mg |
| Milligramm | mg | 1 mg = 1.000 µg |
| Mikrogramm | µg | |

**Zeit**

| | | |
|---|---|---|
| Jahr | a | 1 a = 365 d |
| Woche | w | 1 w = 7 d |
| Tag | d | 1 d = 24 h |
| Stunde | h | 1 h = 60 min |
| Minute | min | 1 min = 60 s |
| Sekunde | s | 1 s = 1.000 ms |
| Millisekunden | ms | |

**Geschwindigkeit**

| | | |
|---|---|---|
| Kilometer pro Stunde | km/h | 1 km/h = 0,2778 m/s |
| Meter pro Sekunde | m/s | 1 m/s = 3,6 km/h |

| | | |
|---|---|---|
| | **Kraft** | |
| Newton | N | $1\ N = 1\ kg \times m / s^2$ |
| | **Druck** | |
| Bar | bar | 1 bar = 100.000 Pa |
| Pascal | Pa | 1 Pa = 0,00001 bar |
| | **Temperatur** | |
| Grad Celsius | °C | $T_{Celsius} = T_{Kelvin} - 273{,}15$ |
| Kelvin | K | $T_{Kelvin} = T_{Celsius} + 273{,}15$ |

**Ausbildungspark Verlag GmbH**

Bettinastraße 69 • 63067 Offenbach am Main
Tel. (069) 40 56 49 73 • Fax (069) 43 05 86 02
E-Mail: kontakt@ausbildungspark.com
Internet: www.ausbildungspark.com

# Testtrainer spezial

## Prinzip verstanden, Aufgabe gelöst!

Optimal vorbereitet – für alle Prüfungsthemen: Die „Testtrainer spezial" zeigen kompakt und verständlich, wie du jede Aufgabe „knackst".

**Zahlreiche Aufgaben:** mit Erklärungen, Beispielen und Bearbeitungstipps.

**Kommentierte Lösungen:** Hintergründe und Zusammenhänge auf dem aktuellen Stand.

**Originale Musterprüfungen:** Bist du fit für deinen Test?

**Testtrainer Allgemeinwissen**
364 Seiten
ISBN 978-3-95624-047-8

**Testtrainer Konzentration und Merkfähigkeit**
306 Seiten
ISBN 978-3-95624-045-4

**Testtrainer Mathematik**
308 Seiten
ISBN 978-3-95624-027-0

**Testtrainer Deutsch**
230 Seiten
ISBN 978-3-95624-042-3

**Testtrainer Logisches Denken**
304 Seiten
ISBN 978-3-95624-050-8

**Testtrainer Technisches Verständnis und Visuelles Denken**
324 Seiten
ISBN 978-3-95624-090-4

**je 18,90 €**